월급 절반을 재테크하라

월급만으로 경제적 자유를 이룬
김민식 PD의 부자 수업

월급 절반을 재테크 하라

김민식 지음

RHK
알에이치코리아

아끼고 모으며
경제 공부도 합시다

'월급의 절반을 재테크하라.' 또 욕먹을 제목을 고르고 말았군요. 이 제목을 본 독자들의 반응이 눈에 선합니다. '월급의 절반을 재테크하라고? 급여 통장 마이너스만 안 나도 다행이다! 이렇게 현실성 없는 조언이라니.'

『영어책 한 권 외워봤니?』를 냈을 때도 그랬거든요. '영어책 한 권 외워봤냐고? 한 권 읽어보지도 못했다, 어쩔래?'『매일 아침 써봤니?』를 썼을 때도 그랬어요. '매일 아침 책 한 장 읽기도 버거운데, 글을 한 편씩 쓰라고? 그게 가능해?' 그런데 정말 영어를 잘하는 가장 쉬운 방법은 기초회화 문장을 암송하는 거고요. 책을 쓰는 가장 좋은 방법은 매일 블로그에 한 편씩 글을 올리는 겁니다. 마찬가지로 부자가 되는 가장 확실한 방법은 월급의 절반을 저축하는 거예요.

욕먹을 각오로 한 말씀 더 올리면 책의 제목은 '월급 절반을 재테크하라'이지만 절대로 재테크하지 마세요. 재테크할 시간에 본업에 충실하길 바랍니다. 직장 열심히 다니고 하던 일 성실하게 하면서 국민연금, 퇴직연금, 개인연금 등 연금 3종 세트를 오래오래 붓는 게 가장 안전하고 확실한 방법이니까요. 돈을 불리는 건 전문가에게 맡기세요. 여러분은 자기 일, 자기 분야에서 전문가가 되세요. 아끼고, 벌고, 모으는 단순한 과정을 반복하다 보면 원하는 경제적 자유에 이를 테니까요.

2024년 국민연금 운용 수익률은 9.18퍼센트(1월~9월)입니다. 1년 동안 개인이 주식 투자해서 이 정도 수익 내기 어렵습니다. 국민연금이 최고의 재테크란 뜻입니다. 퇴직연금은 절대 중간에 찾지 마세요. 끝까지 유지해서 육십 넘어 노후의 나에게 은퇴 선물로 주는 겁니다. 무리하지 않는 수준에서 개인연금 적립도 꾸준히 하세요. 종목 고르느라 애쓰지 말고 전문가(펀드 운용)나 시장(지수 추종 인덱스)에게 맡기고 여러분은 돈을 아끼고 버는 데 집중하세요. 최고의 재테크는 자산의 가치를 늘리는 게 아니라 자신의 가치를 키우는 거니까요.

혹시라도 이 책에서 '재테크'라는 글자를 보고 섣불리 재테크에 뛰어드는 분이 없길 진심으로 바랍니다.

사실 저도 재테크보다는 짠돌이 습관 덕분에 돈 걱정 없이 살게 되었거든요. 돈 걱정 없이 사는 방법은 두 가지예요. 첫 번째는 버는 것보다 적게 쓰는 겁니다. 두 번째는 절약한 돈을 꾸준히 저축해서 필요할 때 돈을 쓰는 겁니다. 스무 살에 이 간단한 진리를 깨닫고 평생 절약하고 저축하는 짠돌이로 살았어요. 행복한 짠돌이로 평생 급여의 절반을 저축한 덕에 쉰둘의 나이에 경제적 자유를 얻었지요. 이제 돈 걱정 없이 살겠다 싶었는데요. 저에게도 예상치 못한 위기가 닥쳐왔어요.

2020년 12월 31일, MBC에서 명예퇴직을 했습니다. 퇴직금을 일시불로 받는 것보다 나중에 연금으로 받는 게 세제상 혜택이 있다기에 IRP 퇴직연금에 가입하려고 은행을 방문했어요. 은행 직원은 증권투자신탁 상품과 저축은행 정기예금 상품을 제안하더군요. 살펴보니 증권투자신탁은 지난 6개월 동안 수익률 30퍼센트 이상 기록한 상품이 꽤 많았어요. 반년 동안 1억 원을 넣어두면 3,000만 원이 불어난다니! 코로나19 팬데믹 시기에 쏟아져 나온 주식 관련 책들이 떠오르며 '노후 대비, 주식으로 하라!'는 문장이 제 머릿속을 스쳤죠. 평생 주식 투자를 해보지 않았지만 이제라도 퇴직금의 일부를 주식에 좀 넣어야겠다고 생각했어요. 월급이라는 고정수입이 사라진 지금, 투자 수익이라도 노려봐야지요.

당시 수익률이 좋은 상품을 꼼꼼하게 비교한 끝에 약 1억 원을 주식형 펀드 상품에 넣었습니다. 그리고 6개월 후 수익률은 마이너스 30퍼센트를 기록했습니다. 퇴직금 3,000만 원이 허공으로 날아갔어요. 은퇴하고 월 100만 원 벌기도 어려운 상황에서 3,000만 원이 날아가다니 허탈합니다. 그나마 소심한 성격 덕분에 일부는 저축은행 상품에 넣어두었기에 손실을 만회했어요. 만약 퇴직금 전부를 주식형 펀드에 넣었다면 피눈물을 흘렸을 겁니다.

2021년 1월, 통장에 들어온 퇴직금은 2억 원이 조금 넘었는데요. 2024년 1월 1일 평가액은 1억 7,000만 원 남짓이었어요. 총 운용 수익은 마이너스 3,200만 원, 수익률은 마이너스 16퍼센트입니다. 그나마 지난 2년 동안 조금 올라간 게 이 정도입니다. 어쩌다 이 지경이 되었을까요?

2020년 코로나19 팬데믹으로 전 세계의 경제가 꽁꽁 얼어붙자 각국 정부는 양적 완화 조치를 시행했습니다. 양적 완화란 경기가 침체되었을 때 중앙은행이 시장에 돈을 풀고, 금리를 낮춰 금융기관이 더 많은 돈을 대출해주도록 만듦으로써 경제를 활성화시키는 정책입니다. 이렇게 하면 기업과 소비자들이 돈을 쉽게 빌리고 더 많이 소비하고 투자합니다. 시중에 막대한 양의 돈이 풀리면 화폐 가치는 내려가고 반대로 자산의 가격은 올라가요. 부동산, 주식, 암호화폐의 가격이 폭등합니다.

6개월 평균 수익률이 플러스 30퍼센트인 주식형 펀드 상품을 보았을 때, 6개월 전에 가입했더라면 앉아서 수천만 원을 벌었겠구나! 아차 싶어 냉큼 돈을 넣었는데요. 나중에 깨달았지요. 6개월 동안 플러스 30퍼센트 수익을 내는 상품은 다시 6개월 동안 마이너스 30퍼센트 손실이 날 수도 있다는 걸요. 평생 짠돌이로 살면서 돈을 모으는 데 최선을 다했지만 잠깐 욕심에 휘둘려 몇 달 만에 큰 손실을 입었어요. 경제에 대해 더 공부할 필요가 있다는 걸 절실히 느꼈습니다. 100세 시대, 남은 노후를 잘 보내려면 평생 모은 자산을 현명하게 지켜내야 합니다. 서점으로 향했습니다.

2021년 종합 베스트셀러 상위권에는 경제경영, 재테크 관련 서적들이 많았어요. 주식, 부동산, 암호화폐를 다루는 책들이 쏟아져 나왔거든요. 빚을 내서라도 투자하라고 권하는 책도 있더군요. 여러 권의 책을 읽다 보니 의문이 생겼습니다.

'과연 시간이 지난 후에도 이 조언이 유효할까?'

2년도 채 지나지 않아 미국 연방준비제도이사회(연준)에서 금리 인상을 시작했고, 자산의 가치는 내려가고 이자는 늘어났습니다. 빚을 내어 투자한 사람들은 정말 고생이 심해졌지요.

자본주의 사회에서 살아가는 이상 우리는 평생 돈에 대해 공부해야 합니다. 경제가 돌아가는 원리를 알아야 현명한 선택을 할 수 있으니까요. 돈을 관리할 때는 반짝 뜨는 트렌드나 단기적인 조언에 현혹되어 평생 모은 자산을 허비하지 않도록 조심해야 합니다. 평생 모은 돈을 한방에 털어 넣거나 영혼까지 끌어모아, 즉 빚을 내서라도 투자를 하는 영끌 투자는 위험해요. 미래 소득을 당겨쓰면 불안해져요. 기대에 못 미치면 삶이 황폐해집니다. 그렇게 되지 않으려면 경제 공부를 해야 합니다. 저는 경제 공부를 시작하며 책을 고를 때 다음 세 가지에 주목했어요.

첫째, 시간의 힘을 견디는 스테디셀러. 반짝 시류에 영합하는 책은 당시에는 좋은 조언처럼 느껴져도 시간이 지나면 후회만 남기는 선택을 하게 만들 수 있어요. 책이 나오고 수십 년의 세월이 흘러도 여전히 좋은 책이라고 인정받는 스테디셀러에서 금쪽같은 지혜를 찾을 수 있습니다.

둘째, 객관적 식견의 힘을 가진 베스트셀러. 주식이나 부동산, 암호화폐 등 특정 분야의 전문가들이 쓴 책 한 권을 보고 따라 하다 보면 자산 쏠림 현상이 일어날 수 있고, 그 분야의 시장이 하락장을 만나면 애써 모은 돈을 날릴 수도 있어요. 자본시장 전체를 보는 객관적인 안목을 기르고 다양한 종목에 자산을 배분한 포트폴리오를 만들어가야 합니다.

셋째, 긍정의 힘을 길러주는 책. 우리는 늘 부정적인 정보에 솔깃합니다. '노후 파산을 막으려면 자산이 얼마는 있어야 한다.', '인플레이션을 방어하려면 연간 자산 수익률이 몇 퍼센트 이상이 되어야 한다.' 이런 이야기에 귀를 기울이다 보면 마음은 불안해지고, 불안을 다스리지 못하면 무모하게 투자합니다. 돈에 대한 정확한 정보를 공유하면서도 불안을 자극하기보다 긍정적인 태도를 길러주는 책을 찾고자 했습니다.

영어로 잘 사는 것, 웰빙well-being은 안녕, 건강, 복지, 행복을 뜻합니다. 돈이 많은 것보다 몸과 마음이 건강하고 행복한 사람이 되는 게 잘 사는 것입니다. 행복은 강도가 아니라 빈도입니다. 큰돈을 벌고 비싼 명품을 산다고 행복해지는 게 아니더라고요. 소소한 즐거움에 감사하는 마음으로 하루하루 성실하게 일하면 어느새 깨닫게 됩니다. '아, 나는 참 잘 살고 있구나.'

짠돌이로 살면서 다섯 가지 재미를 누렸습니다. 돈을 아끼는 재미, 돈을 버는 재미, 돈을 모으는 재미, 돈을 불리는 재미, 돈을 쓰는 재미. 명예퇴직 공고가 떴을 때 마음 한편에 설렘이 일기도 했어요. '돈을 충분히 벌고, 모았으니 남은 평생 세계 일주를 다니며 살아도 되겠구나.'

정년퇴직을 목표로 다녔는데 삶은 계획대로 되지 않아요. 예상보다 은퇴가 앞당겨졌지만 괜찮아요. 경제적 자유를 얻기 위해 부지런히 책을 읽고 나름대로 노력해온 시간이 있었거든요. 여태껏 혼자 해온 경제 공부, 이제는 여러분과 함께 해보고 싶습니다.

짠돌이의 경제 공부, 지금 시작합니다.

차례

1장 | 돈 아끼는 재미
가장 단순한 부자 습관 익히기

2장 | 스스로 돈 버는 기쁨
부자의 일하는 방식을 배우자

3장 | 돈 모으는 부자 습관
월급 절반 재테크의 첫걸음

4장 | **돈이 돈을 불리는 즐거움**
가장 안전하고 확실한 부의 공식

5장 | **똑똑한 소비 생활의 행복**
현명한 소비로 얻는 진짜 자유

6장 | 돈 공부, 선택이 아닌 필수
함께 잘 살기 위한 노력

1장

돈 아끼는
재미

가장 단순한
부자 습관 익히기

짠돌이의 또 다른 이름은 자유인

흔히 부자가 되는 3단계를 '돈을 벌고, 모으고, 불리기'라고 설명합니다. 소득, 저축, 투자의 3단계지요. 특히 많은 사람들이 관심을 가지는 건 세 번째 단계인 투자입니다. '어떻게 하면 돈을 불릴 수 있을까?', '높은 수익률을 가져다주는 재테크 상품은 무엇일까?' 그러나 여기에는 결정적으로 중요한 한 가지가 빠져 있습니다. 바로 돈을 아끼는 것입니다. 먼저 돈을 아껴야 벌고, 모으고, 불리는 과정이 수월해집니다.

돈을 많이 버는 건 내 뜻대로 되지 않습니다. 불리는 것 역시 시장 상황에 따라 달라지므로 예측이 안 되고요. 내 뜻대로 할 수 있는 가장 쉬운 게 바로 절약과 저축입니다. 저한테는 '손에 쥔 돈을 어떻게 아끼고 모을 것인가?' 하는 것이 가장 중요했습니다.

저는 어릴 때부터 돈에 대한 응어리가 있었어요. 고등학교 시절 책 읽기와 글쓰기를 좋아했던 저는 문과에 진학하고 싶었지만, 아들을 의사로 키우는 게 소망이었던 아버지는 제게 이과 진학을 강요하셨습니다. 하지만 제 내신 등급은 10등급 중 5등급이었고, 반에서 50명 중 24등이었는데요. 그럼에도 늘 의대를 가라고 다그치셨어요.

"피 한 방울만 봐도 징그럽고 무서운데 제가 어떻게 의대를 갑니까. 해부학 실습 시간에 내 손으로 사람의 몸을 가르고 꿰매는 상상만 해도 몸서리쳐집니다."

"네가 내 집에서 내가 벌어온 돈으로 먹고사는 한, 아비 말을 들어야지."

의대 갈 성적이 끝끝내 나오지 않자 책 읽고 글 쓰는 게 좋으니 문과대에 가고 싶다고 말씀드렸지만 소용없었습니다.

"글 쓰는 직업은 굶어 죽기 딱 좋다. 돈을 벌려면 공대 졸업하고 공장 가는 게 최고야."

결국 공대에 지원하면서 절실히 느꼈습니다. '아, 돈이 없으면

평생 남의 말만 들어야 하는 노예처럼 살겠구나. 내가 하고 싶은 일을 하려면 돈이 있어야 돼.'

민주화 운동의 열기가 뜨겁던 1987년, 대학 신입생이었던 저는 겨울 방학을 맞아 고향인 울산으로 내려갔어요. 저녁을 먹으며 뉴스를 보고 있었는데 화면에 대학가 시위 장면이 나왔어요. 아버지는 혀를 차셨지요.

"쯧쯧, 저 빨갱이 놈들 때문에 나라꼴이 엉망이다. 너네 학교에도 저렇게 데모하는 놈들 많지? 저게 다 북한에서 내려온 간첩들 지령을 받고 하는 짓 아니냐?"

"아버지, 제가 대학 다니면서 보니까요, 운동권이라고 꼭 빨갱이는 아니더라고요."

그 순간 눈앞이 번쩍였습니다. 밥을 먹다 그 자리에서 아버지에게 뺨을 맞았어요.

2학년 여름 방학에는 고향에 내려가기 싫었습니다. 두 달 동안 아버지와 붙어 지내는 건 힘들 것 같았어요. 교사인 아버지는 방학이면 종일 집에 계셨거든요. 수업도 없는데 서울에 있겠다니 하숙비가 끊깁니다. 어떻게 할까? 하숙집에서 이불만 챙겨 학교로 갔습니다.

밥은 학교 구내식당에서 해결하고요. 낮에는 도서관에 있다가 밤이 되면 동아리방으로 향했어요. 책상들을 이어 붙이고, 캐비

넛에서 이불을 꺼내 잠자리를 만들었어요. 동아리방의 층고가 꽤 높아 천장이 까마득히 보였어요. 잠이 오지 않을 때는 산울림의 〈청춘〉을 들었습니다. 지금도 이 노래를 들으면 동아리방의 그 높은 천장이 떠오릅니다.

이 일화를 『공짜로 즐기는 세상』이라는 책에 쓴 적이 있는데 그 부분을 읽은 어머니께서 "우리가 너를 그렇게 가난하게 키웠니?"라고 물으셨어요. 그건 아니었지요. 두 분 다 교사셨고 경제적으로는 여유가 있었어요. 아마 제가 손을 벌리면 언제든 금전적 도움을 주셨을 거예요. 그럼에도 불구하고 전 아버지에게 손을 벌리기 싫었답니다. 아마도 이렇게 말씀하셨겠죠.

"뭐? 방학 때 서울에서 지낸다고? 하숙비가 아깝지도 않냐? 유난 떨지 말고 내려와."

부모로부터 독립하려면 경제적으로 자립하는 게 먼저입니다. 그 시절 제 목표는 서울에 내 방 한 칸을 마련하는 것이었어요. 어떻게 하면 돈을 모을 수 있을까? 궁금한 것이 있으면 항상 도서관으로 달려갑니다. 책에서 배운 부자가 되는 법은 단순합니다. 버는 것보다 쓰는 게 적어야 한다는 것. 돈을 벌면 일단 저축부터 하고요. 꾸준히 소득의 일정 비율을 저축하면 결국 부자가 될 수 있다고요. 더 빨리 부자가 되고 싶다면 그 비율을 높이면 된답니다. 30년 전에 읽었던 그 책의 제목이나 저자는 기억나지 않지만 그 책은 제게 큰 깨달음을 주었어요. 그날 저는 결심했습니다. 평생 소득의 절반을 저축하기로요.

대학 1학년 때 입주 과외로 처음 돈을 벌었어요. 월급은 겨우 10만 원이었지만 먹여주고 재워주니 월 15만 원 하던 하숙비를 아낄 수 있어 좋았지요. 한 학기 등록금이 70만 원이던 시절, 아낀 하숙비 15만 원에 월급 10만 원을 합쳐 매달 25만 원씩 석 달 동안 모으면 등록금을 마련할 수 있었는데요. 하지만 남자 고등학생과 한 방에서 생활하는 건 좀 힘들었어요. 졸지에 다시 수험생이 된 기분이었어요. 어느 날 방을 청소하시던 주인아주머니가 저를 부르셨어요. 책상에 올려둔 제 적금 통장을 보신 겁니다. 수입의 절반을 저축하라는 책의 조언에 따라 실천하고 있다고 말씀드리자, 믿을 수 없다는 표정으로 저를 바라보셨어요.

"10만 원 월급에서 5만 원씩 적금을 붓는다고? 학생, 보기보다 독하네."

대학 시절부터 돈을 아껴 쓰는 게 몸에 배었어요. 1980년대에는 많은 남자 대학생들이 취미로 당구를 쳤어요. 저는 10분 단위로 비용이 청구되는 취미가 부담스럽더군요. 대신 자전거를 타고 한강변을 달리거나 도서관에서 책을 빌려 읽고 학교 주변이나 서울 곳곳을 걷는 것도 충분히 재미있었어요. 돈을 쓰지 않아도 세상에는 재미난 놀거리가 많다는 것을 알게 되었습니다.

대학 졸업 후, 외국계 기업에 입사했어요. 80만 원 정도의 월급을 받기 시작하자 곧 부자가 될 것 같은 기분이 들었어요. 첫월급부터 꼬박꼬박 절반을 저축했습니다. 치과 외판 영업은 생각보다 힘들었습니다. 일중독인 상사 때문에 스트레스도 많이받았고요. 퇴근 후 동료들과 술자리에서 고객이나 상사 뒷담화를 나누다 보면 지출이 금세 늘어나더군요. 그런데 업무상 영어로 소통할 일이 많아서 영어 학습 비용을 지원받을 수 있었어요. 저는 퇴근 후 영어 학원을 다니기 시작했습니다.

저녁 시간에 내 돈으로 술 마시는 것보다 회삿돈으로 영어 학원 다니는 게 더 즐거웠어요. 이미 돈을 아끼는 재미에 완전히빠져 있었거든요. 그러다가 영업보다 영어 공부를 할 때 더 즐겁다는 걸 깨닫고 결국 회사에 사표를 던졌어요. 멀쩡하게 다니던 직장을 제 발로 나왔다는 얘기를 들은 아버지는 길길이 뛰셨어요. 그때 단호하게 말했어요.

"아버지한테 돈 달라고 하지 않을 겁니다. 회사 다닐 때 모은돈으로 제가 하고 싶은 공부를 할 거예요. 이제 스물다섯이거든요? 아버지가 반대하셔도 싫은 직장 억지로 다닐 필요 없어요. 제 인생 제가 알아서 살 겁니다."

아버지의 반대에도 불구하고 제 인생은 제가 알아서 살겠다고 선언하는 그 순간, 정말 통쾌했습니다.

"민식 씨, 회사 옥상에서 권투 시합 한 판 할까? 사나이 대 사나이로 말이야."

이런 식으로 갑질을 일삼던 상사에게 보란 듯이 사표를 내고 나올 때도 너무 행복했습니다. 2년 동안 월급의 절반을 저축해서 1년 치 연봉을 모았어요. 2년간 월급의 절반으로 생활했기 때문에 그 돈이면 수입 없이 2년은 충분히 버틸 수 있겠더라고요. 이렇게 말하면 사회 초년생이 어떻게 그렇게 돈을 모을 수 있었냐고 신기해합니다. 세상에서 가장 저렴한 취미가 독서와 공부입니다. 나가서 놀면 돈도 따라 나가요. 하지만 도서관에 틀어박혀 책을 읽으면 돈은 굳습니다. 치과 외판 사원으로 일하며 돈을 버는 게 얼마나 힘든지 생생하게 느꼈습니다. 돈 한 푼 버는 것보다 돈 한 푼 아끼는 게 쉽더라고요. 돈을 버는 건 타인의 욕망을 충족시켜줘야 가능한데, 돈을 아끼는 건 나의 욕망만 절제하면 되거든요.

돈이 드는 일을 안 들게 하거나 돈이 안 되는 것을 돈이 되게 하면 돈을 벌 수 있어요. 남들이 영어 회화 학원을 다니며 돈을 쓸 때 독학으로 회화 교재에 나오는 문장을 외웠어요. 하기 싫은 공부를 억지로 하려면 돈이 많이 들지만, 스스로 공부하면 시간과 노력으로 쓸 돈을 줄일 수 있어요. 글쓰기는 흔히들 돈이 안 된다고 하는데요. 대학생 때 영자 신문에 영어 원고를 기고했어요. 한글 원고보다 영문 원고의 고료가 5배 이상 높았거든요. 주말에 영어 과외도 했어요. 공부도 돈을 쓰지 않고 벌면서 할 수 있더라고요. 그렇게 회사를 나와 6개월 만에 한국외국어대학교 통번역대학원에 합격했습니다. 대학원 입학 전, 한 달동안 호주 배낭여행도 다녀왔고요.

언젠가 블로그에 올린 글을 본 한 독자가 이런 질문을 남겼습니다.

> "부모님의 간섭이 심해서 집을 나가고 싶은데 월세가 부담되네요. 월급이 많은 것도 아니고요. 박봉의 월급이지만 그래도 월급의 절반을 저축할 수 있을까요?"

20대 때의 저와 비슷한 고민을 하고 있는 분이었는데 답변을 쓰려니 조심스러웠어요. 쉬운 결심이 아니니까요. 정신적으로 부모님에게서 독립하고 싶다면 먼저 경제적으로 독립하는 것이 중요해요. 그러려면 단단히 마음을 먹어야 합니다. 불편한 환경에서 어렵게 살아갈 각오도 해야 하고요. 부모님이 억압적이고 간섭이 심하다면 빨리 나가는 것이 좋아요. 그러나 당장 나가기 어렵다면 부모님 집에서 지내는 동안 열심히 돈을 모아야죠. 월급이 적어도 절반을 저축할 수 있나요? 제 답변은 '네, 가능합니다'입니다. 처음은 어렵지만 10만 원 중 5만 원을 저축한다면 스스로 저축의 효능감을 몸소 경험하고 그 가능성을 깨닫게 될 거예요.

돈은 목적이 될 수는 없지만 위기의 순간 구세주 역할을 하거나 새로운 꿈을 찾는 데 도움을 줄 수 있어요. 세상에 나와 보니 곳곳에 제 아버지 같은 사람이 천지예요.

"회사에서 월급 받는 한 사장인 내 말을 들어야지."

MBC에서 드라마 PD로 일하다가 어느 날 갑자기 송출실로 쫓겨나서 교대 근무를 하게 되었어요. 마흔이 넘은 나이에 밤샘 근무를 하니 마치 목숨을 팔아 돈을 버는 기분이 들었어요. 무엇보다 나를 비제작 부서로 내쫓은 회사에 대한 원망과 분노로 정신적 스트레스가 극도로 커졌습니다. 그때 지인이 그러더군요.

"민식 씨, 이런 상황에서 회사 원망만 하며 지내는 건 건강에 해로워요. 부당 전보를 자기계발의 기회로 삼아보세요. 야간대학원 신문방송학과에 등록해서 석사를 따두면 퇴사 후에 대학 시간 강사로 일할 수도 있으니까."

야간대학원 한 학기 등록금은 수백만 원씩 하는데요. 저는 돈을 써야 하는 대학원 진학 대신 돈을 버는 책 집필을 선택했어요. 석사 논문을 쓰면 논문심사비를 내지만 책을 쓰면 인세를 받으니까요. 짠돌이에게는 석사 학위를 따는 것보다 책을 쓰는 게 더 남는 장삽니다. 다시 도서관으로 향했습니다. 교대 근무를 하며 도서관에서 책을 읽고, 원고 작업을 했어요. 그때 쓴 책이 『영어책 한 권 외워봤니?』입니다. 이 책이 베스트셀러가 된 덕분에 작가로서의 새로운 인생 행로가 펼쳐졌고요. 명예퇴직이라는 또 하나의 관문 앞에서 용감하게 발을 내딛어 마침내 직장 탈출에 성공했습니다. 짠돌이의 또 다른 이름은 자유인입니다.

지금은 세상이 저에게 일을 주지 않더라도 두렵지 않아요. 스무 살에 장착한 인생 필살기가 있거든요. 돈을 아끼는 습관과 돈이 없어도 인생을 즐길 수 있다는 자신감이 바로 그것입니다. 돈을 아끼는 재미를 알게 되면 돈을 벌어야 한다는 스트레스가 줄어듭니다. 적게 벌어도 얼마든지 잘 살 수 있으니까요. 돈을 아끼는 게 우선입니다. 그게 재테크의 시작이에요.

20대부터 그런 소비 습관을 길렀다면 가장 좋겠지만 30대나 40대라도 늦지 않았습니다. 100세까지 사는 시대입니다. 평생 동안 가장 많은 돈을 버는 시기가 바로 30대와 40대입니다. 이때 아끼고 모으는 습관을 기른다면 기나긴 노후가 불안하지 않을 겁니다.

나이 마흔에 저는 종종 30년 후의 나와 대화를 나누곤 했어요. 그해 광고 시장이 좋아 연말에 회사에서 보너스가 나온답니다. 300만 원의 인센티브를 받는다니 심장이 두근두근합니다.

이 돈으로 무엇을 하지? 가족끼리 해외여행을 다녀올까? 새로 자전거를 한 대 살까? 그때 눈앞에 30년 후의 김민식이 나타납니다. 일흔 살의 내가 말해요.

"그 돈 나 주라. 너는 다음 달에도 월급 나오잖아. 나이 칠십이 되니까 월급은 안 나오는데 돈 나갈 데는 많아. 그 돈 나 주라."

그래서 저는 그 돈을 미래의 나에게로 보냈습니다. 요즘 노후 대비가 중요한 화두 중 하나인데요. 저는 이렇게 생각해요. 노후 대비란 젊어서 아낀 돈을 노후의 나에게 꾸준히 보내주는 일이라고요.

인생을 더 풍요롭게 만들기 위해 익혀야 할 필살기

- 돈을 아끼는 습관을 생활 속에서 자연스럽게 길들이기
- 돈이 없어도 인생을 즐길 수 있다는 자신감으로 나를 채우기

소유보다 존재에 집중하는 부자 마인드

대학생이 된 저는 연애를 하고 싶었어요. 중고등학생 시절부터 이성에 대한 호기심이 컸는데 어른들이 대학에 들어가면 다 연애할 수 있다고 했거든요. 하지만 대학생이라고 다 연애를 할 수 있는 건 아니더군요. 소개팅, 미팅, 과팅 도합 스무 번이나 연속으로 차이고 절망했습니다. '어떻게 하면 연애를 할 수 있을까?' 간절한 마음으로 연애의 기술에 관한 책을 찾아봤어요. 그러다가 에리히 프롬을 만났습니다.

에리히 프롬은 『사랑의 기술』에서 "성숙한 사랑은 사랑하기 때문에 사랑받는다."라고 말합니다. 저자는 사랑은 주는 행위를 통해 경험할 수 있다고 했어요. 그러나 사랑을 준다고 해서 자신의 정체성을 희생하거나 굴복할 필요는 없습니다. 사랑을 주는 것은 고통스러운 포기와는 달라요. 오히려 프롬은 '가진 사람보다 가진 것을 주는 사람이 부자'라고 말합니다.

사랑을 하려면 훈련과 집중 그리고 인내가 필요하다고 해요. 타인과의 만남이 힘든 사람은 먼저 혼자서도 잘 지내는 연습을 해야 합니다. 혼자 잘 지내면서 마음을 가라앉히다 보면 자신을 발견하게 되고, 자신에게 집중하는 시간이 있어야 스스로를 사랑할 수 있습니다. 이는 다른 사람을 사랑하는 데 있어 원동력이 됩니다. 자신을 긍정하고 사랑하는 사람은 다른 이들에게도 아낌없이 사랑을 줄 수 있거든요. 하지만 스무 살의 저처럼 자신감이나 자존감이 부족하고, 가진 것도 없을 땐 어떻게 나를 좋아하고 남을 사랑할 수 있을까요? 저는 그런 상황이었을 때 프롬의 또 다른 책 『소유냐 존재냐』를 만났습니다.

사람은 두 가지 삶의 방식 중 하나를 선택할 수 있습니다. 소유 양식과 존재 양식. 만약 자신의 정체성을 정의하기 위해 소유하고 소비하는 것을 선택한다면 그건 소유 양식의 삶입니다. 우리는 돈을 벌어서 갖고 싶은 걸 삽니다. 자신이 가진 것으로 자신을 표현할 수 있다고 생각하기 때문이죠. 고가의 명품을 구매하고, 더 큰 차를 갖고 싶어 하며, 더 멋진 외모와 남들이 보기에 매력적인 애인을 원해요. 반면 존재 양식은 소비가 아닌 존재에 자신의 중심을 둡니다. 무언가를 더 소유하기보다는 한 가지라도 더 경험하려고 하지요. 그 결과 내면의 풍요를 누리게 됩니다.

소유 중심의 삶은 항상 상실에 대한 두려움을 수반합니다. 물건이나 사람, 지식을 소유한다는 것은 그것을 잃을 수도 있다는 의미이기 때문입니다. 나를 보여주는 것들이 많을수록 그것들이 사라질까 두려워집니다. 물건이 주는 만족감은 일시적일 뿐이예요. 사도 사도 곧 새롭고 더 좋은 명품이 등장하니까요. 이러한 허기는 결코 채워지지도 줄어들지도 않으며 더 많이 갖기 위해 경쟁하고 투쟁하게 만듭니다.

반면에 존재 양식으로 살 때는 남과 비교하거나 경쟁할 필요가 없습니다. 책을 읽고 산책을 하며 글쓰기를 통해 창조의 기쁨을 느끼는 사람은 좋은 학벌이나 많은 돈, 소유물이 없어도 하루하루를 즐겁게 보낼 수 있어요. 존재 양식으로 사는 이들에게 경쟁 상대는 오로지 과거의 나뿐입니다. 삶의 목적이 다양한 경험을 통해 나라는 존재를 풍성하게 만드는 것이니까요. 오늘 산 가방은 낡거나 잃어버릴 수 있지만 오늘 읽은 책이나 여행의 경험은 오롯이 내 것이며 누가 빼앗을 수 있는 것도 아닙니다.

소유냐 존재냐, 우리의 선택에 따라 삶은 변합니다.

1987년 서울에 올라왔을 때 촌놈인 저는 처음으로 상대적 박탈감을 느꼈어요. 제 고향 울산은 공업 도시라서 주위에서 흔히 볼 수 있는 어른들이 대부분 공장 노동자나 직장인이었어요. 비슷비슷한 수준의 월급쟁이들이라 경제적 차이가 크지 않았어요. 하지만 서울에 오니 '압구정 오렌지족'이라 불리는 이들이 있었습니다. 20대임에도 불구하고 외제 차를 타고 고급 브랜드의 옷을 입고 다녔어요. 마치 TV 드라마 주인공처럼 화려하게 사는 사람들이 실제로 있더군요. 맞벌이 가정에서 자라며 가난하다고 생각해본 적이 없었는데, 그들을 보면서 비로소 상대적 빈곤이 무엇인지 이해하게 되었어요.

그들과의 경제적 격차를 줄이기는 어렵겠더라고요. 그래서 저는 소유보다 존재에 집중하기로 했습니다. 그들이 저보다 많이 가졌다고 해서 그들을 시샘한들 무슨 의미가 있겠어요. 대신 저는 어제의 나보다 오늘의 나를 더 풍성하게 만드는 데 노력하기로 했어요. 제 존재를 풍성하게 만들기 위해 제가 선택한 세 가지 활동은 독서, 공부, 여행이었어요. 목표를 설정하고 나니 일상이 바뀌고, 그 결과 저 자신도 변하기 시작하더군요. 물질적으로는 풍족하지 않았지만 대학 생활은 훨씬 즐거워졌습니다.

군 복무 전 휴학하고 고향에 내려갔을 때에도 도서관을 열심히 다녔어요. 1년간 200권의 책을 읽어서 도서관에서 주는 다독상도 받았어요. 독학으로 영어 공부를 한 끝에 전국 대학생 영어 토론대회에 참가해 2등 상을 차지했는데, 그건 제 인생이 바뀌는 순간이었어요. 드디어 나 자신을 긍정할 수 있게 되었거든요. 무언가를 소유하지 않아도 나의 존재를 풍성하게 만들 수 있다는 걸 깨달았지요. 대학 자전거 동아리에 가입해서 주말마다 가평이나 강화도로 라이딩을 다녔고요. 여름 방학에는 동아리 친구들이랑 자전거 전국 일주도 했어요. 큰돈 들이지 않고도 여행을 즐길 수 있다는 걸 깨달았습니다. 토론대회 상금과 아르바이트로 모은 돈을 합쳐 첫 유럽 배낭여행도 다녀왔고요.

가장 놀라운 변화는 저 자신을 좋아하게 되니까 연애가 쉬워졌다는 거예요. 누군가를 좋아할 때 그 사람의 존재를 온전히 존중하려고 노력했습니다. ○○이기 때문에 사랑하는 게 아니라 ○○에도 불구하고 사랑하는 게 진짜 사랑이라고 믿었습니다. 이런 믿음은 나중에 〈뉴 논스톱〉을 만들 때 박경림을 짝사랑하는 조인성의 이야기와 양동근을 좋아하는 장나라 이야기의 모티프가 되었어요.

이렇게 소유에 집착하지 않음으로써 저는 또한 근검절약하는 습관을 기를 수 있었습니다. 소유하기 위한 소비보다 더 중요한 건 내 존재를 풍성하게 채우기 위해 다양한 시도를 하는 것이라는 걸 알았으니까요. 단순히 소비를 줄이는 짠돌이가 되는 것보다 내가 더 멋진 존재가 되기 위해 무엇을 시도해야 할지 생각해보세요. 젊으면 젊은 대로 나이가 들었다면 나이가 든 대로 무엇이 나를 더 멋있게 만들어줄지에 집중해보세요. 역시 소유보다 존재가 더 윗길입니다.

부자 마인드 어떻게 장착할까?

- 1단계 : 소유에 집착하지 않기
- 2단계 : 존재 가치를 높이는 방법 모색하기
- 3단계 : 지금 당장 나의 가치를 높이는 일을 실천하기

젊어서 고생은
돈 받으면서 한다

젊은 시절에 돈을 아낀다는 이유로 돈 드는 일을 전혀 하지 않는 것은 최악입니다. 신체적으로 건강하고 하고 싶은 것이 많으며 에너지도 넘치는 시기에 경험이라는 자산을 쌓는 게 매우 중요해요. 경험을 잘 쌓으려면 아이디어, 시간, 노력 세 가지를 잘 써야 합니다. 물론 현명하게 말이지요.

어릴 때 스티븐 스필버그 감독의 영화 〈죠스〉와 〈레이더스〉를 재밌게 봤어요. 제가 이름을 외울 정도로 좋아하는 몇 안 되는 영화감독입니다. 1982년, 스필버그 감독은 또 한 편의 명작을 만들었습니다. 바로 영화 〈ET〉인데, 세계적으로 히트를 쳤지만 판권료가 너무 비싸서 우리나라에는 바로 수입되지 않았어요. 그때 어떤 출판사에서 〈ET〉의 영상 스토리북을 해적판으로 만들었어요. 1980년대는 저작권 개념이 희박해서 저작권자나 판권을 가진 회사의 허락 없이 무단으로 복제해 판매하는 일이 종종 있었는데요. 워낙 화제가 된 작품이라 영화 개봉 전에 영상 화면을 모은 화보집이 먼저 나온 거예요. 컬러 화보집이라 가격이 여간 비싼 게 아니었죠. 중학생인 제 용돈으로는 도저히 사볼 수 없는 건데 정말 너무너무 보고 싶었어요. 어떻게 할까 고민하다가 생각해낸 게 동네 서점 순례였어요.

당시에는 동네마다 여러 개의 서점이 있었습니다. 방과 후에 학교 정문 옆 서점에 가서 〈ET〉 화보집을 펼칩니다. 20쪽까지 읽고 나옵니다. 다음 책방으로 가서 21쪽부터 40쪽까지 읽고 나와요. 조금 먼 길로 돌아가면서 쭉 서점을 들러 20쪽씩 읽었고, 주말에는 시내에 있는 큰 서점 몇 군데를 돌면서 끝까지 다 보았어요. 월요일 아침에 등교하자마자 반 친구들을 모아 놓고 신나게 영화 〈ET〉의 줄거리를 이야기해주었죠. 지구에 온 외계인과 어린 남매가 서로 친구가 되어 펼치는 모험이라니! 어디에서도 본 적 없는 흥미진진한 이야기에 귀를 쫑긋 세우고 듣던 까까머리 친구들의 모습이 생생하게 기억납니다. 그 시절 저작권이라는 개념이 희박했고, 저 역시 돈을 내고 콘텐츠를 즐긴다는 생각이 부족했지만 책을 보고 싶은 마음이 컸어요. 그런데 이제는 저는 물론이고 사람들 대부분이 콘텐츠의 가치를 잘 알고 있으니 다행이에요. 그러고 보면 인생은 참 아이러니합니다. 한국이 불과 수십 년 사이에 문화 콘텐츠 강국이 되고 제가 만든 드라마가 해외 시장에서 팔리고 있는 걸 보면요.

어려서 영화광, 독서광으로 산 덕분에 전 PD가 될 수 있었어요. 창의성을 키우기 위해 경험에 돈을 들이거나 시간을 들이거나 둘 중 하나는 해야 합니다.

제가 다녔던 대학의 도서관은 책을 서고에 보관하는 폐가식으로 운영했어요(지금도 국회도서관은 폐가식으로 운영해요). 책을 보려면 로비에서 손바닥만 한 도서목록 카드가 긴 쇠꼬챙이에 가지런하게 끼워져 보관되어 있는 목록함을 뒤져 읽고 싶은 책을 고릅니다. 표지나 차례는 볼 수 없었고, 제목과 저자의 이름으로 읽고 싶은 책을 찾아 열람표를 작성해 제출하면 사서가 책을 꺼내다 주었지요.

그러다 새로 개관한 울산 남부도서관에 갔는데 처음으로 개가식 도서관을 경험했어요. 수만 권의 책이 꽂혀 있는 서가 사이를 거닐며 자유롭게 책을 꺼내어 살펴보고 마음에 드는 책을 빌려 갈 수 있다니, 책벌레의 천국이 여기로구나! 그 많은 책들을 언제든지 골라 볼 수 있다는 것만으로도 마치 수천만 원을 번 부자가 된 기분이었죠.

그렇게 서점과 도서관에서 원하는 책을 마음껏 읽었습니다. 그 시절에 돈이 없으면 돈을 들이지 않고 할 수 있는 방법을 찾으면 된다는 개념을 터득했어요. 요즘에도 좋아하는 책을 쓴 저자를 만나고 싶으면 새 책이 나올 때를 기다렸다가 무료 저자 강연을 신청합니다. 하고 싶은 게 생기면 우선 돈을 안 들이고 할 수 있는 방법부터 찾아봐요. 그 과정 자체가 돈을 아끼는 재미를 주니까요.

서울에 올라와서 처음 나간 모임은 고등학교 동문회였어요. 선배들이 고기도 사주고 술도 사주시더라고요. 모임은 즐거웠지만 집에 돌아오는 내내 어딘가 허전했어요. 다들 고등학교 시절 추억만 이야기하더라고요. 이미 경험했던 과거를 회상하는 것도 좋지만 두 번 반복하니까 벌써 지루했어요. 아직 해보지 않은 것에 도전해보고 싶었죠. 그래서 찾아간 곳이 동아리입니다.

대학 시절 내내 동아리 활동을 열심히 했어요. 영어회화 동아리와 자전거 동호회, 그리고 검정고시 야학 세 군데에서 활동했어요. 영어회화 동아리에서는 함께 영어 공부를 하고 서로 회화 연습 파트너가 되어주었고요. 자전거 동아리에서는 주말마다 서울 근교 라이딩을 즐겼어요. 중학교나 고등학교 학력 검정시험을 준비하는 봉제공들을 대상으로 수업을 했고요.

공부, 취미, 봉사라는 각각의 목적을 가진 동호회 활동에는 돈을 많이 쓸 필요가 없어요. 이곳에서는 자신의 성공이나 멋을 드러내야 할 필요가 없으니까요. 시간과 열정을 쏟을 수 있는 사람이라면 누구나 환영받습니다. 저는 동아리 활동을 통해 많은 것들을 얻을 수 있었어요. 영어라는 특기가 생겨 영어 토론 대회 상금으로 해외여행도 가보았고, 자전거 한 대로 전국을 돌아다니며 평생 잊지 못할 추억을 쌓았습니다. 10대 어린 나이에 공장에서 일해서 번 돈을 고향에 있는 가족에게 보내면서 일하는 사이사이 검정고시를 준비하는 친구들을 사귀며 인생을 배웠어요. 이렇게 시간과 열정을 투자해 쌓은 경험은 단순한 추억에 그치지 않고 삶을 살아가는 데 큰 힘을 주는 자산이 되었습니다.

흔히 '젊어 고생은 사서도 한다.'는 말을 하곤 합니다. 그런데 젊은 시절 저는 그 말이 듣기 싫었어요. 시간과 노력을 들여 돈을 벌어보니, 왜 굳이 귀한 돈을 내면서까지 고생을 사서 해야 하나 싶더라고요. 1988년 서울 올림픽이 열렸을 때 대학 2학년이던 저는 생활비를 보태기 위해 올림픽 체조경기장의 매점에서 아르바이트를 했어요. 매점에서 땀을 뻘뻘 흘리며 음료수 박스를 나르고 물건을 팔다가 경기장 안에서 관중들의 환호와 박

수 소리가 들리면 무슨 일이 벌어졌는지 궁금해 안내 멘트에 귀를 기울이곤 했어요. 매점에서 물건을 팔거나 식당에서 배달 일을 할 때는 시급을 받았고, 입주 과외를 할 때는 주급을 받았습니다. 이렇게 고생해서 돈을 버니 그 귀한 돈을 쓰는 게 자연스레 어려워지고 돈을 아끼는 건 쉬워졌어요. 네. 젊어 고생은 사서 하는 게 아니라, 꼭 돈 벌면서 하는 겁니다.

돈을 귀하게 벌며 아끼는 습관을 가지다 보니, 저축만큼 합리적으로 소비하는 것이 중요하다는 것도 알았어요. 그래서 소비 습관을 잘 관리하는 게 필요하다는 것도요. 생활을 하려면 반드시 돈을 써야 하지요. 소비 자체를 안 할 수는 없으니까요. 그렇기에 합리적으로 소비하는 습관을 들이는 게 꼭 필요해요. 물건을 사거나 서비스를 이용할 때 어떻게 결제하나요? 현금보다는 카드를 쓰는 게 편할 텐데 돈을 모으고 싶다면 신용카드보다는 체크카드를 쓰는 게 좋습니다. 몇 가지 차이점이 있거든요.

신용카드는 은행이 정한 신용 한도 내에서 사용할 수 있어요. 신용카드를 쓰고 다음 달 정해진 날짜에 청구서가 날아오는데, 사실 그때까지는 빚을 지고 있는 상태나 마찬가지입니다. 한꺼번에 청구된 카드 사용액을 납부해야 하고, 만약 기한 내에 전액을 상환하지 않으면 이자가 부과됩니다. 물론 카드 청구액을 제때 결제하면 신용등급을 높이는 데 도움이 되죠. 그러나 연체

하면 신용등급이 낮아집니다.

신용카드를 사용한다면 적어도 할부는 피하는 게 좋습니다. 무이자 할부라도요. 할부로 물건을 구매하면 돈에 대한 감각이 점차 흐려지기 때문입니다. 총액은 똑같은데 12개월로 나눈 금액을 보면 어쩐지 만만하게 느껴지고, 손쉽게 내 예산 범위를 넘어서는 비싼 물건을 사게 돼요. 정말 갖고 싶은 값비싼 물건이 있다면 12개월 할부가 아니라 12개월 적금을 넣어서 돈을 모은 다음에 사는 습관을 길러보세요. 할부보다 적금이 좋은 진짜 이유는 12개월 사이에 사고 싶은 마음이 사라지거나 가격이 내려가기도 한다는 거죠.

신용카드 사용, 할부 결제는 미래의 소득을 당겨서 쓰는 거예요. '가랑비에 옷 젖는 줄 모른다.'는 말처럼 소비는 조금씩 늘게 마련이고, 결제 대금이 한 번 밀리기 시작하면 눈덩이처럼 불어납니다. 거기에 카드 돌려막기로 현금서비스나 대출까지 받으면 큰 빚을 지고 있는데 정확히 얼마인지조차 파악하지 못하는 경우가 생겨요. 특히 젊은 시절에 이런 카드 빚이 생기면 그걸 갚는 일이 쉽지 않고, 자칫 신용 불량자가 되어 평생 발목을 붙잡을 수도 있습니다.

이에 비해 체크카드는 결제할 때마다 자신의 은행 계좌에서 직접 돈이 빠져나가는 식이라 관리가 용이합니다. 계좌에 있는 돈만큼만 쓸 수 있기 때문에 만들기도 쉬워요. 연회비를 내고 여러 혜택을 제공받는 신용카드와 달리 체크카드는 연회비가 없습니다.

빚을 질 수가 없고 과소비를 예방할 수 있다는 장점에 더해 세제 혜택도 있습니다. 연소득의 25퍼센트를 초과해서 사용한 금액 중 체크카드로 사용한 금액의 30퍼센트를 소득공제 받을 수 있거든요.

예를 들어 연봉 3,000만 원을 버는 사람이 체크카드로 1,000만 원을 썼다면 750만 원(연 소득의 25퍼센트)을 초과한 250만 원의 30퍼센트인 75만 원을 소득공제 받을 수 있어요. 물론 신용카드도 소득공제를 받지만 비율이 다릅니다. 동일하게 연봉 3,000만 원인 사람이 신용카드로 1,000만 원을 썼다면 250만 원 중 15퍼센트인 37만 5,000원을 소득공제 받을 수 있습니다. 40만 원의 차이가 나지요. 이렇게 세제 혜택을 더 많이 받을 수 있으니 체크카드를 사용하는 것이 좋겠지요.

얼마 전 정기예금 만기일이 돌아와 은행 지점을 방문해 새로 예금 계좌를 만들었는데요. 직원이 그 은행에서 발행한 신용카드 혜택이 좋다며 권유하더라고요. 저는 웃으며 "카드는 딱 하나만 씁니다."라고 했어요. 저의 오랜 습관입니다. 카드가 늘어나면 사용한도가 2배가 되고, 나도 모르는 새 지출이 늘어납니다. 카드를 줄이면 소비도 절로 줍니다. 여러 개의 카드를 혜택에 맞춰 나눠 쓰는 소비도 현명합니다만, 저는 잘 쓰는 것보다 안 쓰는 게 더 중요하거든요. 신용카드보다 체크카드를 선호하다 보니 조건을 따져 쓸 필요도 없고요.

진정한 경제적 자유를 얻고자 한다면 소비를 위한 지혜보다 아끼기 위한 지혜가 더 필요합니다.

월급쟁이의 짠돌이 습관 들이기
- 근로 소득자라면 연말정산에서 공제 혜택을 받을 수 있는 다양한 방법을 찾아보기
- 신용카드보다 유리한 체크카드 사용하기

	체크카드	신용카드
조건	연소득의 25% 초과분	연소득의 25% 초과분
공제 비율	30%	15%
산출 예시	연소득 3,000만 원이고 1,000만 원을 사용한 경우 세액공제 금액 75만 원	연소득 3,000만 원이고 1,000만 원을 사용한 경우 세액공제 금액 37만 5,000원

- 연금저축을 통한 세액공제도 가능한 활용하기 : 연금저축 세액공제 한도는 600만 원이지만 IRP 계좌를 추가로 활용하면 최대 900만 원까지 세액공제를 받을 수 있다.

지금 그거 진짜
필요한 건가요?

1990년대 대학가에는 LP 레코드로 음악을 들려주는 음악 감상실이 있었어요. 그곳의 스피커에서는 집에 있는 트랜지스터 라디오나 카세트 플레이어로는 들을 수 없는 천상의 소리가 흘러나왔지요. 소파에 앉아 디제이에게 신청곡을 적어내고 스피커에서 레드 제플린의 〈Stairway to Heaven(천국으로 가는 계단)〉을 들을 때면 정말 천국에 온 것 같았어요.

음악 감상실을 처음 소개해준 선배는 회사에 취직하자마자 가장 먼저 할부로 차를 구입했어요.

"민식아, 최고의 음악 감상실은 바로 내 차 안이야. 나만의 공간에서 내가 원하는 노래를 마음껏 크게 들을 수 있어."

선배는 자동차에 기본으로 달린 스피커는 성에 차지 않아 오디오 전문 회사의 스피커를 차에 달았습니다. 스피커를 바꾸니 저음이 약한 것 같다고 서브 우퍼를 추가로 달더군요. 와, 의자를 쿵쿵 울려주는 우퍼의 진동, 박진감이 끝내줬어요. 선배는 저음을 보강하니 고음이 아쉽다며 고음 전용 트위터를 달았어요. 앞 유리창 하단에 달린 조그만 스피커에서 짹짹 새가 지저귀듯 날카로운 소리가 들렸어요. 와, 소리가 정말 빵빵하더군요. 길을 지나가는 사람들이 지나가다 한 번씩 쳐다볼 정도였어요.

"민식아, 나는 차에다 경차 한 대를 업고 다닌다."

네, 오디오 시스템을 업그레이드하는 데 1,000만 원이 넘게 들어가니 경차 한 대를 차에 싣고 다니는 격이더라고요.

사람 마음이 참 이상해요. 하드웨어를 업그레이드하면 그만큼 소프트웨어에 대한 욕심도 커지나 봅니다. 선배는 음반을 한 장, 한 장 사서 모으고, 운전하며 CD를 한 장씩 바꾸는 번거로움을 덜기 위해 트렁크에 외장 CD 체인저를 설치했어요. 90년대에는 CD 한 장을 플레이어에 넣으면 한 가수의 노래를 계속 들었는데요. 간단한 버튼 조작으로 음반을 바꿔 들을 수 있다는 게 정말 신기했어요. 선배의 취미는 이제 월급을 받아 음악 라이브

러리를 확장하는 걸로 옮겨갔죠. 이미 구매한 음반도 리마스터 링 버전이 나오면 음질이 더 좋다며 다시 샀습니다.

"아무래도 차를 바꿔야 할 것 같아."

"왜요?"

"지금 타는 차는 작아서 도로 주행할 때 소음이 많이 들어와. 좀 더 묵직한 차를 타면 외부 소음을 막아주거든."

"형, 이 차 할부 아직 남지 않았어요?"

선배는 할부 기간이 조금 늘어날 뿐이라며 비싼 외제 차로 바꿨어요. 주말에 차를 세워두기 아까워 틈만 나면 외곽으로 드라이브를 다녔고, 주차장이 딸린 고급 레스토랑만 찾아 다니면서 씀씀이는 점점 늘어만 갔죠. 월급이 들어오자마자 바로 사라진다더니 마이너스 통장으로도 감당이 안 되는 지경에 이르렀어요. 결국 신용 불량자가 되어 월급이 압류되기 시작했고요.

그러다 1997년 IMF 위기가 발생했고, 기업들이 구조조정을 시행했습니다. 회사에서는 월급이 압류된 사람부터 정리해고 절차에 들어갔습니다. 회삿돈을 다루는데 경제적으로 어려움을 겪는 사람은 나쁜 유혹에 빠질 가능성이 크다고 보고, 사고 예방 차원에서 미리 해고하기로 한 거죠. 자기 관리에 실패한 것이 정리해고의 빌미가 된 겁니다. 갚아야 할 빚이 많아 계속 회사를 다녀도 부족한 판에 심지어 권고사직까지 당하다니요. 그저

음악을 좋아했던 선배는 어쩌다 인생이 나락으로 떨어진 걸까요?

『호모 아딕투스』의 저자인 연세대 경영학과 김병규 교수는 경제적 관점에서 현재를 중독경제 시대라고 정의합니다. 우리는 무수하게 많은 중독 기제에 노출되어 있는데요. 그중 하나가 소비 중독입니다.

켄터키대학교에서 진행한 재미있는 심리학 실험이 있습니다. 한 그룹은 진짜 진통제를, 다른 그룹은 가짜 약을 복용했습니다. 그러고 나서 모든 참가자에게 머그컵을 선물로 주고는 이 컵을 다른 사람에게 판다면 얼마에 팔고 싶은지 물었습니다. 결과적으로 진통제를 복용한 참가자들은 가짜 약을 복용한 참가자들보다 낮은 가격에 컵을 팔겠다고 응답했습니다. 진통제를 먹으면 고통을 느끼지 못하기 때문에 자신이 가진 소유물을 더 쉽게 포기한 거예요.

돈을 쓸 때 뇌는 고통을 느낍니다. 이는 자기 재산이나 소유의 일부를 잃을 때 스트레스를 받기 때문인데, 힘들게 번 돈일수록 그것을 쓸 때 더 큰 고통을 느낍니다. 지출의 고통 때문에 사람들은 좀 더 합리적으로 소비하고 절약할 수 있습니다. 그러나 기업은 소비자들이 돈을 쓸 때 되도록 고통을 느끼지 않길 바랍니다. 그래야 돈을 쉽게 쓰니까요. 신용카드는 지출할 때 고통을 덜 느끼게 하죠. 현금을 사용하면 얼마를 벌었고, 얼마를 쓰는지 명확히 알 수 있어요. 지갑을 열 때마다 고통을 생생하게 느끼거든요. 최근 많이 사용하는 전자결제 서비스는 카드를 긁는 동작 없이 비밀번호나 지문을 인식하는 것만으로 결제를 합니다. 이렇게 단 한 번의 클릭으로 돈을 써버리면 뇌는 돈을 쓴다는 것을 인식하지 못하게 되죠.

선배가 새 오디오를 살 때 현금으로 결제했다면 어떠했을까요? 돈을 꺼내면 지갑이 홀쭉해져요. '잠깐만, 이 돈을 내고 나면 당장 오늘 저녁을 먹는 것도 힘들 것 같은데 굳이 스피커를 새로 달 이유가 있나?' 하는 생각이 들지 않았을까요? 차를 살 때 카드 할부가 아니라 지폐 다발을 넣은 가방을 들고 가서 한 장 한 장 돈을 세어서 일시불로 계산해야 한다면 차를 사는 사람의 수는 크게 줄어들 겁니다.

사람이 느끼는 고통은 생존을 돕는 중요한 정보를 제공합니다. 뜨거운 불 가까이에 가면 두려움을 느끼고 더 가까이 가면 통증을 느낍니다. 고통을 느끼면 또다시 화상을 입지 않도록 주의하게 됩니다. 돈을 쓸 때 느끼는 고통도 우리의 자산을 지키는 역할을 해요. 그런데 고통이 줄고 보상이 확실하다 보니 사람들은 너무 쉽게 소비 중독에 빠져듭니다.

그렇다면 소비 중독을 막기 위해 우리는 무엇을 할 수 있을까요? 현재 우리가 사는 시대는 도파민이 사람을 중독으로 이끄는 시대예요. 옛날에는 중독 대상이 많지도 않고 접근하기도 쉽지 않았어요. 지금은 우리 가까이에 너무 쉽게 중독될 수 있는 것들이 많아요. 왜 중독되는가를 이해하려면 도파민을 알아야 합니다.

사람은 생존과 번식에 유리한 행위를 할 때 기쁨이라는 보상을 받고, 불리한 행위를 할 때는 고통이라는 벌을 받습니다. 우리 몸에서 나오는 도파민은 보상 과정에 관여하는 가장 중요한 신경전달물질입니다. 도파민은 특정 행동이나 약물의 중독 가능성을 측정하는 지표로 쓰입니다. 예를 들어 어떤 약물이 뇌의 보상 경로에서 도파민을 더 많이 더 빠르게 분비할수록 그 약물의 중독성은 더 크다고 평가됩니다. 약물이 도파민 분비를 유도해 중독되는 거죠. 어떤 중독이든 끊는 건 쉽지 않습니다. 중독 치료를 위해서는 세 가지 자기 제어법을 사용한다고 해요.

첫 번째는 물리적 구속인데요. 오디세우스가 트로이 전쟁을 끝내고 집으로 향하는 여정에는 여러 위험이 도사리고 있었는데요. 가장 큰 위험은 세이렌의 노래였어요. 마성의 노래는 뱃사람을 꾀어 인근 섬의 암벽에 부딪히게 했습니다. 오디세우스는 선원들의 두 귀를 밀랍으로 막고 자신은 범선의 돛대에 꽉 묶어 버렸죠. 듣고 싶어도 듣지 못하고, 가고 싶어도 가지 못하게 물리적 구속을 한 겁니다.

두 번째는 시간적 제약입니다. 한 번에 딱 끊기가 어려울 때가 있어요. 이럴 때는 일정 기간 접근을 제한함으로써 시간적 기회를 줄이고 사용에 한계를 두는 겁니다. '시험 기간에는 게임을 안 할 거야.', '주중에는 야식을 안 먹을 거야.', '아이들과 영화를 보는 2시간 동안은 스마트폰을 안 볼 거야.' 아예 안 한다고 하면 마음이 괴롭지만 미리 결승선을 정해두면 조금 마음이 편안해집니다. 시간이 지나면, 결승점만 통과하면 할 수 있으니까요. 이런 방식으로 빈도를 줄일 수 있습니다.

세 번째 방법은 범주적 차단이에요. 스포츠 도박에 중독된 사람이 있어요. 마흔 살이 될 때까지 도박으로 잃은 돈이 수억 원이 넘는데요. 그 환자를 치료하기 위해서는 스포츠 도박만 끊는 게 아니라 TV로 스포츠 경기를 보거나 스포츠 관련 인터넷 뉴스를 찾아보는 것도 그만두도록 해야 합니다. 스포츠 도박이라는 자극과 관련이 있는 모든 행위에 다해 범주적 차단을 해야 겨우 중독에서 벗어날 수 있어요.

중독 치료를 위한 제어법을 돈 아끼는 방법에 적용해보면 어떨까요? 월급을 받으면 먼저 저축부터 하는 겁니다. 남은 돈으로 한 달을 사는 거죠. 물리적 구속과 시간적 제약을 활용하는 겁니다. 입출금이 자유로운 통장에서 출금이 안 되는 예금 통장으로 돈이 옮겨가면 물리적으로 쓸 수 있는 현금이 팍 줄어들죠. 6개월 후, 1년 후 시간적 제약을 견디면 목돈에 이자까지 더해 쓸 수 있어요. 시간적 제약이 끝나면 별러온 장기 여행을 간다거나 월세 탈출을 위한 전세 자금을 마련하거나 더 소중한 일에 쓸 수 있겠지요.

범주적 차단을 적용하려면 평소 자신의 소비 패턴을 꼼꼼히 분석해야 해요. 소비를 부르는 행동을 자제하는 거죠. TV 드라마를 보다 야식을 시키는 일이 많다면 밤에는 TV 시청을 줄이고요. 출근길에 스마트폰으로 인스타그램을 보다 지름신이 강림하는 일이 많다면 스마트폰에서 SNS 앱을 지우고 책을 보는 겁니다. 만화책도 좋고 웹소설도 좋고 일단 재미있는 책을 보는 겁니다.

가장 멋진 반전은 나쁜 중독을 좋은 중독으로 대체하는 건데요. 소비 중독에서 예금 중독으로 중독 대상을 바꾸는 거죠. 핀테크가 발전한 결과 돈을 쓰는 고통이 줄어들었다고 했지요. 마찬가지로 돈을 모으는 번거로움도 사라졌어요. 예전에는 저축을 하려면 은행에 가서 계좌를 만들어야 했는데, 이제는 온라인이나 모바일로 간편하게 예금 계좌를 만들 수 있어요.

회사에 다닐 때는 월급 받은 다음 날 꼬박꼬박 정기예금 자동이체를 해두었는데요. 이제 은퇴하고 나니 정기적인 수입은 없어요. 다만 여윳돈이 생기면 인터넷 뱅킹이나 모바일 뱅킹으로 금리가 높은 상품을 찾아 단기라도 예치해둡니다. 딱 석 달만 맡겨도 이자가 3퍼센트가 넘어요. 물론 1년 이상 예금을 들면 금리는 더 높아지겠지만 혹 다음 달에는 수입이 없을 수도 있으니까 석 달만 은행에 맡겨둡니다. 인세든 강연료든 생각지 못한 수입이 생기면 또 저축해두고요. 만약 단기 예금해둔 금액이 꽤 모이면 그때는 수익률이 좋은 투자 상품으로 갈아탑니다.

저는 틈만 나면 저축하는 예금 중독자입니다. 휴대폰에는 각종 은행들의 뱅킹 앱들이 깔려 있고요. 돈이 생길 때마다 들어가 금리를 비교해보고 예금 상품을 새로 들어요. 엄청 뿌듯합니다. 소비가 쉬워진 만큼 저축도 간편해진 시대예요.

소비 중독에서 벗어나 저축 중독으로 갈아타는 방법

- 물리적 구속 : 월급날 일정 금액을 정기저축 통장으로 자동이체 해두기
- 시간적 구속 : 중도 출금이 어려운 예금 상품 가입하기(3개월~1년간 시간적 제약 견디기)
- 범주적 차단 : 평소 소비가 일어나는 습관 자체를 줄이기(TV 시청, SNS 사용 등 자제)

아끼는 습관,
자존감이 먼저다

저의 연출 데뷔작인 청춘 시트콤 〈논스톱〉 시리즈에는 제가 애정하는 짠돌이 캐릭터가 셋이나 나옵니다. 양동근, 박경림, 최민용. 〈뉴 논스톱〉에서 양동근은 밥을 얻어먹기 위해 누군가 장학금을 타거나 생일을 맞거나 좋은 일이 있으면 어디선가 나타나 "딱 걸렸어, 한턱 쏴."를 외칩니다. 박경림은 자판기 관리와 교내식당 주방 보조 등 온갖 아르바이트를 하며 돈을 벌면서 양동근과 치열한 짠돌이 대결을 펼칩니다. 〈논스톱3〉에서는 멀쩡하게 생긴 최민용이 길에 떨어진 동전 하나를 챙기다가 '변태 짠돌이'라는 별명을 얻어요. 저는 이 짠돌이들을 너무나 애정합니다. 이들은 타인의 시선을 신경쓰기보다 자신의 욕망에 솔직합니다. 남의 눈에 내 모습이 어떻게 비치는가는 신경쓰지 않아요. 어떻게 나 자신으로 살 것인지가 더 중요하지요.

사실 짠돌이라고 하면 괴팍한 스크루지 영감, 굴비를 보며 침만 흘리는 자린고비, 인색하기만 한 혹부리 영감 같은 이미지가 먼저 떠오르죠. 돈은 많이 모았을지 모르나 왠지 행복할 것 같지 않아요. 하지만 저는 평생 행복한 짠돌이로 살아왔어요. 어려서부터 도파민을 자극하는 취미에는 관심이 없었고, 돈을 쓰지 않고도 즐겁게 살 수 있는 방법을 찾는 재미에 푹 빠져 지냈거든요. 물론 저도 쇼핑을 하면 즐거워요. 뇌에서 도파민이 뿜어져 나오는 게 느껴집니다.

한때 저는 외모 콤플렉스로 인해 자존감이 낮아 사람들과의 관계에 어려움을 겪었어요. 자존감이 낮으면 '나는 별 볼 일 없는 사람'이라는 생각이 들고요, 그걸 포장하려 나의 가치를 드높여줄 물건들을 구해 멋지게 치장합니다. 비싼 옷을 사 입으면 잠시 기분이 좋아지지만, 옷 한 벌로 낮아진 자존감을 회복하는 데에는 한계가 있어요. 자존감을 회복하기 위해서란 이유로 행해지는 소비는 결국 과소비로 이어집니다. 도파민은 중독을 일으키기 때문에 더욱 경계해야 해요.

그렇다고 억지로 돈을 아끼고 모으다 보면 스트레스를 받습니다. '남들 다 하는 걸 왜 나만 못하고 살지?' 하는 생각이 들고 자신이 초라하게 느껴질 수 있어요. 그럴 때는 질문을 바꿔보세요. '나는 무엇을 할 때 즐거운가?', '돈을 써야만 즐거운가?' 돈을 쓰지 않고도 즐거운 활동, 나를 성장시키는 활동을 찾아보는 겁니다.

남이 나를 좋아하는 것보다 중요한 것은 내가 나를 아끼는 마음입니다. 한도 초과라고 찍힌 카드 명세서를 보고, 펑크 난 통장을 보고 도대체 돈을 어디다 쓴 거냐며 화내지 말아요. 그러면 다시 자신에 대해 부정적인 감정이 생기고요. 이는 또 다른 소비로 이어지는 악순환을 불러올 수 있어요. 그냥 나를 안아주세요. 세상 그 누구도 나를 이해해주기 쉽지 않은데 나마저 나를 외면하면 내가 너무 가엽잖아요. 그냥 가만히 자신을 토닥여주는 겁니다.

"마음이 너무 허해서 그랬나봐. 괜찮아. 앞으로는 돈을 안 쓰고도 나를 아껴줄 수 있는 방법이 뭐가 있나 한번 찾아보자. 응?"

스물한 살, 2학년 1학기 영어 성적 D+였어요. 연애도 못하고 신체검사도 통과 못해 현역 입대도 못하고 성적까지 바닥인 제 자신이 한심했죠. 신병 시절, 영어 공부라도 해보자는 마음에 부대 안 교회에 찾아가 영한 대역 성경책을 얻어 무작정 읽고 외왔어요(기독교 신자는 아닙니다만). 18개월 방위병 생활 동안 친구에게 빌린 영어책 한 권을 외웠고요. 내 실력이 어느 정도인지 궁금해 영어 토론대회에 출전했는데 2등을 한 거예요. 1등은 외교관 자녀였고요. 영어 학원이나 어학연수를 가지 않았는데도 2등을 했다는 사실은 자존감 낮았던 저에게 그 어떤 명품보다 값진 선물이었습니다. 그때는 몰랐지만 젊은 나에게 무엇과도 바꿀 수 없는 커다란 자산이 만들어진 거였죠.

제가 가장 아끼는 건 돈보다도 시간입니다. 매일 아침 눈을 뜰 때마다 24시간이 새로 입금되었다고 생각해요. 그런데 이 시간에는 유효 기간이 있습니다. 하루 안에 잘 써야 하죠. 돈과 에너지를 아낀다고 아무것도 하지 않고 빈둥대는 사이에 시간은 속절없이 사라집니다. 나를 설레게 하는 것들을 찾아 시간을 잘 써야 해요. 읽고 싶은 책, 걷고 싶은 길, 쓰고 싶은 글, 하고 싶은 운동 등 이렇게 하고 싶은 것들이 많으니 그걸 잘하기 위해서는 시간을 잘 써야 합니다.

시간을 아끼는 사람은 자신을 아끼는 사람입니다. 나를 위해 지금 이 순간 무엇을 해야 할까를 늘 고민하거든요. 시간을 아껴 부지런히 사는 사람은 일도 빠르게 해냅니다. 그렇게 나의 시간을 들여 회사가 원하는 일을 하고 번 돈은 아껴 쓸 수밖에 없어요. 검소한 지출과 절약하는 습관은 성실하게 일하는 나에게 전하는 최고의 자기 존중 표현입니다. 제가 적은 돈으로 행복하게 살아가는 방법을 그토록 열심히 찾았던 것도, 더 많은 돈을 벌기 위해 나의 시간과 건강을 소모하고 싶지 않아서예요.

사회 초년생 시절, 일은 힘들었어요. 치과 영업을 뛰는 것도 괴로웠고, 수행 통역을 다니는 것도 힘들었어요. 밥 먹듯이 밤샘 작업을 하던 예능 PD 조연출 시절에도 몸이 고달팠습니다. 누구나 다 그렇습니다. 언젠가는 정말로 괴롭고 힘든 일을 더는 할 수 없을 때가 옵니다. 대비책이 필요해요. 저의 탈출 전략은 저축이었습니다.

저축률이 0퍼센트인 사람과 50퍼센트인 사람 중에 누가 먼저 힘든 일을 그만둘 수 있을까요? 모아둔 돈이 없다면 퇴사는 미뤄지고, 은퇴 후에도 계속 일해야 합니다. 저축률 50퍼센트가 불가능할 거 같죠? 20대의 저에게는 하고 싶지 않은 일을 평생 견디며 사는 게 더 불가능해 보였어요. '나는 돈을 쓰지 않고 즐겁게 살 수 있는 사람, 행복한 사람'이라는 자신에 대한 믿음이 있으면 돈을 모으기가 쉬워집니다. 자존감이 있어야 허덕이지 않고 돈을 아끼고 모을 수 있어요. 그러려면 나를 좋아해야 합니다.

나이 쉰다섯, 저는 요즘 매일 근력 운동을 해요. 하루에 100개씩 스쿼트를 하거나 탄력 밴드로 1시간씩 운동을 합니다. 매일

자투리 시간마다 일본어 회화를 공부하고 있고요. 연금을 모으고 자산을 불리는 것보다 나를 더 좋아하려고 노력합니다. 스물한 살의 제가 저에게 물려준 자산, 아직까지 잘 지켜가고 있습니다.

우리는 이제 취미 부자로 살 수 있어요. 문화센터에 가서 여유 시간에 새로 배울 수 있는 강좌를 등록해도 좋고요. 온라인에서 새로운 친구들을 만나 함께 책을 읽거나 글을 쓰고, 혹은 산행을 다니는 모임에 가입해도 좋지요. 동네 스포츠센터에서 필라테스나 줌바 댄스를 배워도 좋고요. 무언가 새로운 일을 시작하고 꾸준히 그 일을 반복하면 어느새 잘하는 나를 만나게 되고요. 그럼 나는 나 자신을 좋아하게 됩니다. 즐거운 일을 할 때의 내가 가장 멋지거든요.

절약이 전략이라는 부자들의 생활 습관

부자가 되기 위해 무엇을 해야 할까요? 그 첫걸음은 '결심'입니다. '나는 부자가 될 거야.'라고 마음먹는 것이요. 결심은 행동으로 이어지고 습관을 만들며 결국 운명을 바꾸거든요. 경제경영 분야에는 마음가짐의 중요성을 이야기하는 책이 많습니다. 그중 『더 마인드』는 평범한 월급쟁이에서 매달 연봉보다 더 많은 돈을 세금으로 내는 고액 납세자로 인생을 바꾼 저자의 메시지가 담긴 책입니다. 이 책의 핵심을 한 문장으로 표현하자면 '어떤 무의식의 필터로 세상을 바라보고 행동하는가에 따라 인생의 방향 자체가 달라진다.'는 겁니다. 실패, 좌절, 망설임 같은 부정적인 생각 대신 도전, 부, 희망 같은 긍정적인 동기를 장착하고 사는 사람은 결국 성공할 수밖에 없다고요.

돈을 벌고 모으는 최적의 방법은 시대에 따라 다릅니다. 1970년대에는 '근로자 재산형성저축'이라는 은행 상품이 있었어요. 금리가 1979년에는 연 33.1퍼센트, 1980년에는 연 41퍼센트에 달했어요. 은행 기본 금리에 정부 지원금을 붙여서 최종 이율이 결정되었는데, 평균 이율이 13~17퍼센트인 고금리 상품이었어요. 재원 부족으로 1995년에 판매가 중단되었는데 월급의 30퍼센트까지 저축할 수 있었지요. 이 상품은 1970년대 가난한 한국에서 많은 이들을 부자로 만드는 데 크게 기여했어요. 종잣돈을 만들기 위해 월급을 모으는 데 고금리는 큰 동기부여가 되고, 돈을 모아 일찌감치 내 집을 마련한 사람은 부자가 될 수 있다는 효능감도 느꼈을 겁니다. 저축을 시작하는 사람은 '내일은 오늘보다 나아질 것'이라는 마음가짐을 장착하는 셈입니다.

모든 변화는 자신이 '진짜' 원하는 것을 알아차리는 데에서 시작합니다. '삶의 우선순위'는 무엇인가요? 제 경우 첫째는 건강, 둘째는 시간, 셋째가 돈입니다. 건강을 잃는다면 시간과 돈이 무슨 소용이겠어요. 그런데 안타깝게도 많은 사람들이 돈을 위해 시간을 소비하고 건강을 포기하며 살고 있어요. 통장에 찍히는 월급과 달리 건강과 시간은 눈에 보이지는 않으니 '괜찮겠지.'라며 대충 넘기는 경우가 많지요.

가장 소중하게 여겨야 할 자원은 건강과 시간입니다. 건강한 사람이 시간을 알차게 쓰면 돈을 버는 게 수월해집니다. 기본적으로 돈을 번다는 것은 나를 세상에 내다 파는 일입니다. 그냥 파는 것보다 조금이라도 좋은 상품으로 만들고 가꿔서 높은 가격을 붙여서 파는 게 중요합니다. 자신에게 투자하는 시간이 늘어나면 사람의 가치가 올라가고 그럼 돈을 버는 게 더 수월해집니다. 영업 사원으로 일할 때에 비해 동시통역사라는 자격을 얻은 후 수입이 갑절이나 늘었어요. 일하는 시간은 오히려 줄어들었고요. 다만 통번역대학원에서의 공부는 힘들었어요. 하루 15시간씩 마치 고시 공부하듯 영어를 공부했습니다. 졸업할 즈음 동기들이랑 그런 이야기를 했어요. 빡센 통대 생활을 버티게 하는 건 체력이라고요. 건강이 받쳐줘야 공부도 제대로 할 수 있어요.

반대로 돈이 있다고 건강이 자동으로 따라오지는 않아요. 돈을 쫓다 보면 불안과 심리적인 압박감을 느끼게 마련이고, 스트레스를 받습니다. 스트레스가 건강에 해로운 건 당연하고요. 대부분 돈 때문에 건강을 잃는 건 어리석은 행동이라는 걸 알면서도 너무 많은 사람이 돈 때문에 건강을 잃습니다. 건강도 시간과 돈을 관리하듯 체계적으로 관리해야 합니다. 모든 일에 절제와 자기 관리가 필요하다는 뜻이에요.

2017년에 전국 성인 남녀를 대상으로 조사한 결과를 보면, 언젠가 부자가 될 수 있을 거라고 생각하는 사람은 겨우 5.7퍼센트고, 약 80퍼센트의 사람들은 부자가 아닐뿐더러 앞으로도 부자가 될 가능성이 없다고 대답했습니다. '나도 성실하게 일해서 돈을 벌면 부자가 될 수 있다.'라고 기대하는 이들이 이렇게 적다는 게 참 씁쓸합니다.

저는 어려서부터 돈을 아끼고 모으면 언젠가는 부자가 될 수 있다고 생각했어요. 100만 원이 생겼을 때 이 돈을 쓰는 사람과 저축한 사람, 둘 중 누가 진짜 부자일까요? 후자는 언젠가 반드시 부자가 됩니다. 많은 이들이 부자가 되는 첩경은 부동산이든, 주식이든, 코인이든 높은 수익률을 보장하는 상품을 찾아 투자하는 것이라고 생각하는데요. 저는 겁이 많아 원금 손실의 가능성이 있는 상품은 선호하지 않아요. 소심함이 때로는 시류에 휘둘리지 않는 자제력을 만들어줍니다.

제가 은퇴자를 위한 노후 대비 특강을 할 때마다 재테크에 꼭 필요한 요소라고 강조하는 것은 바로 자제력입니다. 퇴직한 뒤에는 자기 관리가 중요합니다. 매일 나가는 회사도 매월 들어오는 수입도 사라지는 시점에 하루하루의 시간을 어떻게 쓰고, 평생 모은 돈을 어떻게 아껴 쓰는가에 따라 기나긴 노후의 질이 달라지니까요. 돈을 버는 건 타인의 마음을 움직여야 하지만 돈을 아끼는 건 내 마음만 통제하면 됩니다. 돈을 버는 것보다 아끼는 게 더 쉬워요. 실제로 부자들은 생각보다 더 검소하게 생활합니다.

부자들의 공통점이 있어요. 그 첫 번째가 이야기한 것처럼 자신이 가진 부에 비해 훨씬 검소하다는 겁니다. 그 다음이 부를 축적하는 데 도움이 되도록 시간과 에너지와 돈을 효율적으로 할당한다는 거예요. 핵심은 '부를 축적하기 위해서는 절제와 희생, 근면이 필요하다.'는 것입니다. 그런데 절제는 소비에만 적용되는 게 아니에요. 일을 멈추고 가족과 함께 보내는 시간, 나를 보살피는 시간을 가지는 것도 절제입니다.

40대에 조기 퇴직한 선생님이 있어요. 그 어려운 임용고시에 합격해 선생님이 되었는데 이렇게 빨리 그만두는 게 아깝지 않았는지 궁금했습니다.

"제가 직장 생활 말년에는 정신적으로 많이 힘들었어요. 공황장애도 오고 쓰러져서 응급실에 실려 간 적도 있어요. 죽을 것 같아서 퇴사를 신청했지요."

선생님은 좋아 보였어요. 하루하루 산책과 독서를 즐기며 여유롭게 지냈거든요.

"그렇게 이른 나이에 경제적 자유를 얻은 비결이 뭐예요?"

"전략이요."

"어떤 전략이요?"

"아니요, 절약이요."

처음엔 절약을 전략으로 잘못 알아들었는데요, 잠깐 생각해보고 무릎을 쳤습니다. 맞아요, 절약이 최고의 재테크 전략입니다. 지금이 바로 평생 가는 최고의 재테크 전략을 장착해야 할 시기입니다. 돈을 아끼는 재미를 아는 것이지요. 스스로 자제력을 길러보세요. 나 자신을 스스로 통제할 수 있다는 데에서 오는 자기만족도 함께 커질 테니까요.

실천지침

소득의 일정 비율을 무조건 먼저 저축하기

- 입출금이 자유롭지 않은 입출금 제한 상품(정기적금, 정기예금 등)에 가입하여 물리적인 제약을 두고 저축 시작하기
- 월급날에 정기적금, 연금저축, 주택청약 저축 계좌 등으로 자동이체되도록 설정해두기
- 저축 목표 설정하기 : 최소 월급의 30퍼센트 저축하기 → 가능한 50퍼센트까지 저축액 늘리기.

소비를 현명하게 관리하기

- 신용카드보다 체크카드 사용으로 내 소비의 규모를 항상 확인해보는 습관 기르기
- 필요한 제품을 구매할 때 할부로 구매하기보다 목돈을 만들어 구매하기 : 매달 갚아야 할 할부 금액이 적으면 총액 자체를 제대로 인지하지 못하고 과소비할 수도 있어요.

- 내 소비 패턴을 인지하고 관리하기 : 주로 언제 충동구매가 일어나는지를 확인하고 그런 일이 일어날 확률 자체를 낮추기(SNS 사용 자제하기 등)

- 소비 전에 체크 리스트 확인하기

  ☐ 이 물건이 없으면 정말 불편한가?

  ☐ 지금 당장 반드시 사야 하는 것인가?

  ☐ 내가 가진 물건 중에 이 물건을 대체할 수 있는 것은 없는가?

  ☐ 단순히 내 욕망을 충족시키기 위한 소비는 아닌가?

  이 체크 리스트에 대해 스스로 답해보고, 소비를 선택하거나 혹은 다음 기회로 넘겨두자. 처음에는 번거로울 수도 있지만 익숙해지면 과소비나 불필요한 소비를 줄이고 관리할 수 있다.

돈이 드는 일을 돈 들이지 않고 해보기

- 취미 생활 시작해보기 : 공공기관 및 지역 단체에서 시행하는 무료 교육 프로그램 찾아보기, 체험 프로그램 적극 활용해보기

- 운동 및 여가 활용 : 동네 산책로, 공원 산책하기. 러닝이나 트레킹 모임 참여하기, 무료 전시회 등으로 즐길 거리 탐색하기

- 자기계발 : 유튜브에서 무료 강의 (외국어, 커리어 관련 콘텐츠 등) 시청하기

- 도서관에서 독서하기, 도서관이나 공공기관에서 주관하는 무료 강연 및 프로그램 참여하기

2장

스스로
돈 버는 기쁨

부자의 일하는
방식을 배우자

일을 대하는
좋은 태도

지난 세기 수십 년 동안 우리는 경제 성장기, 인구 팽창기를 살아왔어요. 어떤 분야에서든 열심히 노력하면 직업의 사다리를 올라가 중산층 이상의 삶을 누릴 수 있던 시절이었어요. 인구와 경제 등 사회 전 분야가 계속 성장했기에 아이들은 훗날 부모 세대보다 윤택한 삶을 영위할 거라고 기대했습니다. 지난 세기 내내 이런 기대는 맞아떨어졌어요.

21세기에 들어서자 상황이 바뀌었습니다. 산업사회 이후의 디지털 경제는 소수의 고소득 일자리와 다수의 저임금 일자리를 창출했습니다. '어려서 열심히 공부하고 한창때 열심히 일하면 당신이 원하거나 당신을 필요로 하는 곳에 갈 수 있다.'라는 대전제는 와장창 깨져버렸지요.

『일자리의 미래』라는 책에서는 기술이 발전할수록 저임금 일자리보다 나름의 기술 역량을 요구하는 중간 임금의 일자리들이 크게 줄어든다고 말합니다. 그로 인해 미국이나 유럽 등 선진국에서 중산층이 몰락했다고요. 사실 이는 우리나라도 예외가 아니었습니다. 2016년 미국 정치인들은 금융위기 때 치솟았던 실업률이 다시 5퍼센트 아래로 떨어졌다고 자축했어요. 하지만 대부분의 미국인들은 달갑지 않았습니다. 늘어난 일자리의 58퍼센트 이상이 시급 7달러에서 13달러 구간에서 이뤄진반면 중간 소득군에 해당하는 시급 13달러에서 21달러 사이의일자리는 60퍼센트가 사라졌거든요. 마치 파도가 해안을 덮쳐수백만 개의 나쁜 일자리를 쏟아 놓고 수백만 개의 좋은 일자리를 휩쓸어 간 셈이었지요.

패스트푸드 식당 체인들은 이미 오래전부터 버거를 만들 때자동으로 패티를 뒤집는 기계를 사용할 수 있었지만 도입하지않았어요. 이유는 단순해요. 패티를 뒤집는 일은 아무나 할 수 있는 작업이기에 이런 일로 고임금을 받으려는 사람들이 없기 때문이지요. 따라서 초기 비용을 감수하고 기계를 들여놓을 필요성을 못 느꼈던 거예요. 저임금 노동자를 고용하면 되니까요.

하지만 심장 수술을 한다든지 이혼소송을 담당한다든지 금융 전문가로서 재정적인 조언을 한다든지 건물을 설계한다든지 자동차를 디자인하는 사람들은 달라요. 이런 일자리는 높은 임금을 상쇄시킬 수 있는 기계가 있다면 비용은 금세 회수할 수 있기 때문에 도입하지 않을 이유가 없습니다. 일반적으로 임금이 낮으면서 반복적이고 단순한 작업을 하는 일자리만 자동화에 취약하다고 생각하지만 현실은 그렇지 않습니다. 자동화와 인공지능은 우리 모두의 일자리를 집어삼킬 겁니다.

예전에는 교육에 대한 투자가 많을수록 소득이 올라가는 효과를 기대할 수 있었어요. 요새는 그렇지 않습니다. 2000년 이후 미국에서는 대졸 노동자와 고졸 노동자의 임금 격차가 점점 좁혀지다가 이제는 거의 비슷한 수준에서 도달했습니다. 한국은 전 세계에서 대학 졸업자 비율이 가장 높은 나라예요. 최근 통계에 따르면 전체 실업인구 가운데 50퍼센트 이상이 대학 졸업자입니다. 우리나라에서는 이미 '교육 프리미엄'이 사라졌어요.

교육은 물론 중요합니다. 다음 세대를 위한 최고의 자원을 준비해주는 일이니까요. 젊은이들이 활기, 창의성, 겸손을 가질 수 있도록 도와야 합니다. 하지만 교육에 대해 더 많은 돈을 투자할수록 소득에 대한 전망이 밝아진다는 주장은 틀렸습니다. 교육과 전문성은 중요하지만 지식과 기술에만 지나치게 초점을 맞추지 않도록 조심해야 합니다. 인간을 기계보다 한 걸음 앞서도록 교육하는 건 의미가 없어요. 포클레인을 상대로 삽질하기 시합을 하는 격이지요. 그보다는 일에서 진정한 가치를 도출해 내는 힘을 길러야 합니다. 일에 대한 지식이나 기술보다 태도가 더 중요한 시대가 옵니다.

미국의 한 교수가 병원 청소부들을 대상으로 연구를 했어요. 같은 병원에서 비슷한 업무를 담당했지만 일에 대해 느끼는 건 사람마다 달랐습니다. 절반 정도는 그 일을 싫어하고 자신들의 일을 비숙련 노동으로 묘사했습니다. 상사들과의 갈등, 피곤한 근무 시간, 갖가지 많은 위험성에 대한 불평을 늘어놓았고 불만에 가득 차 있었습니다. 다른 절반은 일을 즐겼으며 그 일을 고도의 숙련 노동으로 묘사했습니다. 한마디로 그들은 만족하고 있었습니다.

이 두 그룹에서 드러난 태도의 차이가 너무나 극명했기 때문에 이들이 같은 직장에서 같은 일을 한다는 게 믿기 어려울 정도였어요. 연구진은 몇 가지 결정적인 차이점을 찾아냈어요. 첫번째 그룹에 속하는 사람들은 경영진이 요구하는 일만 수행했습니다. 그들은 병원을 깨끗하고 말쑥한 상태로 유지하면서 자신들의 근무 처우에 주목했죠. 두 번째 그룹은 자신의 일을 완전히 다른 방식으로 표현했어요. 병원을 깨끗하고 말쑥한 상태로 유지하는 것은 마찬가지이지만 그들은 자신들이 환자를 보호해야 한다고 생각하며 환자들의 상태에 관심을 기울였어요. 병실을 청소할 때도 침대 심장 모니터에서 눈을 떼지 않고 뭔가 잘못됐다 싶으면 간호사에게 알렸습니다. 아이들을 즐겁게 해주고, 나이 든 환자들을 위로했어요. 그들은 자신들 역시 치료사라고 생각했습니다. 그들이 살피던 환자들은 자주 감사를 표했어요. 물론 모두가 칭찬을 한 건 아니었어요. 두 번째 그룹의 청소부들은 병원 측으로부터 청소나 잘하라는 주의를 받았습니다. 하지만 이들은 자신의 일에서 진정한 의미를 발견한 사람들이고, 자신의 일을 통해 즐거움을 얻으며 돈을 벌었을 겁니다.

이런 이야기를 하면 조심스러워집니다. 청소만 하지 말고 환자 돌보는 데까지 마음을 쓰라며 열정 노동을 강조하는 것처럼 보일 수 있잖아요. '받는 월급의 가치보다 더 열심히 하라는 건가?'라고 생각할 수도 있고요. 하지만 자신이 재미있게 할 수 있는 일을 찾는 것은 중요합니다.

첫 직장에서 통역을 맡았을 때 저는 그 업무를 더 잘하고 싶어서 학원에 다녔어요. 만약 상사가 "민식 씨는 영어 실력이 부족하니 저녁에 따로 학원을 다니세요."라고 했다면 영어 수업이 엄청 괴로웠을 겁니다. '종일 영업 뛰는 것도 힘든데 일 끝나고 또 학원에 다니라고?' 하는 생각이 들었을지도 모르지요.

중요한 건 자발성입니다. 스스로 원해서, 내가 하는 일을 더 잘하고 싶다는 마음에서 우러나 스스로 택한 일은 즐겁습니다. 그렇게 자기 일의 경험도 더 많이 쌓을 수 있고요. 20대에 일한 경험이 없다는 건 이해할 수 있지만 30대에도 일한 경험이 없다는 건 근로 의욕이 없는 것으로 비춰질 수 있습니다. 가끔 보면 좋은 일자리란 의미 있는 일이어야 한다는 생각을 고집하는 사람들이 있어요. 그러면 여러 이유로 힘들고 고달플 수 있습니다. 좋은 일과 나쁜 일이 따로 있는 게 아닙니다. 일을 대하는 좋은 태도와 나쁜 태도가 있을 뿐이지요.

20여 년 전의 제 경험을 토대로 글을 쓸 때 늘 고민이 되는 게 있어요. 세상은 너무 빨리 변합니다. 그때의 제가 느끼고 깨달은 것이 지금 시대에도 유효할까요? 물리학자 김상욱 교수님은 "변화의 시대에는 주어진 상황에 최선을 다하되 변하지 않는 것들에 주목해야 한다."라고 말했어요. 네. 다행스럽게도 20년이 넘도록 저는 일하는 재미만큼은 꼭 붙들고 살았습니다. 일하는 재미를 놓을 수 없는 이유, 그것은 바로 돈을 버는 일이기 때문입니다.

하고 싶은 일을
찾는 게 시작이다

서른 살에 저는 중요한 선택의 순간을 맞닥뜨렸어요. 통역사로 일하며 영어 청취력을 높이기 위해 미국 시트콤을 보기 시작했는데, 그만 빠져들고 말았어요. 〈프렌즈〉라는 작품이었습니다. '이토록 재미있는 청춘 시트콤이 한국에는 왜 없을까? 아무도 안 만들면 나라도 만들 순 없을까?' 그런 생각을 하던 차에 1996년 MBC PD 공채를 발견하고 지원했어요. 어렵게 채용 관문을 넘어 수습사원이 되었는데 첫 달 월급이 80만 원이네요. 아, 통역사로 일할 때 이틀 치 일당입니다. 방송사의 문턱을 넘어 처음 받은 월급 앞에서 고민이 시작되었죠. PD라는 새로운 직업에 도전할까? 안정된 통역사로 계속 살아갈까? 하나는 꼭 해보고 싶은데 소득이 너무 적고, 하나는 벌이는 좋은데 재미가 없어요. 결국 저는 하고 싶고 재미있는 일을 선택했어요. 10년이 지난 어느 날, 평소처럼 월급 통장을 열어보던 중 문득 그때의 고민이 떠올랐습니다. 이런, PD 일에 푹 빠져 사느라 그런 고민을 했다는 것조차 잊어버렸네요.

"나는 무엇을 할 때 즐거운 사람인가? 그걸 찾아보세요."

저는 학교 진로 특강에서 학생들에게 늘 이 말을 합니다. 그러면 '좋아하는 일만 해서 먹고살 수 있나요. 싫어도 돈을 벌기 위해 해야 하는 일도 있다.'라고 생각하는 분도 있을 거예요. 그런데 제가 좋아하는 일을 하라고 하는 이유가 있어요. 어떤 직업을 선택하든 우리는 그 일을 진짜로 좋아하는 사람들과 경쟁해야 합니다. 진짜로 그 일을 좋아하는 사람과 어쩔 수 없이 그 일을 하는 사람 사이에 누가 더 일을 잘할 수 있을까요?

노동시장은 공급자(노동자)와 마찬가지로 소비자(고용주)도 효율을 깐깐하게 따지는 곳입니다. 어떤 일터에서든 평판이 따라다닙니다. 자기 일을 좋아하지 않는 사람은 운이 좋아야 합니다. 노력에 비해 성과가 좋아야 평판이 나빠지지 않거든요. 주위에 불평이 쌓이면 외로워지고요. 일하는 시간이 버티는 시간이 됩니다. 힘들어요.

그러다 두 가지 악순환에 빠져버립니다. 첫째, 일 자체가 스트레스이기에 그 스트레스를 해소하기 위해 돈을 쓰게 됩니다. 둘째, 일에 흥미가 없기에 시간이 있어도 더 배우려 하지 않습니다. 쉬고 싶다는 강력한 동기가 돈은 돈대로 쓰고 성장하지도 않는 악순환을 가속하죠. 연봉은 높지만 일에 성의가 없는 사람은 경기가 나빠지거나 회사에 어려움이 닥치면 정리 대상 1순위가 됩니다.

하고 싶은 일을 하는 사람은 자신이 맡은 일을 더 잘하고 싶은 마음에 기꺼이 돈을 들여서라도 공부하려고 합니다. 새로운 일에 도전하고 시행착오를 겪어도 거기서 배운 내용을 적용해 성과를 내고 어느새 자신이 하는 일을 잘하게 됩니다. 학습과 성장의 선순환이 일어나죠. 일 잘하는 사람에 대한 소문은 빨라요. 즐거운 에너지가 주위를 밝히거든요. 그 평판 뒤에는 돈이 따라오고요. 경쟁사에서도 눈독을 들여요. 아니 월급이 적은데도 일을 그렇게 잘한다고? 더 좋은 직급과 더 높은 연봉을 제시합니다. 그래도 안 나가는 사람이 많아요. 지금 하고 있는 일이 최우선이거든요. 인간의 수명이 길어질수록 좋아하는 일을 하며 꾸준히 성장하는 사람과 하기 싫은 일을 억지로 하면서 사는 사람이 그리는 삶의 궤적은 갈수록 격차가 벌어집니다. 그러니

하고 싶은 일을 해야 합니다.

그런데 많은 이들이 하고 싶은 일을 잘 찾지 못합니다. 『세상에서 가장 쉬운 하고 싶은 일 찾는 법』을 보면 왜 많은 사람들이 하고 싶은 일을 하지 못하는지 이유를 알 수 있어요. 하고 싶은 일을 오해하기 때문이라는 건데요.

첫 번째 이유는 '평생 할 수 있는 일'이어야 한다고 오해하기 때문입니다. 생각해보면 하고 싶은 일을 찾을 때 평생 할 수 있는 일이라는 기준은 의미 없습니다. 100년을 살면서 평생 한 가지 일만 하며 살 수 있을까요? 1989년, 시가총액 세계 순위 상위 50개 기업 중 32개가 일본 기업이었어요. 그런데 2018년까지 살아남은 일본 기업은 놀랍게도 도요타 자동차, 단 하나뿐이었습니다. 30년 만에 세상이 이렇게 바뀌었습니다. 지금 잘나가는 회사, 지금 잘나가는 직업이라는 게 10년 후, 20년 후에는 의미가 없을지도 몰라요. 너무 긴 시간의 관점에서 일을 선택하는 건 효율적이지 않습니다. '지금 당장 하고 싶은 일'을 선택하는 걸로 충분합니다.

두 번째 오해는 '처음부터 운명적인 느낌이 있을 것'이라는 착각입니다. 인도의 라자스탄 대학교에서 연애결혼과 중매결혼 중 어느 쪽이 더 만족도가 높은지 조사했어요. 결혼 1년 이내에는 연애결혼 70점, 중매결혼 58점으로 연애결혼이 더 높았지만 장기적인 만족도는 연애결혼 40점, 중매결혼 68점으로 역전되었습니다. 애정을 전제로 한 연애결혼과 애정은 키워가는 거라 생각하는 중매결혼의 차이가 빚어낸 결과랍니다. 직업을 찾을 때도 어딘가에 모든 조건이 나에게 딱 맞는 천직이 있을 거라고 생각하는 사람과 직업이란 시행착오를 겪으며 찾고 역량을 키우는 거라고 생각하는 사람, 둘 중 최종적으로 더 만족스러운 결과를 얻는 이는 후자입니다. 애당초 즐겁기만 한 일은 세상 어디에도 없어요. 골치 아프고 싫은 것도 감수하며 즐기려는 노력도 일의 일부입니다.

세 번째 오해는 자신이 하는 일이 '사회적으로 도움이 되는 좋은 일'이어야 한다는 생각입니다. 이런 생각을 하면 하고 싶은 일을 찾고도 "난 이게 하고 싶어!"라고 말하기 어려워요. 내가 하고 싶은 일이 있으면 그냥 하세요. 그 분야의 전문가가 된 다음에는 누군가를 도울 기회도 많아지고, 오랜 기간에 걸쳐 사회에 공헌할 수 있습니다. 하고 싶은 일을 하면 자신도 즐겁고 다른 사람에게도 도움이 되므로 지속적으로 성장할 수 있습니다. 내가 행복해야 세상에 공헌할 수 있어요.

하고 싶은 일의 기준은 사람마다 다른 겁니다. 저는 지금 내가 하고 싶은 게 무엇인지 궁금해지면 스스로에게 세 가지 질문을 해봅니다. 첫째, 지금 돈을 내고서라도 배우고 싶은 게 있나요?

기꺼이 돈을 내면서도 하고 싶은 일이 진짜 좋아하는 일입니다. 둘째, 책장에 어떤 장르의 책이 잠들어 있나요? 유난히 겹치는 한 가지 주제의 책들이 많다면 그 분야가 나의 관심 분야더라고요. 셋째, 지금까지 살아오면서 감사 인사를 하고 싶은 직업은 무엇인가요? 저는 책을 읽고 저자에게 고맙다는 인사를 드리고 싶을 때가 많습니다. 그런 생각이 작가라는 직업에 관심을 가지는 계기가 되었어요.

나에게 소중한 것, 내가 잘하는 것 그리고 내가 좋아하는 것. 이 세 가지를 일치시켜 보는 겁니다. 소중한 것은 나의 가치관을 드러내고요. 잘하는 것은 재능을 찾아줍니다. 그리고 좋아하는 것에서 우리는 열정을 발휘할 수 있어요.

돈 벌이가 될 때까지
버텨내는 힘

    진로 특강을 다니며 좋아하는 일을 직업으로 삼으라고 하면 미심쩍어하는 아이들도 있고 반기는 아이들도 있습니다. 미심쩍어하는 아이들은 자신이 좋아하는 일을 한다고 세상이 내게 돈을 주지는 않는다는 현실을 눈치챈 거고, 마냥 반기는 아이들은 좋아하는 일을 하면서도 원하는 만큼 돈을 벌 수 있다는 순진한 기대에 빠진 겁니다. 괜찮아요. 거기가 시작입니다.

    온라인 게임을 좋아한다면 그 일이 과연 지속 가능한지(먹고 살 수 있는지) 성장 가능한지(더 나은 사람이 되어가는지) 확장 가능한지(내 삶의 영역이 더 넓어지는지) 살펴봐야 합니다. 게임을 좋아했던 페이커는 프로게이머라는 지속 가능한 직업을 얻었고 세계 최고의 플레이어로 성장했으며 전 세계 무대에서 활약하게 되었어요. 재능과 노력이 결부된 결과겠지요.

내가 좋아하는 일을 지속하려면 돈이 필요합니다. 큰돈이 계속 투입되어야 가능한 일은 밑천이 바닥나면 그만둘 수밖에 없어요. 저는 좋아하는 일을 발견하면 먼저 돈을 쓰지 않고 지속할 수 있는지 살펴봅니다. 그리고 그 일을 계속하면서 돈을 벌수 있는지도 따져봐요. 처음부터 잘할 수는 없지만 꾸준히 계속해 실력이 늘거나 더 나은 사람이 되는 것도 중요합니다. 스스로 성장하는 것이 보이면 실력도 좋아지고 몸값도 오릅니다. 확장 가능성이란 꾸준히 좋아서 한 일이 나에게 도전이나 기회를 열어주는지를 보는 겁니다. 시트콤을 연출하던 시절, 글쓰기를 좋아한 저는 제작기를 홈페이지에 올렸어요. 그 글을 읽은 편집자가 책을 써보자고 하더군요. 작가라는 접어두었던 꿈에 도전하게 되었지요.

좋아하는 일을 하기 위해선 잘 버텨야 합니다. 경제적 자유에 대한 우화 『부자의 언어』에는 좋아하는 일을 하라는 조언이 저자를 잘못된 방향으로 이끌었을 뿐 아니라 위험하기까지 하다는 말이 나옵니다. 좋아하는 일을 하라는 조언이 위험하다니 처음엔 이 부분이 잘 이해되지 않았어요. 좋아하는 일을 하는 게 당연한 거 아닌가? 좋아하지도 않는 일을 열심히 하는 사람은 없을 테고 열심히 하지도 않는 일에서 전문가가 되기란 쉽지 않은데? 의문을 곱씹으며 읽다 보니 '좋아하는 일'이 아니라 '좋아하는 일을 하는 어려움'이 더 중요하다는 것을 강조하고 있다는 것을 깨달았어요. 무릎을 탁 쳤습니다.

『신경 끄기의 기술』의 저자 마크 맨슨은 '당신은 어떤 고통을 견딜 수 있는가?'라고 질문을 던집니다. 우리는 좋아하는 일을 선택하는 게 아니라 그 일을 위해 견딜 수 있는 고통을 선택합니다. 매일 영어 문장 10개를 외우는 건 고통입니다. 매일 아침 블로그에 글을 올리고 출근하는 것도 고통입니다. 무관심한 학생들 앞에 서서 2시간 동안 진로 특강을 하는 것도 고통입니다. 하지만 영어 문장을 외운 덕에 나는 동시통역사로 일하는 즐거움을 맛보았고, 매일 아침 블로그에 쓴 글을 모아 매년 한 권씩 책을 내는 보람을 느꼈습니다. 꾸준히 전국을 다니며 강의 실력을 키운 덕분에 대학에서 특임교수 제안이 왔을 때 흔쾌히 받아들일 수 있었습니다.

힘들게 일하면 금전적 보상이 주어집니다. 월급날 통장에 찍힌 숫자를 보는 순간 행복합니다. 이 돈으로 무엇을 살까 생각만 해도 짜릿합니다. 그렇지만 가장 먼저 빠져나가는 건 적금 통장으로 자동이체를 걸어둔 돈입니다. 당장 사지 못해서 괴로운 건 없어요. 오히려 통장에 늘어나는 잔고를 보면 행복하죠. 그 돈은 제가 좋아하는 일을 계속할 수 있는 자유를 줄 테니까요. 성공을 결정하는 가장 중요한 질문은 '나는 무엇을 즐기고 싶은가'가 아니라 '나는 어떤 고통을 견딜 수 있는가'입니다. 당신은 미래의 행복을 위해 오늘 어떤 고통을 견딜 수 있나요?

좋아하는 일이 직업이 되기까지는 많은 노력과 시간이 필요합니다. 1년에 200권의 책을 읽고, 6개월에 영어책 한 권을 외웠고, 10년간 매일 블로그에 글을 썼어요. 좋아하는 일을 하면 즐거울 거라고 생각하는데 힘들 때가 더 많아요. 책이 눈에 들어오지 않거나 영어 문장 암송이 지긋지긋하거나 새벽에 일어나 글을 쓰는 대신 차라리 늦잠을 자고 싶을 때가 한두 번이 아닙니다. 억지로는 절대 못 해요.

저는 이런 루틴이 하루 일과를 풍성하게 만들어준다는 것을 잘 알고 있어요. 놀이가 재미있는 이유는 몰입하기 때문인데요. 몰입을 맛보려면 적당한 난이도가 필요하고 도전적인 스트레스가 있어야 해요. 스스로 목표를 정하고 규칙적으로 실행하는 게 중요하죠. 또한 일상에서 자기만의 시간을 가져야 하고, 이를 위한 공간도 만들어야 합니다. 이런 요건들을 갖추면 지속할 수 있어요. 덕분에 다른 사람들에게는 일이나 숙제처럼 느껴지는 일들이 제게는 재미있는 놀이이자 즐거운 도전이었지요.

　돈을 버는 것과 영어를 잘하는 것 둘 사이에는 공통점이 있습니다. 즐겁지 않은 일을 즐거워질 때까지 해야 한다는 겁니다. 처음에는 영어 공부가 전혀 즐겁지 않았어요. 챗GPT나 넷플릭스는커녕 인터넷이나 유튜브도 없던 시절이었어요. 영한 번역 성경책을 외우는 건 하나도 재미있지 않았어요. 하지만 당시 저는 좋아하는 것도 없었고, 하고 싶은 게 뭔지도 잘 몰랐어요. 그럴 땐 해야 하는 일을 하면 됩니다. 제겐 그게 영어 문장 암기였어요. 영어 문장 암기라는 괴로운 과정을 통과하자 청취도 회화도 독해도 다 즐거워졌습니다. 극장에서 영화를 보면 주인공의 말이 들리기 시작했고, 길에서 길을 잃은 외국인을 만나면 도와줄 수 있었고, 스티븐 킹이라는 재미난 작가를 알게 되었을 때 그의 작품을 원서로 찾아 읽을 수 있었어요.

　다만 이 순서를 지켜야 해요. 영어 공부를 처음부터 즐겁게 하려고 하지 마세요. 출근길에 유튜브 영어회화 수업을 그냥 듣기만 해서는 실력이 늘지 않아요. 넷플릭스에서 미국 드라마를 계속 시청하거나 원어민 회화 수업을 들으며 가벼운 스몰토크만 즐기는 것도 마찬가지입니다. 공부하는 시간 대비 효율은 떨어집니다. 실력이 느는 데 시간이 오래 걸립니다. 초반에 영어 문장 암기라는 괴로운 과정을 단숨에 통과하고 그 후에 즐거운 시간을 오래 누리는 게 훨씬 효과적입니다.

돈을 버는 것도 마찬가지예요. 처음엔 아끼고, 벌고, 모아야 합니다. 이 과정은 힘들지만 그래도 버텨야 합니다. 능력과 적성에 맞는 일은 나중에 그 분야에서 많은 경험을 쌓고 충분히 지식을 갖춘 후에야 알 수 있어요. 일을 잘하려면 그만큼 능숙해지고 그 일에 대해 많이 알아야 하고요. 일을 잘해야 재미도 느낄 수 있어요.

좋아하는 일로 돈을 벌기 위해서는 시장을 살펴보고 경쟁에서 내가 우위에 있는지 살펴봐야 합니다. 많은 사람이 그 일을 하고 싶어 한다면, 즉 공급자가 많다면 임금은 내려갑니다. 심지어 그 일이 너무 재미있어서 돈 한 푼 안 받고도 하겠다는 사람이 있다면 그 일로 돈을 벌기가 더 어려워집니다. 그만큼 경쟁이 치열해지니까요. 예능 PD라는 직업도 그래요. 입사가 쉽지 않습니다. 재능 있고 똑똑한 사람들이 서로 일하겠다고 난리예요. 관문을 통과해 들어가도 현실의 벽은 높습니다. 작가와 배우 섭외에서 편성까지 전쟁터에서 살아남아야 출발선에 설 수 있고요. 지금은 근로기준법이 강화되어 많이 좋아졌지만 밤샘 촬영과 편집, 시청률 압박 등 강도 높은 체력과 정신력이 필요합니다. 물론 계속 실력을 쌓아야 하고요.

다행히 제가 좋아하는 독서, 영어 공부, 글쓰기가 이 일에는 큰 도움이 되었어요. 도서관에 가면 연출을 잘하는 법, 시트콤 기획하는 법, 러브 라인 만드는 법, 대본 수정하는 법, 촬영 방법, 편집 방법 등 PD로 일하는 데 필요한 모든 주제의 책들이 다 있어요. 부지런히 읽고 현장에서 써먹었습니다. 노조 일을 하면서 힘들었을 때도 영어 공부에 대한 책을 써서 숨 쉴 언덕을 마련했고요. 이른 은퇴를 결심할 때도 작가라는 기반이 인생 이모작의 토대가 되어주었답니다.

그러니 좋아하는 일을 하면 마냥 좋을 거라는 생각 대신 좋아하는 일로 돈을 벌 때까지 그 과정을 잘 견뎌낼 방법을 찾는 것부터 시작해보세요.

일 잘하는 사람은
부자처럼 생각한다

자본주의 경제는 끊임없이 상승기와 침체기를 오갑니다. 위기는 늘 있어요. 1997년에는 IMF가 터졌고, 2001년에는 닷컴 버블이 있었고요, 2008년에는 금융위기가 있었지요. 2020년에는 코로나가 왔고요. 그때마다 주식이든 부동산이든 자산시장은 요동을 쳤습니다. 고용시장은 경색되었고요. 본격적으로 저성장기에 접어들면서 점점 더 취업의 문턱은 높아질 겁니다. 어떻게 해야 할까요?

취업의 기준을 고도 성장기에 맞추면 안 됩니다. 가고 싶은 회사에 가기 위해 몇 년을 계속 투자하는 것보다 일단 받아주는 직장에 가서 일을 하며 경력을 쌓아 옮겨가는 것을 목표로 삼아보세요. 기대했던 것과 달리 너무 낮은 위치인 것 같고 전반적인 조건이 성에 차지 않아도 일단 소득을 늘려야 해요. 추운 계절에는 먹을 수만 있으면 영양분을 섭취해 생존해야 하듯이요.

회사를 좋아하는 방법은 두 가지입니다. 좋아하는 회사에 들어가거나 나를 뽑아준 회사를 좋아하거나. 1992년 대학 졸업을 앞두고 취업을 준비할 때 1순위로 가고 싶었던 회사는 종합상사였어요. 삼성물산, 효성물산, 코트라. 숱하게 지원서를 넣었지만 서류 심사에서 소위 말하는 광탈을 했어요. 여덟 군데 지원하고 일곱 곳에서 1차 탈락하고 겨우 들어간 곳이 3M 영업직이었어요. 당시엔 인터넷이 없어서 외국 기업에 대해 잘 알려지지 않았어요. 한국 3M에서 신문에 채용 공고를 냈더니 누가 인사부에 전화해서는 "거기가 한국 3미터인가요?"라고 물었다는 얘기도 있었지요. 저한테도 생소한 회사였지만 저를 뽑아준 회사가 고마웠어요.

영업 사원에게 있어 최고의 자산은 멘탈입니다. 사람은 익숙한 장소에서 시간을 보낼 때 마음이 편안합니다. 그런데 영업 사원에게는 익숙한 장소가 없어요. 근무 시간에 사무실에 앉아 있으면 안 돼요. 새로운 고객을 만들기 위해서는 낯선 장소에 찾아가 낯선 사람에게 말을 걸어 '어라, 그런 신박한 제품이 있었어요? 몰랐네? 하나 삽시다.'라는 반응을 만들어내는 건데요. 이게 쉽지는 않습니다. 대개는 '아, 필요 없어요. 그냥 가세요.'라는 반응이거든요. 그래서 정신 무장이 필요합니다. 여기에는 세 가지 좋아하는 마음이 필요한데요. 첫째, 내가 나를 좋아해야 하고요. 둘째, 내가 파는 상품을 좋아해야 합니다. 셋째, 내가 만나는 고객을 좋아해야 합니다. 세 가지 마음을 토대로 나는 좋은 사람에게 좋은 제품을 소개하는 좋은 사람이라고 정신 무장을 하는 거죠.

우선 저 자신이 좋은 사람이라는 근거를 만들기 위해 노력했어요. 책을 읽으면 조금이라도 더 나은 사람이 되지 않을까 부단히 책을 읽었습니다. 그중에는 회사를 소개하는 책도 있었는데요. 회사에 대해 알게 되고 제가 담당하게 된 제품의 개발 과정을 공부하고 나니 내가 파는 제품에 대한 긍지가 생겼어요. '아, 시장에 나가서 내가 배운 것을 전하고 사람들에게 이 제품의 우수성을 알려야겠다.'라는 생각이 절로 들었지요.

강한 멘탈과 제품에 대한 확신이 있는 영업 사원은 실적이 좋아집니다. 다만 고객 응대가 늘 힘들었어요. 고객은 내부 고객과 외부 고객 두 부류로 나뉘는데 내부 고객은 나와 일하는 직장 동료고, 외부 고객은 내가 만나는 클라이언트입니다. 내가 나를 좋아하는 건 노력하면 가능한데 상사나 고객이 나를 좋아하는 건 다른 문제였어요. 아무리 노력해도 마음이 통하지 않는 사람도 있거든요. 나를 귀하게 여기지 않는 사람들을 향해 애정을 쏟는 데에는 한계가 있어요. 첫 직장을 떠나면서 깨달았어요. 내가 좋아하고 나를 좋아하는 사람을 만날 수 있는 곳으로 가야 즐겁게 일을 할 수 있다는 걸요.

직장 생활을 잘 하는 첫걸음은 회사를 좋아하는 겁니다. 그다음은 내가 좋아하고 내게 월급을 주는 회사가 돈을 벌게 만드는 겁니다. 이 방법도 둘 중 하나죠. 돈이 드는 것을 안 들게 하거나, 돈이 안 되는 것을 되게 하거나. 전자는 경비 절감이고 후자는 신상품 개발이에요. MBC에 입사했을 때 나를 PD로 뽑아준 회사가 너무 고마웠어요. 짠돌이라는 나의 장기를 십분 발휘해서 제작비를 아끼며 방송을 만들었습니다. 청춘 시트콤 〈뉴 논스톱〉을 만들 때는 출연료를 아끼기 위해 무명의 신인들을 기용했어요. 신인 시절 조인성의 논스톱 출연료는 무척 낮았어요. (그렇게 낮은 출연료를 받고도 열연해주신 조인성 배우님, 사, 사... 사랑합니다!). 미니시리즈를 만들 때도 저는 촬영 회차가 적은 PD로 유명했어요. 최대한 적은 비용을 들여 빨리 찍는 게 저의 장기였거든요. 그러다 보니 저와 일을 해본 제작사들은 꼭 다시 찾더라고요. 제작비를 줄이면 손해 볼 확률이 낮아집니다. 최고의 배우들을 캐스팅해 스펙터클한 영상미와 액션을 보여줄 수 있는 대작을 만들고 싶지요. 그러려면 막대한 제작비가 듭니다. 생각해보니 돈을 쓰는 걸 극단적으로 싫어하는 저의 짠돌이 기질이 비용을 들이지 않고 재미있게 찍을 수 있는 로맨틱 코미디 장르에 빠져들게 한 건 아닐까 싶네요.

『돈의 속성』을 보면 돈 한 푼 없는 청년이 몇 년 안에 커피숍이나 식당을 가질 수 있는 비법이 나오는데요. 동네에서 장사가 제일 잘되는 가게에 가서 아르바이트를 하는데 자신이 가게 주인이라는 마음으로 일하라고요. 일하는 사람을 구분하면 삼류는 해야 할 일을 하지 않는 사람, 이류는 해야 할 일만 딱 하는 사람, 일류는 하지 않아도 되는 일까지 하는 사람입니다. 즉 자신이 사장이라는 각오로 일하는 사람은 일류 직원입니다. 짠돌이에게도 구분이 있어요. 삼류는 쓰지 않아도 될 회삿돈까지 쓰는 사람, 이류는 정해진 예산대로 다 쓰는 사람, 일류는 정해진 예산에서 어떻게든 아껴 회사에 돈을 벌어주는 사람입니다. 말하자면 일류 짠돌이는 직장에서도 일류 직원이 됩니다. 회삿돈을 내 돈처럼 아끼면 자신이 사장이라는 마음으로 일하는 일류 직원이 될 수 있어요.

CEO 아카데미에 강의를 가면 이런 말씀을 드립니다.

"50대 사장님들은 이제 20대와 함께 협업하세요. 여러분에게는 돈이 있고, 젊은이들에게는 열정이 있잖아요? 그들의 열정을 돈을 주고 사세요. 이제는 열정이 귀한 시대입니다. 비싼 값을 쳐주세요. 그들의 꿈을 응원하고, 그들의 도전에 후원자가 되어주세요. 그들이 성공하면 그건 다 여러분들 덕분입니다. 어디 가서 큰소리치셔도 됩니다. 저렇게 젊은 나이에 성공한 사장이 내가 후원하는 사업 파트너라고요. 세상은 여러분의 안목과 역량을 높이 평가하게 될 겁니다."

내가 어떻게 기회를 만드는지는 결국 내가 가진 자산을 어떻게 활용할 것인가 하는 데 달렸어요. 지금의 상황에서 내가 가진 자산을 어떻게 활용할 것인지에 집중하는 마음가짐이지요. 당신이 갖고 있는 자산은 무엇인가요? 돈이 있으면 타인의 열정을 살 수 있고요. 돈이 없으면 자신의 열정에 값을 매겨 팔아보아요. 그렇게 하면 돈 버는 재미도 커질 테니까요.

경제적 자유, 월급만으로
충분히 가능하다

　한국 기업에 입사하는 사회 초년생의 평균연령은 남자 29.4세, 여자 27.6세라고 해요. 그렇다면 퇴직자 연령은 몇 살일까요? 통계청 자료를 찾아보니 주된 일자리를 떠난 퇴직자들의 연령은 평균 49.3세였어요. 28세에 취업하여 50세에 퇴직한다면 우리가 월급을 받는 기간은 22년입니다. 50세에 퇴사해서 90세까지 산다면, 20여 년 동안 벌어 모은 돈으로 장장 60여 년 동안 생계를 유지해야 하는데요. 그중 노후의 40년은 정기적인 급여가 없어 수입이 급감하거나 연금으로 연명하는 시기입니다. 그렇습니다. 30대에 내가 받는 월급이 그때그때 잘 먹고 잘 살라는 돈이 아니라 나이 60, 70세에도 먹고살 수 있는 기반을 마련하기 위한 자금이에요. 그래서 30대에는 월급을 받으면 반드시 저축을 해야 합니다.

저축에는 두 가지 방법이 있습니다. 하나는 월급에서 쓰고 남은 돈을 저축하는 것, 또 하나는 저축부터 하고 남은 돈으로 생활하는 것입니다. 소비는 쉬워요, 저금이 어렵지. 여기 두 명의 김민식이 있습니다. 돈이 생기면 먼저 저축하는 민식A와 돈을 쓰고 남는 돈을 저축하는 민식B. 둘 다 대학생 시절에는 한 달 생활비가 50만 원이었는데요. 첫 직장에서 월급 200만 원을 받았습니다. 얼마나 좋아요. 부자가 된 기분이지요. 민식A는 100만 원을 먼저 저축하고 남은 100만 원으로 살아가요. 그래도 대학생 시절보다 배로 잘 쓰는 셈이지요. 민식B는 우선 카드를 만듭니다. 은행은 직장인이 쉽게 돈을 쓸 수 있도록 신용카드, 마이너스 통장까지 척척 내어줍니다. 200만 원 월급인데 카드 지출과 마이너스 통장까지 더하면 한 달에 쓸 수 있는 돈이 월급의 2~3배가 됩니다. 괜찮아요. 민식B에겐 보너스가 들어오는 달이 있어요. 카드 리볼빙 대출에 마이너스 통장까지 동원하면 펑크 날 일은 없어요. 어라, 마이너스 통장의 액수가 언제 이렇게 늘었죠? 괜찮아요. 민식B에겐 연말 인센티브가 있거든요. 연초에는 연차 보상 수당도 들어오고요. 갚을 방법은 많으니까 위축될 필요 없네요.

민식A는 월급의 절반으로도 부족하지 않습니다. 상여금이 들어오는 달에 갑자기 월급 통장에 돈이 배로 들어오면 전부 저축할 수 있네요. 연말 인센티브나 연차 수당이 들어올 때는 더더욱 신이 납니다. 얼마 전부터 눈여겨 보아둔 고금리 예금 상품에 가입할 수 있거든요. 오, 목돈 통장이 하나 더 늘어납니다.

민식B는 어느 날 깨닫습니다. 카드 할부 이자와 마이너스 통장 이자만 모아도 꽤 큰돈이 되겠는걸? 그렇다고 지출을 당장 줄이기는 쉽지 않습니다. 할부로 산 자동차에 들어가는 돈도 크거든요. 처음 월급을 받았을 때는 무척 큰돈이라 생각했는데 지금은 쥐꼬리만 한 월급이라 느껴집니다. 그래, 돈을 더 벌어야겠어! 미친 듯이 노력해서 직장을 바꿉니다.

연봉이 훨씬 높은 방송사로 이직하고 베스트셀러도 출간했어요. 월급 외에 인세며 강연료까지 소득이 늘었어요. 과연 민식B가 저축을 시작할까요? 아, 돈 쓸 일이 더 늘었네요. 촬영장에서 만나는 연예인들이 타고 다니는 외제 차가 눈에 들어옵니다. 숙취를 남기는 소주나 맥주보다는 한 병에 수십만 원하는 깔끔한 양주를 선호합니다. 사회적 지위가 바뀌었으니 품위 유지 비용이 늘어나는 건 당연하죠. 새로운 취미로 골프를 치고 와인 모임을 시작합니다.

민식A는요, 여전히 취미 생활에 진심입니다. 주말 오전에는 도서관에 가고 오후에는 한강에서 자전거를 타고 집에 돌아와 저녁에는 블로그에 올릴 글을 씁니다. 주중에는 회사 일을 하고 주말에는 강연을 하느라 돈을 쓸 시간이 없지요. 월급이 늘어도 절반을 저축합니다. 인세가 들어오면 새로운 예금 통장을 하나 더 만듭니다. 강연료도 그 통장으로 들어오고요. 그렇게 모은 돈으로 서울에 아파트 한 채를 마련합니다. 어느 날 깨달아요. 아, 나는 서울에 내 집 하나 마련하겠다는 스무 살의 꿈을 이루었구나!

이렇게 누구나 아끼고 저축하면 된다고 말하면 많은 이들이 월급만으로는 부자가 되기 어려울 거라 말해요. 그리고 투자에 뛰어들지요. 사실 코로나19 팬데믹 이후 주위에서 재테크로 대박 난 사람들의 이야기를 많이 들었어요. 월급 벌어 부자 되기는 글렀으니 주식이나 코인으로 재테크를 하라는 주위의 권고에 귀가 솔깃합니다. 평생 안 하던 주식을 사고, 한번도 들어본 적 없는 암호화폐 투자 앱을 깔아봅니다. 빠르게, 한방에, 큰돈을 벌고 싶다는 바람은 누구에게나 있어요. 그런데요. 정말로 월급만 잘 모아서는 부자가 될 수 없는 걸까요?『돈 없이도 돈 모으는 법』의 저자가 대답합니다.

재산을 늘리는 데 쓸 수 있는 가장 좋은 도구는 우리의 월급이다. 한평생 일하는 동안 상상조차 못 할 만큼 큰돈이 우리의 손을 스쳐 지나친다. 우리는 로또도 아니고 단기 대출도 아니고 신용카드도 아닌, 이 돈으로 부자가 될 것이다. 비장의 무기인 월급으로 매달 상환금이나 갚는다면 미래의 자신에게서 100만 달러(약 10억 원)를 훔치는 것과 다름없다.

당장 부자가 되지는 않겠지만 평생 꾸준하게 저축하고 종잣 돈을 모아 자산을 늘려간다면 언젠가는 반드시 부자가 될 거라 는 말에 어쩐지 힘이 납니다. 모두가 투자 수익률에 대해 말하 지만 저는 월급의 수익률을 강조하고 싶어요. 월급 100만 원을 받아 50만 원을 저축하면 월급 수익률은 50퍼센트입니다. 만약 그 달의 지출이 150만 원이면 월급 수익률은 마이너스 50퍼센 트고요. 월급의 절반만으로 생활하는 사람은 연말 성과급이 나 오면 그대로 저축합니다. 성과급의 수익률은 100퍼센트예요. 시장을 몰라도, 앞날을 예측하지 않아도 오직 나의 의지만으로 이렇게 확실한 수익률을 낼 수 있는 최고의 상품이 월급입니다. 저는 직장 생활하면서 힘든 일도 많았지만 통장에 찍힌 월급을 볼 때마다 버틸 힘을 얻었어요. 꾸준히 월급의 절반을 모은 통 장들이 늘어나는 걸 볼 때마다 돈 버는 재미를 맛보았고요. 그렇게 30년을 일했고요, 앞으로 살 30여 년간 경제적 자유를 누릴 수 있게 되었답니다.

30대를 이미 다 보냈다고요? 괜찮아요. 지금부터라도 월급, 혹은 소득의 50퍼센트를 저축하는 습관을 길러보세요. 처음이 어렵지, 하다 보면 늘어나는 통장 잔고에 흐뭇한 미소를 지을 수 있을 테니까요. 소비하는 나보다 저축하는 내가 더 좋아지는 것도 이득이고요.

월급의 절반을 저축하기 위한 나만의 다짐

- 내 소비는 내가 절제하고, 관리할 수 있다! 나는 욕망에 따르는 소비를 하지 않고 반드시 필요한 것만 소비한다!
- 나는 반드시 내가 원하는 만큼 아끼고, 벌고, 모을 수 있다!

한 가지 메뉴에
승부수를 걸어라

　　MBC 예능 조연출로 일할 때 코미디언 고명환 씨와 작업한 적이 있어요. 촬영장에서 둘이 머리를 맞대고 어떻게 하면 더 웃길 수 있을까 고민하며 온갖 아이디어를 나누곤 했어요. 그러나 공개 코미디 프로그램이 사라지면서 방송에서 고명환 씨를 볼 기회가 줄어들었지요. 참 성실한 사람인데, 어떻게 지내는지 근황이 궁금했어요. 그러던 어느 날 책의 저자로 만나게 되었어요. 그것도 경제경영 베스트셀러 저자로! 『이 책은 돈 버는 법에 관한 이야기』라는 책을 출간했더군요.

저자는 진정한 자유를 누리기 위해선 돈으로부터 자유로워야 한다고 말합니다. 경제적 자유를 얻는 두 가지 방법이 있어요. 필요한 만큼의 돈을 벌든가, 돈이 없어도 행복할 수 있다는 철학으로 무장하든가. 먼저 필요한 만큼의 돈이란 얼마나 될까요? 소비를 최대한 줄이면 한 달에 얼마 정도 들지 계산해보아요. 그리고 99세까지 좋아하는 일을 하면서 사는 데 얼마가 드는지 계산해봅시다. 아, 죽을 때까지 경제적 자유는 못 얻겠다 싶으면 돈이 없어도 행복할 수 있다는 철학을 장착해야죠.

고명환 저자는 요즘 1만 원만 있어도 너무 행복하다고 합니다. 오전 7시에 도서관에 가서 밤 11시에 집에 돌아갈 때까지 두 끼를 먹는 데 8,000원, 커피 한 잔 마시는 데 1,500원을 쓴다고요. 남은 생의 대부분을 이런 식으로 보낼 것 같은데 99세까지 계산해도 돈이 그다지 많이 필요하지 않습니다. 책을 써서 버는 인세와 책 관련 강연료 수입으로도 충분하다는데요. 돈으로부터 자유로워지면 하기 싫은 일은 하지 않아도 되는 진정한 자유가 찾아옵니다.

필요한 만큼은 벌되 막연히 더 많은 돈을 벌기 위해 애쓰지는 말자. 이렇게 돈을 밀어내는 순간 자유로워집니다. 자유로운 사람이 창의적이고, 창의적인 사람이 돈에 끌려다니는 사람보다 더 많은 기회를 얻고 몸값이 높아집니다.

인기 드라마 〈하얀 거탑〉, 〈밀회〉, 〈졸업〉 등을 연출한 안판석 선배님을 만난 적이 있어요. 그분의 세련된 연출 감각과 자신만의 스타일이 늘 부러웠습니다. 거장에게 한 수 배우고 싶었죠.

"선배님, 드라마 연출은 참 어려운 일인 것 같아요. 세상의 수많은 시청자의 취향을 어떻게 해야 알 수 있을까요?"

지그시 저를 바라보시던 안판석 선배님은 이렇게 말씀하셨습니다.

"연출은 대중의 취향을 고민하는 사람이 아니야. 넌 네 것만 신경 쓰면 돼. 다른 사람의 취향을 고민하지 마."

선뜻 이해가 되지 않는 말이었어요. 저는 궁금증을 가지고 다시 물었습니다.

"그래도 명색이 대중과 소통하는 사람인데요."

"드라마는 대중 예술이지. 그런데 말이야, 다들 그걸 너무 열심히 하려고 해. 100명의 드라마 PD가 다들 대중의 취향을 고려하고, 지금의 트렌드를 살펴보고, 어떤 배우가 뜨는지 들여다보지. 그렇게 하면 100명이 만드는 게 다 똑같아져. 그 정도의 연출은 세상에 널려 있어. 99명의 대체재가 있는 삶이야. 그런 PD가 안 되려면 연출가로서 너의 색깔은 뭔지 고민하고 오로지 네 것을 만들려고 노력해야 해."

순간 멍해졌어요. 그런 저를 보고 선배님이 그래요.

"겁나지? 망해도 안 죽어. 아니 곧 죽어도 이게 내 스타일이라고 떵떵거려. 네가 그렇게 우기면 사람들이 널 쳐다볼 거야. 저놈은 도대체 뭘까? 저놈이 가진 진심이란 건 대체 뭘까? 나중에 돈 가진 이들이 돈을 보따리로 안고 찾아와. 네가 가진 그 진심이 탐이 나거든. 돈만 주면 시키는 대로 다 하겠다는 사람은 널려 있지만 돈 가진 자들은 그런 사람이 별로지. 네가 가진 그 고집이야말로 돈을 주고 사고 싶은 게 자본의 생리거든. 지금 망해도 나중에는 비싸게 사준다. '네 그 순수한 열정, 얼마면 되겠니?'라고 한다니까."

연출도 경력도 사업도 모두 비슷해요. 세상의 눈치를 살피면 살필수록 남들과 비슷해집니다. 내가 진정으로 좋아하는 것을 깊이 들여다보고 그 한 가지를 파고들면 뾰족해지고요, 세상의 기준에 맞춰 이것저것 스펙을 쌓다 보면 두루뭉술하게 어디에나 있는 그런 사람이 되어버려요.

99명의 대체재가 있는 경쟁에서는 뒤처지면 끝, 한 번 망하면 다시는 기회가 없을 거라는 불안이 나를 속박합니다. 좋아하는 일을 해도 현실은 지옥이 되고 말죠. 모두가 위만 바라보고 죽도록 달리는데 아무도 행복해지지 않는 오징어 게임의 세계. 고명환 저자와 안판석 선배님의 이야기는 결국 같아요. 우선은 굶어 죽지는 않는다고 믿어야 하고요. 자신이 정말 좋아하는 걸

밀고 나가야 승산이 있다는 겁니다.

모든 일이 그런 거 같아요. 내가 좋아서 끝까지 해낼 수 있는 하나를 끊임없이 파고들어야 경쟁력이 생기는 거죠. 고명환 저자의 식당 창업기에도 이런 메시지가 담겨 있어요. 그는 식당을 창업하고 장사를 잘하기 위해 무엇을 해야 할까, 책도 많이 읽었다고 합니다. 그리고 결론을 냈어요. 장사 성공 비결은 메뉴 하나로 승부를 내는 거라고요. 메뉴가 늘어날수록 복잡해지니까요. 재료도, 사람도, 일도 복잡해집니다. 복잡하다는 건 경비가 많이 들어간다는 말이고요. 한 가지 메뉴라면 시스템도 단순해집니다. 시스템이 단순해야 확장할 수 있어요. 많은 인원이 많은 종류의 음식을 파는 것보다 혼자 한 가지 메뉴를 파는 게 훨씬 성공 확률이 높습니다. 처음에는 무조건 혼자 시작하세요. 그래야 이 일에 대한 모든 것을 배울 수 있습니다. 도저히 혼자 감당할 수 없을 만큼 손님이 온다면 즐거운 일이지요.

저는 코미디 PD로 살며 시청자들에게 재미를 드리기 위해 최선을 다했어요. 늘 재미와 의미 중 재미를 더 중요하게 여기며 살았습니다. 책을 쓸 때도 재미를 우선 고려합니다. 『영어책 한 권 외워봤니?』를 읽고 영어 공부를 통해 인생이 드라마틱하게 바뀐 독자가 있다면 감동이겠죠. 하지만 그 과정에는 독자의 피나는 노력이 있어야 해요. 제가 어떻게 할 수 없는 부분이죠. 온라인 서점에서 '코미디 PD라 그런지 글을 은근히 웃기게 쓴다. 빠르게 술술 읽히는 책'이라는 댓글을 보면 입꼬리가 씨익 올라갑니다. 글을 쓸 때 제가 무엇에 중점을 두는지 파악하셨다니 감사하고요.

도서관에서 저자 강연을 할 때도 저는 자학 개그를 남발하며 어떻게든 웃기려고 최선을 다합니다. 제 강연을 들은 청중의 삶이 어떻게 바뀔지는 알 수가 없습니다. 시간이 걸리겠죠. 대신 제 이야기를 들으며 현장에서 웃음을 터뜨리는 모습은 확인할 수 있어요. 재미가 의미보다 중요한 건 즉각적이기 때문입니다. 저는 대중에게 재미를 드리고 돈을 버는 게 행복해요. 고명환 저자의 근황을 보며 혼자 웃었어요. 출연할 개그 프로그램이 사라진 코미디언과 타 부서로 쫓겨나 연출 기회를 잃은 드라마 PD가 방송사 대신 도서관으로 출근을 했네요. 너무 힘들어서 복잡한 일을 떠나 단순하지만 진심으로 좋아하는 일을 찾아간 거예요. 책을 읽다가 책을 쓰자는 승부수를 던진 게 적중했군요. 이토록 공교로운 평행이론이라니, 인생이 참 재미있습니다.

어쨌든 핵심은 하나로 통합니다. 내가 가장 재밌게 할 수 있는 것, 모든 것을 쏟아 부어서 집중할 수 있는 것에 승부를 거는 거예요. 처음에는 내가 왠지 삽질을 하고 있는 것처럼 느낄 수도 있어요. 하지만 그냥 나를 믿어야 해요. 누군가 그러더군요. 시간이 쌓이면 포기하지 않은 사람만 살아남는다고요. 진짜 그런 거 같아요. 자신을 믿고 꾸준하게 한 우물을 파보세요. 그러다 보면 분명 새로운 기회도 만날 수 있을 테니까요.

자신만의 길을 개척하는 것이 진짜 부자가 되는 첫걸음
- 자기 역량 강화를 위한 전문가 강의 등을 무료로 수강할 수 있으니 이를 활용해보세요.
  (무료 자기계발 사이트 등은 뒤에서 더 자세히 소개할게요.)
- 동종 업계 커뮤니티를 적극적으로 활용하여 업계 소식은 물론 네트워킹도 만들어두세요. 돈 버는 기회는 언제든 찾아옵니다.

잘하니까
재밌다

경제경영 분야 베스트셀러 1위를 오래도록 지킨 『세이노의 가르침』을 처음 읽었을 때 조금 힘들었어요. 저한테는 문장이 좀 거칠게 느껴졌거든요. 책을 읽다 보니 MBC에서 만났던 한 선배가 떠올랐어요. 입이 험한 선배였어요. 방송 현장은 긴장의 연속입니다. 자칫 잘못하면 방송 사고가 나고요, 내가 저지른 실수는 수십만 명의 시청자에게 그대로 전해집니다. 그래서였는지 선배는 현장에서 조금만 실수를 해도 사람들 보는 앞에서 고래고래 면박을 주곤 했습니다.

처음 그 선배 밑에서 조연출을 하며 엄청 고생했어요. 제발 다음 개편에는 저 선배를 만나지 말았으면 했는데 회사 일이 어디 새내기 뜻대로 되나요. 다들 기피하는 선배라 결국 만만한 신입한테 순서가 돌아갑니다. 피할 수 없다는 걸 깨닫고 마음을 고쳐먹었어요. 그래, 이 양반이랑 평생 같이 살 것도 아니고 잠깐 일만 같이 하는 건데 한번 견뎌보자. 찬찬히 살펴보니 선배가 입은 험하지만 일은 확실하게 하는 거예요. 새겨들으면 배울 점이 많은 선배였어요. 세이노 저자를 그 선배처럼 대접하기로 했습니다. 불편한 부분은 있어도 배울 점은 있을 거야. 자수성가한 수천억대의 자산가에게서 돈 버는 법을 배울 기회라 여기기로 했지요. 그렇게 저는 세이노 저자에게서 세 가지 가르침을 얻었답니다.

첫 번째는 당신이 평생 가난하게 살 거라고 말하며 불안을 조장하는 악마의 속삭임에 "노!"라고 강하게 말하라^{Say No}는 겁니다. 우리의 삶은 한방에 확 달라질 순 없지만 매일 조금씩 변화합니다. 수천억대 자산가가 될 수는 없어도 느리지만 확실하게 지금과는 다른 삶을 살 수 있어요. 세이노 저자는 삶에 대한 태도를 똑바로 세워야 돈의 주인이 될 수 있다고 가르칩니다.

우리는 상위 10퍼센트 부자들의 삶을 동경합니다. 그들의 삶을 엿보며 소비 방식을 따라해보고 싶어 하죠. 부자가 들고 다니는 저 가방 예쁘지 않아? 너도 살 수 있어. 카드로 긁어봐. 부자가 다녀온 저 여행지 부럽지 않아? 너도 갈 수 있어. 마이너스 통장을 만드는 거야. 부자가 타고 다니는 저 외제 차, 멋지지 않아? 너도 탈 수 있어. 장기 할부로 사면 돼. 이런 악마의 속삭임에 단호하게 "노!"라고 외쳐야 해요.

저의 목표는 상위 10퍼센트가 아니라 30퍼센트가 되는 겁니다. 평균 이상의 삶이면 충분히 만족스러워요. 평균 이상을 목표로 삼으면 비교 대상은 보통 사람들입니다. 상위 10퍼센트 부자들과의 자산 경쟁은 엄두가 안 나는데 보통 사람과의 경쟁은 해볼 만합니다. 내가 속한 분야에서 주위 사람들이 놀 때 덜 놀고 일할 때 조금이라도 더 벌고 남들이 쓸 때 덜 씀으로써 목돈을 준비하고 기회를 찾으면 될 거 같아요. 굳이 치열하게 경쟁해서 최고가 되지 않아도 성실하게 일해 자기 분야에서 인정받고 그에 상응하는 수입을 얻는 것으로도 가능합니다. 높은 성과를 올리는 사람, 끊임없이 혁신을 꾀하는 사람, 다른 사람에게 비중 있는 영향을 미치는 사람이 되는 길은 지속적인 관리와 노력밖에 없죠. 상위 30퍼센트가 되는 데 있어 저의 경쟁 상대는 타인이 아니라 바로 저 자신입니다. 나를 나약하게 만드는 내 안의 속삭임에 단호하게 "노!"라고 말할 수 있어야 합니다.

두 번째는 가난을 두려워 말라는 거예요. 큰 부자들은 대부분 가난했던 과거를 갖고 있습니다. 가난을 일찍 경험한 사람은 가난했던 출발선으로 돌아가는 것을 두려워하지 않습니다. 수없이 많은 부자가 사업이나 투자에서 실패하거나 재난으로 인해 전 재산을 날려도 재기에 성공하는 이유가 거기에 있어요. 그러나 중산층 이상의 가정에서 자라난 사람들은 대부분 그런 어려움이 닥칠 때 가난을 견디지 못합니다. 실직이나 투자 실패로 가난해지면 한사코 빚을 내어서라도 지금의 생활 수준을 유지하려고 합니다.

가난은요, 불편하기는 하지만 영원히 지속되지는 않아요. 쓰는 것보다 더 많이 버는 방법을 찾고 유지한다면 언젠가는 가난에서 탈출할 수 있어요. 만약 중산층 이상의 환경에서 태어나 가난을 겪어본 적이 없다면 어떻게 해야 할까요? 자발적 가난을 선택할 수 있어요. 스무 살이 넘으면 경제적으로 독립했다고 생각하고 제로베이스에 서보는 겁니다. 부모님이 용돈을 넉넉하게 준다면 그 돈을 고스란히 저축하고 오로지 내가 버는 돈의 범위에서 지출을 관리해보는 것. 만 원으로 일주일 살기나 무지출 챌린지를 시도해보는 것도 좋아요. 힘들지만 아끼는 재미만큼은 확실히 하죠. 자발적으로 가난해지기, 아끼는 재미를 알면 가난을 두려워하지 않게 됩니다.

혼자 사는 20대는 이게 가능해요. 가정을 꾸린 후라면 조금 어렵습니다. 나 혼자 아끼며 사는 건 괜찮은데 가족에게 검소한 삶을 강요하는 건 미안하거든요. 제가 유튜브에 나가서 평생 급여의 절반을 저축했다고 하면 댓글에 '당신 가족이 참 불쌍하다.'라고 반응이 올라와요. 중요한 지적입니다. 대표성이 있는 사례가 아니기에 변명을 달지는 못했는데요. 맞벌이 부부인 저와 아내는 독립채산제로 가계를 꾸렸어요. 각자 번 것에 대해 서로 관여하지 않지요. 저는 제 급여의 절반을 아내에게 주고 아내의 급여를 보태어 가족의 생활비를 마련했고요. 제 급여의 절반을 저축해 주거 비용을 마련했어요. 아내는 짠돌이인 남편의 간섭 없이 살림을 꾸려갈 수 있고, 저는 자발적 가난을 혼자 감수하며 제가 좋아하는 저축에 집중할 수 있어 좋았지요. 저는 평생 짠돌이로 살아서 힘들지 않아요. 아내가 열심히 일한 덕분에 온 가족이 짠돌이가 되지 않고도 제 월급의 절반을 저축해 내 집 마련이라는 꿈을 향해 달려갈 수 있었던 건 큰 행운이라고 생각합니다.

세 번째로 돈을 버는 데 가장 중요한 가르침은 아무 일이나 재밌게 하라는 것입니다. 재밌는 일을 찾아서 하는 것보다 더 중요한 것은 지금 하는 일을 재밌게 하는 것입니다. 학교를 졸업하고 처음 사회에 발을 내디뎠을 때 나에게 주어진 일에서 재미를 느끼기란 쉽지 않아요. 나는 아직 일에 대한 지식과 경험이 부족하거든요. 지식과 기술이 없는 상태에서 하는 일은 효능감도 적고 성과가 나기도 어렵죠. '아, 왜 이렇게 힘들까' 싶습니다. 그럴 때는 어떻게 하면 이 일을 재미있게 할 수 있을까, 더 좋아할 수 있을까 스스로 방법을 찾아내야 해요. 일하는 재미가 바로 돈 버는 재미니까요.

미국의 백만장자들 중 86퍼센트는 "나의 성공은 내 일과 직업을 사랑한 결과이다."라고 공통적으로 말한다(투자를 잘해야 부자가 된다는 말에 현혹되지 말라! 일이 우선이고 투자는 나중이다, 이 바보들아).

네, 세이노 저자는 여기서도 강하게 자극을 하시는군요. 그런데 저 역시 이 말에 동의할 수밖에 없어요. 돈을 아끼고, 벌고, 모으는 3단계가 중요합니다. 이 세 가지만 꾸준히 실천해도 상위 30퍼센트는 될 수 있습니다. 우리가 흔히 투자라고 말하는 돈을 불리는 단계는 조금 나중에 시작해도 돼요. 우선은 돈을 아끼고, 버는 단계가 먼저죠. 특히 30대부터는 일을 더 잘해서 내 몸값을 올리는 게 먼저입니다. 그래야 더 많이 벌테니까요. 어쩌면 그게 최고의 투자입니다. 40대도 마찬가지죠. 이제 자기 일에서 프로페셔널이라고 인정을 받아야 더 좋은 조건의 일자리를 얻을 수 있을 테니까요.

그렇게 하려면 일단 내 일을 잘해야겠죠? 그런데 좋아하지 않는 일을 잘할 수 있을까요? 네. 가능합니다. 어떤 일이든 꾸준히 하다 보면 실력이 올라갈 거예요. 내가 처한 상황과 환경을 탓하느니 그냥 내가 지금 하는 일을 어떻게 하면 재밌게 할 수 있을까 먼저 생각하다 보면 그 일이 좋아질 거고요.

자신에게 주어진 일은 너무 하찮은 일이라 최선을 다할 수 없다고 말하는 이들을 가끔 만납니다. 나에게 더 큰 기회가 주어지면 그때는 내 모든 것을 다 걸고 최선을 다할 거라고요. 그런데요. 세상은 그런 곳이 아닙니다. 작고 하찮은 일에 최선을 다하지 않는 사람에게 큰 기회를 주지 않습니다. 사실 작고 하찮은 일이란 없어요. 그렇게 생각하는 자기 자신이 있을 뿐이죠. 자신에게 맡겨진 일이 너무 사소해 보이더라도, 지금 하고 있는 일이 스스로 왠지 하찮게 느껴지더라도 일단 자신이 하는 일에 관심을 갖고 일에 필요한 지식을 모으고 배우고 익힙니다. 그런 다음 부지런히 다양한 시도를 하며 경험을 쌓아갑니다. 무슨 일을 하던 우선은 그 일의 구조 전체를 파악하는 데 필요한 지식을 흡수하고요. 도전과 경험을 계속하며 실패에서 더 많은 것을 배웁니다. 더 많이 알면 재미도 생기고 돈 버는 즐거움도 배가 됩니다. 그들에게는 하기 싫은 일이 없는 거 같더라고요. 세이노 저자도 "백만장자들은 '어떻게 하다 보니까 하게 된 일'에서 기회를 포착하고 그 일을 사랑하고 즐김으로써 '능력과 적성을 한껏 발휘할 수 있는 일'로 바꾸어버렸던 것이다."라고 했어요. 스스로의 힘으로 자산가가 된 사람들은 일찌감치 그 사실을 간파했나봐요.

'아무 일이나 재밌게 하라.'는 가르침은 뒤집어 말하면 재미없는 일을 재미가 생기는 순간까지 계속하라는 뜻입니다. 세이노 저자는 묻습니다. '진짜 부자들이 일찍 은퇴하는 것을 본 적 있는가?'라고요. 아니요. 정년이 아니라 건강이 허락하는 한 죽을 때까지 일에서 손을 놓지 않아요. 일하는 게 재밌어 죽겠는데 은퇴를 왜 하겠어요. 내가 할 수 있을 때까지 손에서 놓지 않을 일. 지금부터라도 그런 일을 찾고, 만들어보면 어떨까요.

최고의 부자 습관은 일에서도 부자 마인드를 장착하는 것

- 지금 하고 있는 내 일을 사랑하기. 좋아하지 않는 일을 하면서 에너지를 낭비하지 않기

- 내가 하고 싶은 일에 대한 편견을 가지지 않고, 시행착오를 겪을 수 있다는 것을 인정하기

- 내가 좋아하는 일이 무엇인지 유심히 살펴보기.(ex. 기꺼이 돈을 내면서 배우고 싶은 일은 무엇인가. 내 책장에 어떤 주제의 책이 가장 많은지 살펴보기, 감사 인사를 하고 싶은 직업은 무엇인지 생각해보기)

내 분야에서 최고의 전문가가 되기 위해 노력하기

- 무료 혹은 저 비용 강의로 자기계발 해보기

- 다양한 커뮤니티 활용하기

- 자기계발 교육 프로그램을 제공하는 다양한 사이트

  – 국가평생교육진흥원 온국민평생배움터 http://www.all.go.kr

여러 분야의 평생교육 프로그램 정보를 제공합니다. 온라인 및 오프라인 강좌, 자격증 과정 등 다양한 프로그램을 만날 수 있어요.

- EBS 영어 강좌 http://www.ebse.co.kr/

이미 많은 분들이 아실 테지만 여러 형태의 영어 강좌를 만날 수 있어요. 다양한 레벨의 영어 강좌가 있어서 자신에게 맞는 강의를 들을 수 있어요.

- 한국콘텐츠진흥원 에듀코카 http://edu.kocca.kr/

요즘은 콘텐츠 제작이 무척 중요한 역량으로 인정받잖아요. 콘텐츠 제작 관련된 교육 프로그램이 다양합니다. 영상 편집, 디자인, 웹 개발 등 실무 중심의 교육 프로그램이 많아요.

- 네이버 비즈니스 스쿨 https://bizschool.naver.com/

N잡러가 되는 데 있어 가장 좋은 것 중 하나는 블로그 등을 통한 수익 창출이에요. 네이버에서 운영하는 이 과정은 창업, 마케팅, 디자인 등 비즈니스 관련 강좌가 주축이에요. 블로그 마케팅이나 스타트업 성공 전략, 디자인씽킹 관련 강좌가 다양합니다.

- EBS 클래스e https://classe.ebs.co.kr/classemain

인문학적 소양을 기르는 데 좋은 여러 강의를 들을 수 있어요. 인문학, 사회과학, 자연과학 등 지식 교양을 쌓는 데 도움이 되는 여러 분야의 전문가 강의를 들을 수 있습니다.

- 금융감독원 금융교육센터 https://www.fss.or.kr/edu/main/main.do?menuNo=300000

이 책을 통해 경제 공부는 필수라고 강조했는데요. 금융에 대한 기본적인 지식부터 깊이 있는 지식까지 배울 수 있는 강의를 제공합니다. 금융 문맹 탈출을 위한 체계적인 강의 프로그램을 만날 수 있어요.

관심사를 기반으로 하는 N잡 시작해보기

- 내가 좋아하고 관심이 있으며 어느 정도의 전문성을 보유한 분야에서 여러 가지 소득원을 마련하기 위한 노력을 시작해보세요.
  - 1단계 : 내 관심사가 무엇인지 정확히 파악하기. 관심 주제에 대한 키워드를 10개 정도 뽑아보세요.
  - 2단계 : 이 키워드에 대해 탐구하고, 관련해서 수익을 창출할 수 있는 일은 무엇이 있는지 조사해보세요.
  - 3단계 : 그 일을 하기 위해서 필요한 역량이 있다면 교육을 받거나 공부해보세요.
- 단, N잡은 철저히 자신의 역량 안에서 해낼 수 있는 일, 본업에 영향을 주지 않는 수준의 일을 택하는 것이 필요해요. 평소 취미 생활로 하던 일 중에서 수익원으로 발전시킬 만한 일을 찾는 것도 방법입니다. 예를 들어 글쓰기에 재능이 있다면 블로그에 글을 올리거나, 칼럼을 기고하거나 제품이나 서비스의 리뷰어로 활동하는 것으로 수익을 올릴 수 있어요.

3장

돈 모으는
부자 습관

월급 절반 재테크의
첫걸음

욜로와
워라밸

　강연이나 유튜브에서 돈을 아끼는 재미에 대해 이야기했더니 돈을 모으느라 지금 이 순간 누릴 수 있는 인생의 즐거움을 포기하지는 말라고 조언하는 분들이 많았어요. 사람마다 즐거움에 대한 기준은 다릅니다. 저는 평생 돈을 아끼는 법에 대해 고민해왔어요. 더 많은 돈을 버는 게 목적이 아니라 돈이 없어도 풍성한 삶을 누리는 게 목표였기 때문입니다. 돈을 모으기 위해 일상의 즐거움을 포기한 적은 한순간도 없다고 자부합니다. 근검절약과 저축을 실천해 이룬 과분하지 않은 현재의 삶이 너무 만족스럽습니다. 이런 짠돌이에게 가장 어울리지 않는 단어가 있어요.

바로 욜로YOLO, You only live once입니다. 실은 저도 이 말 좋아해요. 많은 사람들이 "요즘 같은 시대에 짠돌이가 웬 말이냐. 한 번 사는 인생 즐기는 게 중요하지!"라고 합니다. 저도 한 번뿐인 인생, 잘 살고 싶어요. 문제는 그 한 번뿐인 인생에 노후도 포함된다는 거죠. 그때도 잘 살고 싶으니 젊어서 돈을 모아야 하는 거고요. 우리의 생애주기에서 돈을 가장 많이 모을 수 있는 시기는 언제일까요? 바로 20대와 30대입니다. 젊어서 혼자 살거나 아이가 없을 때 돈 모으는 게 제일 쉽습니다. 20~30대에 돈을 모으라고 하니 또 이런 말을 합니다. "버는 게 적은데 어떻게 돈을 모아요? 어쨌든 투자를 해서 돈을 모아야 하잖아요?" 그러면서 대출을 받아가며 투자를 합니다. 코인이니 주식이니 다들 한 탕을 생각해요.

충분히 이해합니다. 사회 초년생 시절에는 수입이 적은데다 학자금 대출을 갚느라 힘들지요. 그런데 힘들 때야말로 기본을 내려놓지 말아야 해요. 젊어서 제일 경계해야 하는 일은 한탕주의입니다. 인생의 최고 재난 중 하나가 소년등과랍니다. 젊어서 뜻밖의 성공을 거두는 것인데요. 요즘으로 치면 20대에 투자로 큰돈을 버는 것도 그래요. 투자로 돈을 벌면 일해서 버는 돈이

푼돈처럼 느껴지거든요. PD로 일하며 젊어서 벼락부자가 된 연예인들을 많이 접했어요. 버는 돈의 규모가 커지니 씀씀이가 금세 늘더군요. 세월이 흘러도 씀씀이는 줄지 않고 큰돈을 만질 수 있는 일만 찾게 됩니다. 젊은 사람에게 가장 풍부한 자원은 시간이에요. 시간을 들여 조금씩 아끼고 모아 꾸준히 자산을 쌓아가는 방법을 찾아야 합니다. 사람마다 상황은 다를 수 있지만 재테크의 기본적인 원칙은 누구에게나 똑같아요. 젊어서 아끼고 모으는 게 익숙해지면 40대에는 인생의 풍년을 맞이합니다.

돈을 벌기는 40대에 가장 많이 벌어요. 직장에서는 높은 연봉을 받고 자영업자의 경우 사업이 자리를 잡아 수입이 늘지요. 그렇게 돈을 많이 버는 시기는 잠깐입니다. 50대 중반이 되면 수입이 줄기 시작합니다. 노후에는 젊어서 모은 돈으로 평생 버텨야 하는데요. 자라나는 아이도 있고 연로하신 부모님도 돌봐야 하니 여간 돈이 많이 드는 게 아닙니다. 불규칙적으로 나가야 하는 돈이 많아서 꾸준하게 모으기가 힘들어요. 한 번밖에 못 사는 인생, 과거로 돌아가는 것도 불가능합니다. 나이 칠십이 넘어 '젊은 시절에 돈을 더 모아뒀으면 지금 좀 더 편안했을 텐데…' 하며 후회해야 소용없죠. 후회에서 멈추면 의미가 없다는 뜻이에요. 후회하는 것을 멈추고, 지금이라도 시작해야 해요. 말 그대로 새는 돈을 찾아서 아끼면서요. 순간의 욕망을 채우기 위한 소비, 남들에게 보여주려고 하는 소비 같은 것부터 멈추자는 거예요. 오늘을 즐기라는 것이 꼭 소비하자는 건 아니니까요. 욜로, 맞아요. 인생 한 번뿐이에요. 미래를 위해 오늘을 희생하는 게 아니라 현재도 현명하게 즐기면서 미래에도 즐겁게 살 수 있도록 준비하자는 거예요.

욜로에 대한 생각을 전했으니 워라밸work life balance에 대해서도 이야기를 해볼까요. 워라밸. 저 이 말도 엄청 좋아해요. 일만 하고 살 수 있나요? 삶도 즐겨야죠. 그런데 어떤 이들은 일해서 돈을 번 만큼 여가 활동이나 취미 생활에 돈을 쓰는 것이 진정한 워라밸인 것처럼 말해요. 하지만 돈을 쓰면서 균형을 맞추다 보면 오히려 워라밸이 무너집니다. 즐거운 삶을 살기 위해 돈을 쓰다 보면 갈수록 써야 할 돈이 늘어나고요. 돈을 벌기 위해 하기 싫은 일도 해야 해요. 우리가 원하는 워라밸이 하기 싫은 일을 억지로 하면서 일과 삶의 균형을 맞추는 건 아니잖아요. 나이 오십이 넘으니까 하기 싫은 일 억지로 하면 사람이 아파요. 그때는 워라밸을 챙기는 게 선택의 문제가 아니에요. 살려면 그래야 합니다.

이런 가치를 전하는 책이 있는데요. 바로 『파이낸셜 프리덤』이에요. 이 책은 어떻게 하면 많은 돈을 벌고 최대한 아끼고 효과적으로 투자하는가에 대해 다양한 방법들을 소개합니다. 특히 은퇴 이후에 얼마나 가치 있는 삶을 영위하느냐에 초점을 맞추고 있는데요. 원하지 않는 일은 줄이고 내가 좋아하는 사람들과 내가 즐거워하는 일을 하며 시간을 보내는 것, 노후의 욜로와 워라밸을 위해 우리에게 필요한 게 무엇인지 고민하게 해줍니다. 책에 이런 말이 있어요.

> 일찍 시작하고 많이 저축하면 할수록 경제적인 독립에 더 빨리 도달할 수 있다. 이것이 내 전략의 핵심이며 이를 통해 당신이 경제적인 독립을 이루는 데 필요한 햇수와 돈의 액수가 급격히 감소될 것이다. 신속하게 경제적 자유를 이루는 비결은 최대한 빨리 돈을 벌어서 더 많이 투자하는 것이다.

깊이 공감하는 말이에요. 그리고 경제적 자유로 향하는 길은 자신의 욕망과 부단히 싸우는 과정입니다. 무언가 갖고 싶은 것이 있을 때 물어봐야 해요. 차를 사기 위해 빚을 내야 한다면 스스로에게 물어보세요. 나의 인생에서 가장 소중한 것은 무엇인가? 저자는 경제적 자유를 얻는 데 있어 중요한 공식을 소개합니다. 72의 법칙인데요. 72를 예상 복리로 나누면 돈이 2배가 되는 시점을 계산할 수 있어요. 예를 들어 예상 복리가 6퍼센트라면 12년마다 돈이 2배가 되는 거죠. 3,000만 원짜리 자동차를 사는 대신 투자를 하면 12년 후에는 6,000만 원, 24년 후에는 1억 2,000만 원이 됩니다. 1시간에 3만 원을 버는 사람이 3,000만 원짜리 차를 산다면 자기 인생의 소중한 1,000시간을 그 차와 맞바꾸는 건데요. 일주일에 40시간을 일하는 사람은 그 차를 사기 위해 6개월 내내 일을 해야 합니다. 즉 30대에 3,000만 원짜리 차를 사는 것은 내 인생의 1,000시간과 1억 2,000만 원 이상의 성장 잠재력을 지불하는 셈입니다.

물론 차가 꼭 필요하고 그럴 만한 가치가 있다면 장만해야겠지요. 그때는 금융전문가 데이브 램지의 충고를 기억하세요. 램지는 절대 할부로 새 차를 사지 말라고 합니다. 백만장자들도 할부금 없는 중고차를 탄다고 해요. "나도 백만장자라면 당연히 현금을 주고 자동차를 샀을 거예요."라고 말할지도 모르는데 핵심은 돈이 많아서 현금으로 차를 산 게 아니라 현금으로 살 수 있는 중고차를 타는 사람이라 백만장자가 된다는 겁니다. 돈을 모으려면 돈을 쓰는 법을 알아야 해요. 부자들은 당장 손에 쥘 현금이 필요해도 현금서비스를 이용하지 않아요. 현금서비스는 돈 없는 사람들을 위한 상품이거든요. 돈이 많아서 이런 상품이 필요 없는 게 아니라 그런 돈을 쓰지 않아서 부자가 되는 겁니다.

평범한 미국인은 매달 자동차 할부금으로 평균 464달러(약 60만 원)를 낸답니다. 괜찮은 뮤추얼펀드에 30세부터 70세까지 매달 464달러를 투자하면 500만 달러(약 65억 원) 이상을 모을 수 있습니다. 빚과 씨름 중이라며 〈데이브 램지 쇼〉에 전화를 거는 사람에게 램지는 단칼에 "자동차를 파세요."라고 말합니다. 돈 관리를 제대로 하고 싶다면 통제할 수 없는 생활 방식부터 과감히 잘라내야 하는데요. 제거 대상 1호가 자동차 할부금이에요. 차를 사려면 일시불로 사고 그럴 형편이 안 되면 사지 않는 게 좋습니다. 할부로 차를 사면 이자를 내는데 현찰로 사면 할인을 받습니다.

직장인이 되어보니 회사 생활을 괴로워하는 선배일수록 지출이 많더군요. 퇴근 후에 술을 마시며 유흥비를 많이 쓰게 됩니다. 제가 월급의 절반을 저축하는 걸 보고 선배는 입이 딱 벌어졌어요.

"어떻게 그게 가능해? 월급은 카드 결제하는 데 쓰는 거 아냐?"

아, 나는 돈을 많이 써서 행복한 게 아니라 돈을 쓸 필요가 없기에 행복하다는 걸 깨달았어요. 그렇다면 돈을 더 벌려고 노력할 게 아니라 더 행복해지기 위해 노력해야죠. 평생 빚을 지지 않는 대신 하고 싶은 일을 찾는 데 최선을 다했어요. 모은 돈이 더 많아질수록 오히려 돈을 더 적게 썼어요. 뭔가를 사는 것보다 내가 뭔가를 살 수 있는 능력을 가지고 있다는 게 더 즐거웠으니까요.

부자처럼 보이기 위해 부자처럼 쓰는 사람이 있고 부자가 되기 위해 부자처럼 아끼는 사람이 있어요. 전자는 가짜 부자, 후자는 진짜 부자입니다. SNS를 보면 '새로 산 명품 백, 짜잔!' 하고 사진을 올리는 사람은 있어도 '아까 매장 앞에서 30분간 고민하다 결국 안 산 가방'이라고 진열대 사진을 올리지는 않아요. 돈을 어떻게 벌고 모으는지를 SNS에서 알려주는 부자는 없다는 뜻이에요. 전자는 돈을 쓰고 후자는 돈을 모으는 길인데 말이지요. 그래서 저는 부자들의 SNS가 아니라 그들이 쓴 책을 봅니다. 그들은 미디어를 통해 부자라는 것을 드러내고, 책에서는 부자가 되는 법을 알려주거든요. SNS에서는 욜로와 워라밸을 즐기는 사진이나 영상을 보여주지만 책에서는 절제의 미덕을 예찬해요. 그러니 부자가 되고 싶다면 절제의 미덕부터 갖춰야 해요.

욜로. 한 번 사는 인생 후회 없이, 죽을 때까지 돈 걱정 없이 살아요. 워라밸을 챙겨 일을 줄이며 살아요. 돈 안 들이고 즐거울 수 있는 일을 하면서 말이에요. 그리고 나이 들어서도 진짜 욜로와 제대로 된 워라밸을 즐기려면 경제적 자유를 얻어야 한다는 걸 기억하면서요.

돈을 모으는
가장 강력한 무기

　가끔 던지는 질문이 있지요, 닭이 먼저냐, 달걀이 먼저냐. 생물학자이신 최재천 교수님은 『생명 칸타타』에서 당연히 알이 먼저라고 하십니다. 알 속의 DNA가 닭을 만들어내고 그 닭이 더 많은 알, 더 많은 DNA를 만들어낸다고요. 저도 알이 먼저라고 생각합니다. 알이 만들기 더 간단하잖아요. 닭은 달걀보다 복잡합니다. 쉽고 간단한 것이 먼저 생겨야 어렵고 복잡한 것이 만들어질 수 있겠죠. 생명도 단순한 아메바에서부터 진화를 시작했잖아요.

재테크도 마찬가지입니다. 저축부터 할 것인가, 빚을 내어 투자할 것인가? 단순한 것부터 시작해야 해요. 돈을 모으는 게 우선입니다. 빚을 내어 씨암탉을 사기 전에 우선 달걀부터 하나둘 모아야 합니다. 종잣돈을 모으는 과정을 생략하고 빚을 내어 투자하거나 영혼까지 끌어모아 자산을 사는 것에는 세 가지의 위험이 있어요.

첫째, 시장을 모릅니다. 지금이 상승장인지 하락장인지 알 수가 없어요. 자본주의는 끊임없이 상승과 하락을 반복합니다. 오를 때인지 내릴 때인지 정확하게 맞추는 건 전문가들도 어려워합니다. 자본시장은 무수하게 많은 인간의 탐욕이 작동하는 곳이거든요.

둘째, 세상 일을 모릅니다. 회사에서 꼬박꼬박 나오는 월급을 믿고 10년 상환 계획으로 집을 샀는데 갑자기 회사가 어려워져 구조조정을 단행할 수 있어요. 빚이 없는 상태라면 명퇴금으로 버틸 수 있지만 매달 꼬박꼬박 300만 원씩 주택 구입 자금을 상환해야 한다면 구조조정은 가정을 흔드는 재난이 됩니다.

셋째, 사람 일을 모릅니다. 재개발을 바라보고 거주하는 동네에 있는 낡은 아파트를 전세를 끼고 샀어요. 10년 정도 느긋하게 장기 투자를 한 건데 갑자기 사랑하는 사람을 만나 결혼하게 되었어요. 직장 근처의 깔끔한 신혼집이 필요한데요. 이미 빚을 내어 투자한 상태라면 결혼 자금을 마련하기 어렵고요. 중요한 시기에 많은 것을 타협해야 합니다.

우리는 시장도 모르고 회사 일도 모르고 나의 앞날도 몰라요. 이렇게 불확실한 세상에서 나를 든든하게 지켜주는 건 예금 잔고입니다. 종잣돈을 모아 투자했다면 하락장이 와도 멘탈은 무너지지 않아요. 회사에서 갑자기 잘려도 불안하지 않고요. 갑자기 큰일이 닥쳐도 대응 가능합니다.

제가 줄곧 예찬해온 저축은 어떤 상황이 오더라도 돈을 잃지 않고 모을 수 있는 가장 안전한 방법이에요. 월급쟁이, 프리랜서뿐만 아니라 용돈을 받는 학생들도 누구나 할 수 있고, 몇 가지만 기억하고 지킨다면 안전하죠. 세상이 어떻게 바뀌어도 불안정할 게 없으니 얼마나 좋아요. 저에게는 돈 모으는 재미를 만끽할 수 있는 가장 강력한 무기였어요. 아는 만큼 재미가 쏠쏠합니다. 자, 그럼 예금과 적금의 세계로 들어가볼까요?

예금은 입출금을 수시로 할 수 있는 보통예금과 목돈이 생겼을 때 은행에 한 번에 예치하는 정기예금이 있어요. 보통예금은 이자가 낮지만 정기예금은 상품에 따라 꽤 높은 이자를 받을 수 있고 예치 기간이 길면 가산 금리도 받을 수 있어요. 정기예금은 만기일에 원금과 이자를 함께 지급받습니다.

적금은 적은 액수의 돈이라도 매달 꾸준히 일정 금액을 납입하여 돈을 모으는 건데요. 정기적으로 수입이 발생한다면 적금 통장에 가입해서 목돈을 만드는 게 좋아요. 적금에는 정기적금 (한 달에 한 번, 정해진 날짜에 일정한 금액을 저축)과 자유적립식 적금(한 달에 납입할 수 있는 횟수나 금액 제한 없이 자유롭게 저축하는 상품)이 있어요.

보통 정기예금보다 적금이 이자율이 더 높습니다. 은행의 입장에서는 고객이 지속적으로 자금을 저축하도록 유도하기 위해 적금에 더 높은 이자율을 제공해요. 정기적으로 자금이 유입되니까 안정적으로 자산을 관리할 수 있고요. 그런데 적금을 타보면 생각보다 이자가 많지 않아요. 첫 주엔 1만 원, 둘째 주엔 2만 원…… 매주 올라가서 마지막 주엔 26만 원을 적립하는 최고 연 5.5퍼센트의 높은 이자를 주는 적금 챌린지 상품에 가입했었는데요. 만기 해지할 때 이자가 생각보다 적어서 실망했어요. 예치 기간에 따라 이율이 적용되기 때문에 첫 달에 넣은 1만 원에 대해서는 6개월의 이자를 받지만 마지막 주에 넣은 26만 원은 겨우 한 달치 이자만을 받기 때문이죠. 평균 이자를 계산하니 정기예금 이자보다 낮더라고요.

정기예금이나 적금을 들 때 이자만 보고 결정하는 것은 바람직하지 않아요. 생각지도 못한 목돈이 들어오면 정기예금에 넣어 이자를 챙기고, 적은 돈이라도 꾸준히 현금 흐름이 발생한다면 적금을 들어 목돈 마련에 도전하는 게 좋습니다. 개인적으로 시중은행보다 금리가 더 높은 저축은행 예금 상품을 선호하는 편이에요. 저축은행 금리 비교를 검색해보고 조금이라도 더 많이 이자를 주는 상품을 선택합니다.

적금 가입할 때는 몇 가지를 꼭 살펴보아야 합니다.

첫째, 저축 한도입니다. 은행에서 신규 고객을 대상으로 낮은 기본 금리에 추가 우대 금리를 제공하는 특판(특별판매) 적금의 경우, 월 최대 납입 가능 금액이 30만 원이나 50만 원 정도인데요. 광고하는 이자가 아무리 높아도 저금할 수 있는 금액이 적으면 이자 소득이 크지 않으니 미리 체크하고 이자 수익보다는 저축부터 하는 습관을 들인다는 데에 의미를 두는 게 좋아요.

둘째, 가입 기간이 길수록 적금 금리가 높아지는데요. 금리가 오르는 시기에는 적금 가입 기간이 짧을수록 유리합니다. 기준 금리가 오르면서 더 높은 이율, 더 좋은 조건의 적금 상품이 새로 나오거든요. 저는 적금을 넣다가 금리가 많이 오르면 해지할 때의 이자와 신규 적금의 이자를 꼼꼼히 비교하여 갈아타기도 합니다. 중간에 적금을 갈아타거나 급하게 돈이 필요한 경우를 대비해 가입할 때는 중도 해지 이율도 챙겨보아요. 대부분의 적금이나 정기예금은 중도 해지할 경우 처음에 약속한 이자를 다 받을 수 없거든요.

셋째, 비상시를 대비해 가입 기간이 다른 여러 개의 통장을 만들어둡니다. 급한 일이 생기면 이율이 낮은 단기 상품을 해약합니다. 번거로워 보이지만 짠돌이에게 이런 수고는 돈을 아끼는 재미이기도 하죠. 이렇게 하면 늘 여윳돈이 생기거든요.

마지막으로, 저축은행 상품에 가입할 때는 예금보호 한도를 반드시 확인해야 해요. 은행별로 예금보호 한도는 원금과 이자를 합해 1억 원인데요. 그래서 은행마다 딱 9,000만 원까지만 넣어요. 그러면 이자가 붙어도 보호 한도를 넘기지 않거든요. 어떻게 아끼고 모은 돈인데요, 조금이라도 손해 볼 일은 만들지 않습니다.

일단 은행하고 좀 친해져보세요. 요즘은 창구에 가서 개설하지 않아도, 온라인으로 적금이나 예금에 가입할 수 있고, 이율이나 기타 조건 등도 모두 검색해볼 수 있으니 예전보다 쉬워졌어요. 정기예금 등의 금리 비교는 전국은행연합회 소비자포털이나 금융감독원 홈페이지에서도 할 수 있어요. 다양한 앱을 활용하는 것도 방법이고요, 저도 여윳돈이 생기면 토스나 카카오뱅크, 저축은행중앙회에서 만든 SB톡톡플러스 같은 앱을 통해 금리와 우대 조건을 꼼꼼히 따져보고 정기예금에 가입합니다. 요즘은 스마트폰 뱅킹 앱들이 잘 되어 있어 굳이 은행 지점마다 발품을 팔지 않고도 앉은 자리에서 금리나 특판 예금 조건 비교가 가능합니다. 주거래 은행이 있다면 은행 업무를 볼 때 창구 직원에게 "요즘 금리 좋은 적금 상품을 추천해주세요." 하고 청해보는 것도 방법이죠. 물론 권해주는 대로 그냥 가입하지 말고, 꼼꼼히 따져보아요. 좋은 조건을 찾아 나서는 약간의 수고로움이 티끌 모아 태산이라는 말처럼 다른 결과를 가져다줄 거예요. 저축도 조금 더 똑똑하게 해보자고요.

정기적금 가입할 때 따져볼 것

1. 저축 한도 : 높은 이율이 첫 번째 조건이지만, 최대 납입 가능 금액을 확인해 이자 소득을 최대한으로 높일 수 있는 상품 가입하기

2. 중도 해지시의 이율 : 더 좋은 조건의 적금 상품으로 갈아타거나 불가피하게 급한 돈이 필요할 때를 대비해 중도 해지시의 이율 확인하기

3. 가입 기간이 다른 통장으로 분산 : 만약을 대비해 만기일이 다른 통장으로 분산하여 가입하기(비상시 이자율이 낮고, 해지시 이율 조건이 괜찮은 상품부터 해약하면 된다.)

4. 예금보호 한도 : 금융기관별 총 1억 원까지 예금을 보호해주는 제도를 적극 활용하기 위해선 원금과 이자를 합한 총 금액이 1억 원을 넘지 않도록 조정하기

내 집은 정말
꼭 필요한가?

　결혼을 하거나 독립을 꿈꾸는 이들에게 가장 큰 이슈는 바로
'내 집 마련'이지요. 특히 신혼부부들이 열심히 종잣돈을 모으는
이유는 내 집 마련을 위해서예요. 결혼을 앞둔 예비 부부가 가
장 먼저 해야 할은 통장 공개라고 해요. 자신의 자산과 채무 상
태를 서로에게 공개하는 거죠. 결혼한 부부가 가장 먼저 할 일
은 종잣돈을 모으는 거예요. 결혼 후 3년 동안 모으는 편이 좋습
니다. 아이가 태어나면 지출이 늘어나니까요. 『신혼 3년 재테크
평생을 좌우한다』에서 제 생각과 같은 내용을 발견했어요.

그러니 수입의 50퍼센트는 무조건 저축한다는 원칙을 세우십시오. 이보다 더 많이 저축하는 것이 당연히 좋지만 어떠한 경우라도 50퍼센트 밑으로 내려가서는 안 됩니다.

오! 제가 가장 중요하다고 계속 이야기한 수입의 절반을 저축하라는 원칙을 이야기하네요. 1980년대 말에 책에서 읽고 직장 생활하며 30년 동안 지켜온 저의 재테크 철학이었습니다. 세상이 이렇게나 많이 달라졌지만 변함없이 통용되는 건 중요한 겁니다. 수입의 50퍼센트를 모아서 종잣돈을 만들어야 내 집 마련도 할 수 있겠죠.

그런데 재테크에서 내 집 마련이 중요할까요? 대답은 '네'입니다. '집값에 거품이 많다.', '몇 년 후면 집을 사려는 사람(수요)보다 공급이 훨씬 많으므로 집을 사기가 쉬울 거다.'라면서 부동산 거품을 얘기하는 사람들이 많습니다. 과연 내 집이 있어야 할지, 우리나라 사람들만 유독 내 집에 집착하는 것은 아닌가 하는 의문이 들 때도 있어요. 그런데 유명한 주식 투자자인 피터 린치도 주식 투자를 하기 전에 먼저 집부터 장만하라고 조언합니다. 집을 제외하면 사람들은 대부분 펀드나 주식을 통해 부를 축적합니다. 그러나 펀드나 주식은 실물 자산이 아닙니다. 언제 어떻게 될지 모르는 위험성을 안고 있어요. 그 위험을 상쇄

해줄 수 있는 재테크 수단이 필요합니다. 부동산, 즉 '내 집'은 재테크 포트폴리오의 안정성을 높여주는 자산입니다.

내 집 마련을 위한 나만의 플랜을 세워보세요. 일단 목돈 마련이 먼저일 텐데 저도 내 집을 마련할 때까지 정말 저축을 많이 했어요. 월급 절반 모으는 건 계속 했고요. 연말 보너스를 받으면 은행으로 달려가 가장 이율이 높은 상품에 가입했죠. 예금 통장을 자주 만들다 보니 창구 직원과 친분이 생겼어요. 어느 날 그 직원분이 '장마 저축'을 권했어요. 오랫동안 돈을 넣어두면 큰 이자를 주는 장기주택 마련 저축 통장인데요. 저는 이미 2007년에 만기가 되는 상품을 하나 가지고 있었어요.

"전에 든 상품은 만기가 있는데 이건 만기가 없어요. 이렇게 이율이 좋은 상품은 앞으로도 안 나올 거니까 일단 가입해서 월 1만 원씩만 자동이체를 걸어두면 유지되거든요. 나중에 여유자금 생기면 넣으세요."

3년 동안 9퍼센트의 이율이 적용되고 이후에는 고시 이율이 적용되는 비과세 상품인데요. 직원의 권고대로 가입해서 보너스를 받거나 돈이 남는 달에는 분기별 300만 원인 입금 한도에 맞게 일단 장마 저축부터 꽉꽉 채웠습니다. 장마 저축은 한때 사회 초년생에게 필수 가입 통장 중 하나였는데요. 2009년부터 순차적으로 소득공제 혜택과 비과세 혜택이 사라지더니 지금은 신규 가입을 할 수 없는 전설의 통장이 되었어요. 아직도 장마 통장을 갖고 있다면 가능한 해약하지 말라고 권하고 싶어요. 2019년 아파트를 마련하며 이 상품을 해약했는데요. 은행 창구 직원이 그랬어요.

"이 정도의 이율 높은 통장이 이젠 없는데 너무 아깝네요."

"집 사려고 모은 저축이니, 집 살 때 써야죠."

해약하고 보니 이자가 1,100만 원이 넘었더라고요. 워낙 오래 전에 가입한 통장이라 이자율을 까먹었던 겁니다. 직원의 말을 들을 걸 그랬어요. 장마 저축은 사라졌지만 목돈 마련을 위한 재테크 상품은 여전히 많습니다. 자신에게 필요한 상품을 잘 골라서 가입해보세요.

한 가지 덧붙여 돈을 모으는 방식은 자신의 성격을 반영해야 해요. 저는 손실 회피 성향이 강해 원금을 잃지 않는 게 중요했어요. 남들이 주식 투자 할 때 저는 저축을 했어요. 요즘도 저는 길을 걷다 저축은행이나 수협에 붙은 광고문을 유심히 봅니다. 조금이라도 금리를 더 주는 곳은 어디인지 살펴요. 꼼꼼하게 비교해 조금이라도 더 좋은 조건의 상품을 찾아내면 뿌듯하고 신이 나요. 아, 이런 것도 돈 모으는 재미인가 봅니다. 나태주 시인이 자세히 보아야 예쁘다고 하셨는데요. 자세히 보아야 돈을 잘 모을 수 있답니다.

일단 딱 1억만
모아보자

사람을 만나면 힘들 때 무엇을 하며 자신의 마음을 달래는지 물어보곤 해요. MBC 뉴스데스크를 진행한 김수진 앵커는 달리기를 한다고 했어요. 퇴근 후에 여의도 한강공원에서 10킬로미터를 달린답니다. 더울 때나 추울 때나 날씨에 상관없이 뛴다는 이야기에 혀를 내둘렀어요.

"10킬로미터를 달릴 때 가장 힘든 구간은 어디인가요? 중간 지점? 아니면 마지막 1킬로미터를 남겨놓은 지점?"

"현관까지 가서 신발 끈 묶을 때가 제일 힘들어요. 운동화만

신으면 그다음부터는 그냥 달리게 되거든요."

맞아요! 모든 일은 시작이 제일 어렵지요. 막 돈을 벌기 시작했을 때 종잣돈을 만들겠다는 목표로 저축을 시작하기가 가장 힘들어요. 운동화 끈을 맨다는 것은 덥거나 춥거나 나는 나가서 뛸 것이라고 나의 마음을 단속하는 일입니다. 통장에 들어온 월급이 적금으로 빠져나가게 자동이체를 걸어두는 것 또한 내 마음을 다잡는 일입니다. 주위에서 월급만으로는 부자가 될 수 없는 시대라고 말할 때 『김경필의 오늘은 짠테크, 내일은 플렉스』를 꺼내 보길 권합니다.

제목부터 강렬하게 다가옵니다. 오늘 짠돌이로 사는 이유는 내일 플렉스하며 살기 위해서입니다. 최소한의 투자가 가능한 목돈을 손에 쥘 때까지 하루라도 빨리 돈을 모아야 합니다. 저자는 사회 초년생에게 주식 투자보다는 정기적금을 권합니다. 정기적금은 시간이 지나면서 원금이 계속 늘어나고 자연스럽게 소비를 통제할 수 있기 때문에 돈을 모으기에 좋아요. 반면 주식은 매월 똑같은 금액을 투자하기도 어렵고 어느 순간 수익률에 매몰되기 십상입니다.

특히 변동 폭이 큰 주식이나 코인 투자는 수익률이 높아지면 소비를 부추겨 목돈을 만드는 데 걸림돌이 되기도 해요. 목돈을 어느 정도 만들 때까지는 위대한 자동이체의 힘을 빌려야 합니다. 눈이 오나 비가 오나 기분에 상관없이 월급이 들어오자마자 자동으로 적립되도록 해두면 어느새 목돈이 쌓입니다.

기본적인 저축을 하고 남는 여유 자금으로 주식에 투자하는 것은 해볼 만하지요. 저자는 투자를 하더라도 그 금액이 정기적금의 50퍼센트를 넘어선 안 된다고 말합니다. 단기 목돈을 만드는 시기라면 투자가 0이어도 상관없습니다. 만일 50만 원을 매월 주식에 투자하고 싶다면 최소한 100만 원 정도는 원금과 이자가 보장되는 적금에 납입해야 합니다. 그게 손실액을 최소화하기 위한 기본 장치라고요. 50만 원이 소액인 것 같지만 매월 50만 원씩 투자하면 1년에 원금이 600만 원씩 늘어나요. 이 정도면 제대로 알고 시작해야겠네요. 자, 재테크를 시작하기 전에 다음 세 가지는 꼭 알아둡시다.

첫째, 재테크는 상대가치입니다. 2017년 서울 중위 가격 아파트는 6억 원 정도였고요, 2021년 말에는 무려 12억 원으로 2배나 올랐습니다. 그렇다면 집을 소유한 사람의 부가 2배 늘어난 것일까요? 6억 원을 현금으로 가지고 있으면서 은행에 예금을 한 사람과 비교하면 당연히 재테크를 잘한 것이지요. 하지만 서울에 비슷한 집을 가지고 있는 사람과 비교해보면 부가 늘어났다고 할 수 없습니다. 지금 집을 팔고 다른 집으로 이사하더라도 교외로 가지 않는 한 비슷한 가격을 치러야 하기 때문이지요. 즉 부가 늘어난다는 것은 결국 자신이 가진 돈의 구매력이 늘어나는 것을 의미합니다. 그렇기에 재테크를 할 때는 늘 상대 가치를 고려해야 합니다.

둘째, 재테크는 필연적으로 기회비용을 수반합니다. 재테크는 선택의 연속입니다. 무엇을 포기하고 무엇을 선택할지에 대한 고민이 필요합니다. 만일 어떤 선택이 가져다주는 만족(효용)과 보상이 그것을 포기하는 기회비용에 비해 적다면 그 선택은 잘 못된 거니까요. 그렇다면 재테크의 가장 큰 기회비용은 무엇일 까요? 인플레이션으로 인해 돈의 가치가 떨어지는 자본주의 사회에서 아무것도 하지 않는 것입니다. 그래서 공부를 하면서 잘 선택해야 해요.

셋째, 재테크는 미래의 현금 흐름을 만드는 겁니다. 소득에는 노동 소득과 금융 소득이 있습니다. 많은 사람이 노동 소득에 의존합니다. 일하고 돈을 받죠. 금융 소득이란 내가 일하지 않아도 갖고 있는 자본에서 현금 흐름이 발생해 생기는 소득입니다. 언젠가 노동 소득이 끊기더라도 일정한 소득이 발생하는 현금 흐름이 필요하고요. 이 소득은 자산이 있어야 만들 수 있어요. 지나고 보니 재테크의 목적은 자산을 만들고 그 자산을 키워서 미래의 어느 날 은퇴를 하더라도 모아 놓은 자산으로 현금 흐름을 계속 발생시키는 것이더라고요.

월급이 유한하다고 생각하면 월급이란 현재의 나뿐만 아니라 10년 후의 나, 20년 후의 나, 그리고 먼 훗날 은퇴한 나에게 필요한 돈이다. 미래의 내가 지금의 나에게 관리하라고 맡긴 공금인 것이다.

25년간 직장생활을 하면 총 300번의 월급을 받습니다. 고정적인 수입은 그것뿐이라면 저축하는 데 있어 이보다 더 명확한 이유는 없습니다. 미래의 현금 흐름을 만들기 위해 모아야 할 목표액은 얼마가 좋을까요? 김경필 저자는 수입과 상관없이 1억 원을 목표로 삼으라고 합니다. 중요한 건 직장 생활 5년, 아무리 늦어도 7년 안에는 1억 원을 손에 쥐어야 해요. 일난 1억 원의 목돈을 모으면 규모의 경제가 가능하거든요. 금융 소득의 단계로 넘어가는 데 1억 원이 어떤 의미를 가질까요?

30대 중반에 1억 원을 모았다면 우선 결혼하는 데 필요한 최소한의 자본이 될 수 있고요. 부동산 갭 투자가 가능한 최소한의 자본이 될 수 있습니다. 자기 사업을 하고 싶다면 최소한의 자본이 될 수 있어요. 아파트 청약을 넣어도 최소 1억 원은 있어야 합니다. 분양가 5억 원인 아파트에 당첨되었다면 계약금으로 10퍼센트인 5,000만 원을 납입하고 3년 동안 3억 원을 중도금으로 납입해야 하거든요. 중도금의 경우 규제 지역은 분양가의 40퍼센트인 2억 원까지만 대출해주므로 적어도 1억 원은 직접 부담해야 합니다. 그러니까 아파트 청약에 당첨되어도 최소 1억 원이 없다면 내 집 마련의 기회를 날릴 수 있습니다.

저는 여러 개의 통장을 만들어 예금을 관리했어요. 일단 보너스가 나오지 않는 달의 월급에 맞춰 최소한의 금액을 정기적금에 넣고요. 보너스가 나오는 달에는 분기별 납입 한도가 있는 장기 주택 마련 통장에 여윳돈을 넣었습니다. 갑자기 연말정산이나 연차 휴가 보상으로 목돈이 생기면 또 정기예금을 들고요. 그렇게 돈이 모이면 주택 구입 자금으로 옮겼지요.

머니 트레이너인 김경필 저자는 SAVE라는 영어 단어를 좋아한답니다. SAVE는 '아끼다', '모으다', '구원하다'라는 세 가지 뜻이 있는데요. 아끼고 모은 돈이 미래의 나를 구원해준다는 의미라고요.

길고 긴
겨울을 대비하라

　많은 이들이 재테크에서 타이밍을 놓쳤다고 후회합니다. '아, 그때 코인을 샀어야 했어.', '그때 삼성전자 주식을 샀어야 했어.', '그때 강남 아파트를 샀어야 했어.'라면서요. 저는 30대까지 주식이나 부동산에 관심이 없어서 주야장천 저축만 했는데요. 돌이켜보니 돈을 모으는 데 중요한 건 타이밍보다 시간의 적립이네요. 조금이라도 더 일찍 시작해 시간을 적립해두는 것이지요. 이 말은 바로 복리가 중요하다는 뜻이에요. 스노우볼 효과처럼 시간이 쌓이면 원금에 이자까지 더한 금액이 원금이 되어서 받을 수 있는 이자가 더 커지거든요. 시간을 적립하는 것이 돈을 버는 방법인 셈이죠.

한번 살펴볼까요. 60세까지 은퇴 자산 3억 원을 모으기로 결심한 사람이 있어요. 연복리 6퍼센트로 저축을 시작할 때 30세, 40세, 50세 나이에 따라 매달 납입할 금액이 얼마나 차이 날까요? 30세는 30년 동안 월 35만 원, 40세는 20년 동안 월 72만 원, 50세는 10년 동안 월 195만 원을 넣어야 합니다. 목표 금액에 이를 때까지 불입해야 하는 총액도 달라요. 30세에 복리 저축을 시작하면 원금은 1억 2,600만 원, 40세에 시작하면 1억 7,200만 원, 50세에 시작한 경우 원금은 무려 2억 3,400만 원에 달합니다. 기간이 길어질수록 목표 금액에서 원금이 차지하는 비율은 적어지고, 그만큼 복리 이자가 차지하는 비율이 커져요. 30세에 시작한 사람은 2억 원의 이자를 받고요. 50세에 시작한 사람은 8,400만 원의 이자를 받아요. 그러니 시간의 적립이 중요한 거죠. 지금이라도 저축을 시작해야 하는 이유에요. 조금이라도 젊을 때 빨리 시작하는 게 무조건 유리합니다.

제가 20대였던 1980년대에는 노후 대비라는 말도, 은퇴 설계라는 말조차 없었습니다. 평균수명이 70세였으니 젊어서 아등바등 살다가 60세 전후에 은퇴하고 퇴직금으로 10년 정도 살다가 세상을 떠났거든요. 저는 어릴 때 경제적 자유의 중요성을 사무치게 새긴 터라 20대부터 나름대로 돈을 모으기 위한 시간 전략을 짰어요. 20대에는 아끼는 습관을 내 몸에 심었고, 30대에는 일에 집중하면서 내 몸값을 올리고, 40대에는 자산 포트폴리오를 만들어 인생 이모작을 준비하기로 마음먹었어요. 일찍 시작한 덕분에 앞으로 30년은 경제적 자유를 누릴 수 있게 되었습니다. 물론 인생에서 큰일이 생기거나 하면 모아 놓은 돈만으로 살아가기 어려울 수도 있어요. 그래도 내가 꾸준히 모으면 어떤 일이 생겨도 내 힘으로 해결할 무기 하나를 갖춘 거잖아요.

2024년 1월 기준 한국 남성의 평균수명은 86.3세, 여성은 90.7세입니다(보험개발원 경험생명표 기준). 수명은 길어지고 은퇴 연령은 낮아졌어요. 지금이라도 시작해야겠지요. 30대에 재테크를 한다고 업무 시간에 주식 시세 창을 들여다보거나 밤에 잠을 줄여가며 미국 시황을 체크하지 마세요. 나의 전문성에 투자하고 본업을 더 잘 하려는 노력이 경제적으로 훨씬 효율적이에요. 저는 30대에 단순하게 저축을 했다고 했잖아요. 그러면서 만기일이 각각 다른 통장을 여러 개 관리했어요. 집을 장만하려면 목돈이 필요하고 아이가 있으면 사교육비가 들고 연로하신 부모님이 갑자기 아프시면 치료비가 필요하니까요.

몇 년 전 아버지가 갑자기 크게 다치셔서 구급차에 실려 중환자실로 가셨어요. 예전 같으면 돌아가실 수도 있는 상황이었는데 한국의 의료 기술이 좋아 천만다행으로 살아나셨어요. 수술비만 1,000만 원에, 몇 달간 입원하면서 간병인의 도움을 받아야 했습니다. 누워 계신 아버지에게 그랬습니다.

"치료비며 병원비는 제가 다 낼 테니까 아버지는 전혀 신경쓰지 마세요."

비상사태를 대비해 평소에 따로 모아둔 여유 자금 덕분에 예상치 못한 입원비며 간병비를 부담 없이 쓸 수가 있었어요. 앞에서 말한 저만의 무기였죠. 아버지는 근검절약이 몸에 밴 분이라 간병인 비용으로 한 달에 수백만 원이 나간다고 하면 큰 스트레스를 받았을 거예요. 얼마나 다행인가요. 건강한 몸으로 퇴원하시면서 아버지가 저를 보고 그러셨어요.

"네가 나를 살렸다. 네가 효자다."

"회사 일로 바빠서 자주 병원에 오지도 못했는데요. 효자는 제가 아니라 돈이지요."

건강을 잃는 것보다 더 무서운 건 치료비 때문에 스트레스를 받는 것입니다. 몸이 아프면 적어도 돈 걱정은 하지 않아야지요.

"니들은 내일만 보고 살지? 내일만 사는 놈은 오늘만 사는 놈을 만나면 죽는다. 난 오늘만 산다."

영화 〈아저씨〉에 나오는 원빈의 명대사입니다. 사랑하는 사람을 잃은 후 죽지 못해 하루하루를 근근이 살아가는 삶을 표현한 말인데요. 주인공은 자신의 삶을 짐승이라 여긴 것 같아요. 사람과 짐승의 차이는 여기에서 나옵니다. 사람은 내일을 보고 살고요, 짐승은 오늘만 보고 살아요. 과거에는 사람도 짐승처럼 살았어요. 수렵 채집을 하던 원시인이 그랬지요. 사냥과 채집으로 식량을 구할 때는 오늘 하루만을 보고 삽니다. 오늘 잡아 오늘 먹습니다. 그렇게 살다 보니 배고픈 시절이 옵니다. 겨울이 그래요. 겨울은 열매나 잎이 사라지고, 동물들도 굴속에 들어가 겨울잠을 자는 계절이지요. 배고픈 시절에 살아남으려면 식량을 비축해야 해요. 고기와 열매는 금세 상합니다. 하지만 벼와 보리 같은 낟알은 오래 보관할 수 있고 탄수화물이 풍부해서 에너지원이 됩니다. 그래서 사람들은 겨울을 버티기 위해 농사를 짓기 시작했어요.

지금의 우리 인생도 마찬가지예요. 고령화 시대인 오늘날 청년과 중년의 삶이 봄과 여름이라면 노년의 삶은 겨울입니다. 봄과 여름에 아등바등 고생해서 번 월급, 당장 쓰고 싶지요. 십분 이해됩니다. 30년 후의 나를 위해 장기 투자를 한다는 건 쉬운 일이 아니에요. 사람의 원초적 욕망은 장기 투자를 싫어합니다. 우리는 수백만 년 동안 수렵 채집을 하며 살았어요. 농경은 겨우 1만 년 전에 시작되었죠. 다시 말해 수렵 채집인의 유전자가 우리에게 잠재되어 있다는 거예요. 애초부터 인간은 불확실한 미래의 보상보다는 현재의 확실한 만족에 적응하면 살아온 거죠. 그래서 저축보다는 소비가 더 쉽습니다.

그러나 지금 우리 눈앞에 인류 역사상 가장 길고 긴 겨울이 기다리고 있어요. 고령화 시대의 노후는 무척 깁니다. 마치 〈왕좌의 게임〉에서 찾아오는 그 혹독한 겨울 같아요. 'Winter is coming(겨울이 온다).' 제가 좋아하는 스타크 가문의 가훈인데요. 다가오는 겨울을 대비해 당장 배불리 먹지 못해도 씨앗을 뿌려야 합니다. 20대에 뿌린 씨앗을 30대에 수확해 더 넓고 비옥한 땅에 옮겨 심어야 합니다. 40대에 수확한 곡물을 이웃 마을에 가져가 새로운 작물로 바꿔 품종을 다양화해야 하죠. 사냥을 잘했던 다른 종들은 지구상에서 모두 사라졌고 농사를 짓고 교역을 할 줄 알았던 호모사피엔스만이 유일하게 살아남은 종이 되었습니다. 그들은 혹독한 겨울을 견뎌냈거든요. 아직 뜨거운 태양이 작열하는 여름의 한복판에 서 있지만 이 말을 가슴에 새겨야 합니다. '겨울이 온다.'

우리 인생의 겨울을 따뜻하게 보내기 위한 준비를 지금부터 시작해요. 아껴서 장작도 좀 더 만들어놓고, 곡식도 저장해놓고, 추위를 막아줄 방풍지도 좀 붙여보자고요. 당신의 나이가 지금 몇 살이건 지금부터라도요.

금융 이해력이
인생을 좌우한다

"글을 모르는 것은 사는 데 다소 불편하지만 금융을 모르는 것은 생존 자체가 어렵기 때문에 금융맹이 문맹보다 더 무섭다."

앨런 그린스펀 전 미국 연방준비제도이사회 의장이 한 말입니다. 글쎄요. 30~40대에 정보화 시대를 겪은 저로서는 동의가 안 되는 말인데요. 글을 모르는 사람은 다소 불편한 정도가 아니라 직업을 구하거나 돈을 버는 데 있어 큰 어려움을 겪게 됩니다. 금융을 몰라도 돈을 벌어 아끼고 모으며 살 수 있다고 생각했어요. 그렇게 생각하며 40대까지 재테크를 멀리하고 살았는데요. 저만 그런 게 아니었더라고요.

한국은행과 금융감독원이 발표한 '2018년 전 국민 금융 이해력 조사'의 결과를 보면 우리나라 성인의 금융 이해력 점수는 62.2점으로 OECD 평균인 64.9점(2015년)보다 낮답니다. 노후와 은퇴 대비에 '자신 있다.'고 답한 비중은 16.3퍼센트로 '자신 없다.'(31.1퍼센트)라고 답한 이들의 절반 수준에 불과했고요. 소득이 높을수록 금융 이해력이 높다고 합니다. 소득이 높고 자산이 많은 사람에게는 1퍼센트의 금리 차이도 큰 영향을 미칩니다. 100억 원의 1퍼센트면 1억 원이나 되기 때문이지요. 반면 사회 초년생, 저소득층의 경우 1퍼센트의 차이를 신경쓰지 않습니다. 100만 원의 1퍼센트는 1만 원밖에 안 되기 때문이지요. 아, 경제력 차이가 금융에 대한 이해력의 차이를 만든다는 사실을 깨달았어요. 그런데 가진 돈이 적으면 오히려 금융 지식이 더 필요합니다.

경제 관련 책을 찾아보던 중 『부의 진리』를 발견했어요. 부제가 '삼성전자를 사야 하는 이유'였는데 그 내용이 궁금했어요. 확인해보니 주식 투자를 한다면 대한민국에서는 어느 회사가 우량한지 고민할 필요가 없다는 거예요. 자본주의 사회에서는 자본력이 좋은 기업이 경영 능력이나 기술력이 좋은 기업을 이깁니다. 자본력이 막강한 삼성전자는 쉽게 무너지지 않겠지요. 저자는 주식 투자에 서툴다면 삼성전자를 사는 게 낫다고 말합니다. 명쾌한 답변에 감탄하며 또 다른 질문을 던졌죠. 부동산 투자로 돈을 벌려면 왜 강남 부동산을 사야 할까요?

2018년 「조선일보」에 다음과 같은 제목의 기사가 실렸습니다. '17억 강남 아파트 구매자 79퍼센트는 대출 한 푼 안 받았다.' 강남에 집을 사는 사람들은 대출을 받지 않고 산다고요. 당연히 집을 살 때 대출 없이 사면 좋겠지만 주택을 구입하는 이들의 대부분은 대출을 받아서 삽니다. 그런데 강남에 집을 사는 사람들은 타 지역 사람에 비해 대출 비율이 훨씬 낮아요.

대출 금리가 낮을 때는 현금으로 사든 대출로 사든 큰 차이가 없습니다. 오히려 대출을 이용해 집을 사면 레버리지 효과를 통해 더 많은 수익을 낼 수도 있어요. 레버리지 효과란 투자자가 대출을 활용해 투자 성과를 극대화하려는 전략을 말합니다. 그러나 만약 경기가 나빠지거나 물가가 올라 연준에서 금리 인상을 단행한다면 어떻게 될까요? 시중은행의 대출 금리도 올라가고, 대출을 통해 빌린 자금에 대한 이자나 상환 부담이 추가로 발생할 수 있습니다. 너무 큰 빚을 얻어 집을 샀다면 고금리 시기를 견디지 못해 집을 매도할 수밖에 없어요. 게다가 매물이 늘어나면 집값이 떨어집니다. 현금으로 집을 산 사람들은 경기 변동이나 대출 금리 인상에 거의 영향을 받지 않습니다. 외부 환경에 따라 집을 팔아야 할 이유가 없으니까요. 그러다 보면 현금으로 집을 사는 강남은 경기와 무관하게 점점 매물이 사라집니다. 매물이 사라진 강남 부동산은 부르는 게 값이 되죠. 이것이 현금의 힘입니다.

강남 부동산이 아무리 좋다 해도 과도한 빚을 내어 투자했다가는 하락장이나 금리 인상 시 큰 재앙을 맞을 수 있습니다. 이자를 감당하지 못해 결국 경매에 넘어가는 경우도 생겨요. 경매에 넘어가면 현금을 가진 이가 헐값에 집을 인수합니다. 어설프게 강남 부동산에 달려들었다가는 가진 것마저 잃게 될 수 있어요. 그런 상황은 맞으면 안 되겠지요.

핵심은 이거예요. 돈의 원리를 제대로 아는 것이요. 사실 지금까지 제가 이야기한 것들은 이런 맥락이에요. 저축을 할 때도 이자를 꼼꼼히 따져보고, 복리를 계산해보는 것부터 시작이지요. 금리는 세계 경제에 영향을 받아요. 미국 연준에서 금리를 올리거나 낮추면 한국은행에서 국내 금리를 올리거나 낮춥니다. 시중에 얼마나 돈이 돌고 있느냐, 물가가 얼마나 오르고 있느냐 같은 것들이 내가 가진 금융 자산이나 실물 자산에 영향을 미치는데 지금이라도 경제 공부를 해야 하지 않을까요. 자본주의 사회에서 사는 우리에게 돈 공부는 선택이 아니라 필수예요.

은퇴 후에도
월급을 받는다고?

앞에서 소개한 『부의 진리』에는 이런 말이 나옵니다.

> 돈을 벌려면 부자와 같은 배를 타야 하기 때문에 어설픈 지역에 사
> 지 말고 강남 부동산에 투자하거나, 어설픈 종목을 사지 말고 삼성
> 전자 주식에 투자하라는 뜻이다. 그렇게 할 수 없다면 차라리 포기
> 하고 연금을 준비해 평생 즐겁게 쓰면서 사는 게 낫다.

저자는 대한민국에서 노후를 보내는 사람 중 가장 행복한 집

단은 공무원 은퇴자들이라고 말해요. 젊은 시절 사업을 해서 성공한 사람 중에는 노후가 행복한 사람도 있고 그렇지 못한 사람도 있어요. 하지만 공무원 은퇴자들은 모두 다 행복하다고요. 평생 지급되는 공무원 연금이 노후를 보장해주기 때문이지요. 재산이 많은 공무원도 있고 재산이 적은 공무원도 있겠지만 연금만으로도 이미 행복이 보장되어 있습니다. 이 말에 100퍼센트 공감합니다. 지난 30년간 모범 사례를 가까이서 봐왔거든요.

1997년 IMF 사태가 터졌을 때 국가적으로 구조조정을 실시했어요. 당시 부부 교사로 일하던 부모님이 두 분 다 퇴직을 하셨어요. 퇴직금을 각자 종신연금으로 받기에 두 분은 지금 각자의 삶을 아주 윤택하게 살고 계십니다. 연금 부자가 된 저의 부모님에게는 두 번의 행운이 따랐어요.

첫째, 맞벌이가 드물었던 1970년대에 부부가 모두 교사로 일했다는 겁니다. 지금도 기억해요. 아버지, 어머니 두 분 다 일을 나가시고 다섯 살 어린 동생이 울면 제가 동생을 포대기에 업고 달랬는데요. 허리가 아파서 대문을 붙잡고 몸을 흔들며 아기를 달랬어요. 하교하고 집에 오면 부엌에 있는 보자기가 덮인 상을 가져와 동생과 찬밥을 나눠 먹었어요. 그때는 힘들었지만 지금은 부모님 두 분 다 연금 수혜자가 되어 다행입니다. 그 시절의 공무원 연금은 한 사람이 받아 부부가 노후에 같이 먹고 살게끔 설계한 것인데 각자 받으니 얼마나 좋으시겠어요.

두 번째 행운은 퇴직금을 일시불이 아니라 연금으로 종신 수령을 선택했다는 겁니다. 1997년 IMF 사태 때 명예퇴직한 이들은 퇴직금을 일시불로 수령한 경우가 많았어요. IMF가 터지고 은행 금리가 15퍼센트까지 올랐거든요. 퇴직금 3억 원을 일시불로 받아 은행에 넣어두면 매달 이자만 300만 원씩 나오던 시절이었어요. 아버지 친구가 그러셨대요.

"너는 왜 바보처럼 그 돈을 나라에 맡겨두냐. 찾아서 은행에 넣어놓으면 목돈도 생기고 따박따박 이자도 받아먹을 수 있는데."

하지만 퇴직금을 일시금으로 받아서 사업을 하거나 결혼하는 자녀들에게 아낌없이 보태준 사람들은 이제 와 연금이 없어 힘듭니다. 일시금을 받아서 자녀에게 보태줄 때 좋아했던 자녀들도 불평합니다.

"다른 공무원 은퇴자들은 연금 받아서 잘 살던데 우리 아버지는 일시금으로 받은 연금을 다 날려서 우리가 부양해야 하니 힘들어요."

생각해보면 이 두 가지 행운은 평생 짠돌이로 사신 아버지에게는 자연스러운 결과였어요. 충청도에서 태어나 경상도로 내려와 자수성가한 아버지는 이를 악물고 돈을 모으셨어요. 지방에 전근을 가시면 아버지는 혼자 살림하며 지내셨어요. 그러면서 매달 수백만 원씩 저축을 했죠.

평생 절약하고 저축하며 살았는데 퇴직했다고 목돈을 받아야할 일이 있나요. 이미 수억 원의 자산이 있는데 말이지요. 아들마저도 지독한 짠돌이에 소득이 괜찮은 월급쟁이니 경제적으로 도와줄 이유가 없었죠. 당신 노후에 마음 편하게 살자 싶어 연금을 선택한 게 신의 한 수였어요. 일시불로 수령한 아버지 친구는 은행에 넣어둔 퇴직금 다 써버리고 나이 팔십에 생계를 위해 경비 일을 하시거든요.

『연금 부자들』이라는 책에서 저자는 목돈과 연금의 차이점을 다루면서 '목돈은 내가 지켜야 하는 것이고, 연금은 나를 지켜주는 것이다.', '목돈 가진 사람은 현재 부자, 연금 가진 사람은 평생 부자다.'라고 말해요. 구구절절 옳은 말씀이고요. 한 문장 한 문장 다 가슴에 팍팍 와서 꽂힙니다. 누군가는 "개인연금 수익률이 낮은데 연금을 깨서 삼성전자 주식을 사는 게 낫지 않을까요?"라고 묻기도 합니다. 주식에 투자한 돈을 노후에 쓰면 되니 연금보다는 주식 투자가 더 낫다고 생각할 수 있어요. 수익률만 보면 그런 거 같죠. 하지만 노후 연금과 주식 투자는 절대로 같은 선상에서 비교해서는 안 됩니다.

연금은 노후에 안정적인 소득을 확보하기 위해 준비하는 것입니다. 젊은 시절에 일을 해서 고정적인 소득을 얻는 게 중요하듯 일을 하지 않는 노후에도 고정적인 소득을 확보하는 것이 매우 중요합니다. 고령화 시대에는 각자가 스스로를 지켜야 합니다. 국민연금, 퇴직연금, 개인연금 등을 통해 노후에 필요한 생활비를 확보하는 것이 투자보다 먼저입니다. 제도가 허용하는 범위에서 다양한 연금 상품과 절세 상품을 적극 활용해야 해요.

저도 일찍부터 연금부자가 되기 위한 준비를 했어요. 2024년 1월 유튜브 채널 〈45플러스〉에 출연했을 때 PD가 노후 대비는 언제 시작했는지 물었습니다. 언제 시작했더라? 정확하게 한 날짜가 떠올랐어요. 그즈음 저는 55세 생일이 지났기에 개인연금 수령을 개시했거든요. 하나는 보험사에서 든 상품으로 가입일이 2002년 1월 16일. 또 하나는 은행 상품으로 2002년 6월 26일 가입. 제 나이 34세에 노후 대비를 시작했군요.

외국계 보험사에서 일하는 매제가 신혼집에 처음 찾아온 날인데요. 아내를 수령인으로 종신보험에 가입했어요. 내게 혹시라도 무슨 일이 있으면 남은 가족에게 조금이라도 도움이 되면 좋겠다 싶어서요. 2001년 봄에 첫 딸이 태어났을 때 아기의 반짝이는 눈망울을 보며 이 아이를 위해 지금 내가 할 수 있는 최선이 무엇일까 고민하다 연금을 붓기로 결정했어요. 퇴직 후 국민연금을 받기 전까지 소득 공백이 생기지 않도록 55세부터 탈 수 있는 연금을 골랐죠. 아빠가 경제적으로 여유롭게 노후를 보내는 것이 딸에게 줄 수 있는 최고의 선물이라 생각했거든요.

보험사 연금과 은행 연금에는 차이가 있더라고요. 보험은 종신 수령 선택이 가능하고요, 은행은 기간을 제한해 수령합니다. 왜 그럴까요? 그 이유는 보험사는 평균수명에 기반해 고객들 사이에서 위험을 분산시켜 이익을 얻기 때문입니다. 연금보험과 종신보험의 차이는 거기서 나와요. 연금보험은 오래 산 사람이 일찍 죽은 사람에게서 연금을 타는 구조고요, 종신보험은 오래 사는 사람이 일찍 죽은 사람의 유가족에게 보험금을 주는 구조입니다. 저는 단명의 리스크와 장수의 위험 양쪽을 대비해서 둘 다 가입했어요.

얼마 전 영국에 교환학생으로 간 딸에게 연락이 왔어요. 친구들과 아이슬란드 여행을 가려고 하는데 혹 여행 경비를 조금 보조해줄 수 있냐고. 바로 그달에 받은 연금 중 일부를 딸에게 보냈어요. 아, 이러려고 내가 20년 동안 연금저축을 했구나.

퇴직 후에도 회사에서 사귄 친구들을 자주 만납니다. 친구들은 퇴직자가 무슨 돈이 있냐며 밥을 사주곤 해요. 그렇다고 얻어먹기만 하는 것도 관계를 아름답게 유지하는 데 도움이 되지 않죠. 가끔 제가 계산서를 집으면 앞다투어 말리는데요. 그럴 때 웃으며 말할 수 있어요.

"내가 말이야, 평생의 꿈이 연금술사거든? '연금' 받아서 '술사'는 사람. 근데 내가 술을 안 하니까 밥을 사는 걸로 할게."

2002년 1월, 매제가 연금보험 계약서를 들고 왔을 때 연금수령 개시일을 봤어요. 2024년 1월. 그때는 과연 그날이 올까 싶을 정도로 까마득한 미래였는데요. 요즘 매월 꼬박꼬박 통장에 꽂히는 연금을 보면 신기합니다. 나이 쉰다섯에 제 개인연금 수령액은 월 259만 원입니다. 여기에 더해서 책의 인세와 강연료 수입으로 추가 소득을 올립니다. 2020년 MBC에서 퇴직했지만 평생 벌고 모은 자산에는 손을 대지 않고 있어요. 20년 전 나의 선택을 대견해 하며 속으로 쾌재를 부릅니다. '연금술사 만세!'

직장 생활을 하며 여윳돈이 생길 때마다 미래의 나에게 용돈을 보내는 마음으로 연금에 투자했어요. 30년 전의 나에게는 용돈이었는데 은퇴 후에 받아보니 월급이네요. 최저임금 시급이 만 원 정도니까 하루 8시간, 일주일 40시간, 월 200시간을 일한다면 월 200만 원을 받을 수 있는데요. 최저시급 이상의 월급을 연금으로 확보해둔 거죠. 용돈으로 보내주고 월급으로 받으니 이보다 더 기분 좋은 투자도 없습니다.

젊었을 때 보험사에 다니는 지인이 없어서 개인연금을 따로 준비하지 못했더라도 괜찮아요. 우리에게는 국민연금이 있으니까요. 저는 노후 대비를 위한 1순위는 무조건 국민연금 수령액을 키우는 거라고 생각해요. 이를 위한 세 가지 방법을 알려드

릴게요.

첫째, 가입 기간은 반드시 10년을 채우세요. 10년 이상 가입자에게만 연금으로 지급하고 10년 미만 가입자는 반환일시금을 지급하고 종료합니다. 따라서 평생 연금을 받으려면 10년을 채우는 게 중요합니다.

둘째, 60세가 넘어도 계속 납입하세요. 60세가 되면 의무 납입은 종료되지만 국민연금 개시 전까지는 보험료를 낼 수 있습니다. 고민하지 말고 한 달이라도 더 납입하는 게 좋습니다. 국민연금은 소득이 오르면 연금보험료도 따라 오릅니다. 많이 낼수록 가성비는 떨어집니다. 많이 내는 것보다 중요한 건 오래 내는 겁니다.

셋째, 국민연금은 최대한 늦게 수령 하세요. 65세 수령 개시라면 정해진 나이보다 5년 당겨서 받을 수도 있고 늦춰서 받을 수도 있습니다. 최근 들어 국민연금을 5년 조기 수령하는 사람들이 늘고 있답니다. 기대수명과 가족력을 기준으로 75세 이전에 사망할 수 있다면 조기연금을 받는 것도 고려해볼 만하고요. 당장 경제적으로 생계를 위해 조기 수령이 필요하다면 당연히 받아야 하지요. 다만 이 선택에는 기회비용이 따릅니다.

조기 수령의 경우 1년 당길 때마다 6퍼센트씩 연금 수령액이 감소합니다. 100만 원의 연금을 받기로 한 수급권자가 5년을 당긴다면 30퍼센트가 줄어든 70만 원의 연금을 평생 받는데요, 이 경우 오래 살수록 손해입니다. 76세를 넘기면 65세부터 노령연금을 수령했을 때보다 누적 연금 수령액이 적어지거든요. 반면 국민연금 수령을 늦추면 1년에 7.2퍼센트씩 늘어납니다. 5년을 늦추면 36퍼센트가 늘어난 136만 원을 받습니다. 5년을 일찍 받는 것보다 5년을 늦췄을 때 매월 받는 연금 수령액이 거의 2배 가까이 늘어납니다. 나라에서 보장해주는 국민연금이 더 필요한 사람은 누구일까요? 아직 일을 해서 돈을 벌 여력이 있는 나이 60세의 나일까요? 아니면 나이 들어 쉬면서 연금으로 생활하고 싶은 80세의 나일까요?

현재의 내가 돈을 먼저 받아서 쓸 것이냐, 아니면 미래의 나를 위해 양보할 것이냐 둘 중 하나를 선택해야 한다면 우리가 대비해야 할 최고의 리스크는 장수입니다. 만약 76세 이전에 사망한다면, 국민연금을 다 받지 못하고 죽으니 손해가 아닌가 싶은데요. 조기 사망은 퇴직 후 살아가는 시간이 짧다는 걸 의미합니다. 평생 모은 돈을 다 소진할 가능성이 그만큼 낮습니다. 만약 76세를 넘겨 90세까지 산다면 어떨까요? 모아 놓은 돈만으로 버티기에는 노후가 너무 깁니다. 조금이라도 국민연금 수령액을 늘리는 게 좋습니다. 장수에 대한 최고의 보장은 국민연금입니다. 물가에 연동해 수령액은 올라가고 국가가 종신 지급을 보장하는 유일한 연금이니까요.

KBS 라디오 PD인 강성민 저자가 쓴 『연금 부자 습관』을 보면 국민연금 투자의 꿀팁이 나옵니다. 군 복무 기간 추가 납부라고요. 국민연금 제도가 생긴 1988년 1월 1일부터 2008년 이전까지 군에 복무한 분은 육군, 해군, 공군 관계없이, 현역이거나 단기 복무이거나 모두 본인이 원할 때 아무때나 추납을 신청할 수 있습니다.

월급 300만 원을 받는 직장인이 10년간 국민연금에 가입하고서 군 복무 기간 2년을 추가 납부한다면 2년 복무 기간 추납 보험료는 648만 원(300만 원×9퍼센트×24개월)입니다. 월급의 9퍼센트를 국민연금보험료로 계산하거든요. 그렇게 하면 65세부터 매달 받을 연금액이 월 30만 원에서 월 36만 원으로 늘어납니다. 65세에서 85세까지 20년간 국민연금을 받는다고 가정하면 1,440만 원을 더 받게 됩니다. 추가 납부한 보험료 648만 원의 2.2배를 받는 셈이지요.

추납은 적은 금액으로 많은 연금을 받을 수 있는 좋은 제도입니다. 물론 추납을 하고 연금 개시 전에 사망하면 소용없지만요. 추납은 연금 개시 전날까지 가능하므로 나의 국민연금 개시 연령이 65세라면 64세 마지막 날에 해도 됩니다. 조금씩 여유가 있을 때 돈을 모아 국민연금 개시 전날 노후의 나에게 마지막 선물을 줘도 좋을 것 같습니다.

국민연금공단 홈페이지에서 예상 수령액을 뽑아보니 저는 2033년 1월 64세가 되면 매달 국민연금 167만 원을 수령합니다. 군복무 기간 추납으로 177만 원으로 올렸습니다. 일시불로 471만 원 납부했는데요. 85세까지 20년을 수령한다면 추납으로 1,440만 원이 늘어난 셈이죠. 연금 수령을 5년 유예한다면 예상 수령액보다 36퍼센트가 늘어나 월 235만 원을 받게 됩니다. 물론 그때가 되면 물가 인상분에 따라 수령액은 더 늘어나겠지요.

거기에 더해 개인연금보험으로 종신 수령하는 금액이 월 150만 원 정도입니다. 60세가 되면 퇴직연금 수령을 개시하는데요. 예상 수령액은 10년간 월 158만 원입니다. 종신연금과 합해 70세까지 월 350만 원 정도 받습니다. 이 정도면 국민연금 수령 개시를 70세까지 늦춰도 부담이 없을 거라 생각합니다. 그렇다면 70세부터는 국민연금과 개인연금을 합해 매달 400만 원 이상 받게 되겠지요.

국민연금 수령액을 늘리기 위해 군복무 크레딧과 출산 크레딧을 활용해도 좋습니다. 군복무 크레딧은 2008월 1월 1일 이후에 입대하여 병역의무를 이행한 사람에게 6개월의 국민연금 가입기간을 인정해주는 제도고요. 출산 크레딧은 2008년 1월 1일

이후에 둘째 자녀 이상을 얻은 경우(출산, 입양 등)에 국민연금 가입 기간을 추가로 인정해주는 제도입니다. 2008년 1월 1일 이후에 둘째를 얻은 경우 국민연금 가입기간 12개월이 인정됩니다. 자녀가 3명 이상인 경우 12개월에 18개월이 추가됩니다. 이렇게 군복무 추납, 군복무 크레딧, 출산 크레딧을 통해 연금을 늘리는 방법에 대해서는 국민연금공단 사이트에 들어가 직접 확인해보세요. 재테크 공부에 있어 기본 과목은 국민연금입니다. 그게 제일 좋은 노후 대비니까요.

연금술사의 꿈을 품은 지 어느덧 25년이 되어갑니다. 55세부터 수령 개시하는 개인연금, 60세부터 받는 퇴직연금, 65세부터 나오는 국민연금. 이 세 개의 징검다리를 이어서 기나긴 겨울을 따뜻하게 보내려 합니다. 100세 시대에 노후 대비는 연금이 최고입니다.

국민연금 수령액을 늘리기 위한 방법

1. 최소 가입 기간 10년 이상 유지 : 10년 이상 가입자만 연금으로 수령 가능
2. 60세 이후에도 가능한 한 계속 납부하기
3. 수령 개시일을 최대한 늦추기

혹한기를 대비하는
연금 투자

'세상에서 절대로 건드리지 말아야 할 것들이 있다.'라는 광고 카피가 있어요. 잠자는 사자의 코털, 이브의 사과, 나무에 달린 벌집 그리고 아버지의 퇴직금을 꼽는데요. 주식 전문가 김경신 애널리스트는 여기에 '나의 은퇴 자금'을 더하라고 권합니다. 직장 생활을 할 때는 은퇴 자금이라는 말이 크게 다가오지 않았어요. 연금은 저축의 일환이라 월급이 들어오면 일정 금액을 자동이체로 빠져나가게 설정해두었기에 어떤 상품인지 별로 관심을 두지 않았고요. 예상보다 일찍 은퇴하게 되어 퇴직연금 상품에 가입하려니 신경이 많이 쓰였습니다.

2021년 1월에 퇴직연금 주식 펀드를 사고 6개월 만에 30퍼센트의 손실이 났어요. 제 사정을 들은 친구 중 주식을 좀 하는 친구가 이후에 장이 좋아졌으니 원금을 어느 정도 회복하지 않았냐고 물어요. 1,000만 원에서 30퍼센트 손실을 봐서 700만 원이 되면 다시 30퍼센트 올라봐야 910만 원인데요, 제가 종목 선택을 잘못해서인지 30퍼센트 상승도 못했어요. 왜 이런 사달이 생겼는지 알아보려 공부하던 중 『마법의 연금 굴리기』라는 책을 만났습니다. 은퇴 후에 각자도생해야 할 월급쟁이나 자영업자들을 위해 연금을 적극적으로 관리해야 한다고 조언하는데요. 저자는 다양한 절세 상품을 이용해 ETF로 자산을 배분해 안전하면서도 괜찮은 수익을 낼 수 있는 투자법을 알려줍니다. 이 책을 읽으며 연금저축에 대해 중요한 것들을 배웠어요.

연금저축이나 IRP는 일종의 강제 저축이다. 세액공제 혜택을 주는 대신 최소 5년 이상 적립해야 하고, 55세 이후에 연금으로 수령해야 한다. 만약 계약을 중도에 해지하거나 연금이 아닌 다른 방법으로 수령하면 인출 금액 중 세액공제 받은 금액과 운용 수익에 대해서 높은 세율의 기타소득세를 납부해야 한다. 세액공제가 노후 대비 저축을 유도하는 '당근'이라면 중도 해지할 때 납부해야 하는 무거운 세금은 일종의 '채찍'인 셈이다.

2024년 통계청 가계금융복지조사 자료에 따르면 한국의 노
인 빈곤율이 OECD 국가 중 최하위로 40퍼센트에 달합니다.
76세 이상 노년층은 무려 52.2퍼센트에 달하고요. 국가에서는
노인 빈곤 문제를 해결하기 위해 연금저축을 장려해요. 세제 혜
택을 많이 주면서 당장 해지하기 불편하게 만든 거죠. 하지만
제 생각에는 노후 대비와 소득공제를 동시에 얻을 수 있어 1석
2조입니다. 예를 들어 연봉 4,000만 원인 직장인이 연간 400만
원을 연금저축에 넣으면 연말정산 때 66만 원을 돌려받습니다.
소득공제 한도인 연간 400만 원을 넣으려면 매달 34만 원을 납
입하기에 66만 원을 돌려받는다는 건 두 달 치 연금을 나라에
서 대신 내주는 거죠. 400만 원을 내고 66만 원을 환급받으면
수익률이 연 16퍼센트에 달해요. 총급여액이 5,500만 원 이하
면 16.5퍼센트, 총급여액이 5,500만 원을 초과하면 13.2퍼센트
인데요. 예금이나 어지간한 펀드 수익률보다 훨씬 높습니다.

하지만 연금저축 가입자 10명 중 7명이 중도 해지한다고 해
요. 연금저축은 10년 이상 불입하고 55세 이후에 5년 이상에
걸쳐 나눠 받는 것을 조건으로 소득공제 혜택을 주기 때문에,
중도 해지하려면 처음부터 가입하지 않는 것이 낫습니다. 연금

저축을 중도 해지하면 세액공제 받은 돈과 운용 수익에 대해 16.5퍼센트의 기타소득세를 내야 하거든요. 세액공제로 16.5퍼센트의 혜택을 받았더라도(총급여액 5,500만 원 초과일 경우 13.2퍼센트의 세액공제를 받지만 기타소득세는 동일) 공제액과 기타소득세를 합하면 그 이상을 토해내야 하니 배보다 배꼽이 더 큰 셈입니다. 수수료나 사업비는 돌려주지 않기에 중도 해지할 경우 연금저축은 이익보다 손해가 더 큽니다. 연금 투자를 해볼 생각이라면 목표 수익률에 대한 개념을 명확히 아는 게 좋습니다.

연금 투자를 할 때 목표 수익률은 얼마로 잡으면 좋을까요? 수익률이 높을수록 손해 볼 가능성도 커집니다. 목표 수익률이 50퍼센트라는 건 50퍼센트의 변동성이 있는 투자 상품이라는 뜻입니다. 저도 첫해에 수익이 50퍼센트 나고 다음 해에 손실이 50퍼센트 발생했다면 본전이라고 생각했는데요. 『마법의 연금 굴리기』에 나온 계산을 보고 깜짝 놀랐습니다.

50퍼센트의 변동성이 있는 투자 대상에 1,000만 원을 넣었다고 가정해볼게요. 다음 해에 예상대로 50퍼센트가 올랐습니다. 수익 500만 원이 늘어나 잔금은 1,500만 원이 됐습니다. 안타깝게도 다음 해에는 50퍼센트가 떨어졌습니다. 이때 손실은 투자금 1,500만 원의 50퍼센트인 750만 원입니다. 잔고는 1,500만 원에 손실 750만 원을 뺀 750만 원이 되고요. 50퍼센트가 올랐다가 50퍼센트 떨어졌는데 원금도 못 건졌네요.

반대의 경우는 어떨까요? 첫해 1,000만 원을 넣었는데 50퍼센트 손실이 나요. 그럼 잔고는 500만 원이지요. 다음 해에는 50퍼센트 상승을 했습니다. 500만 원의 50퍼센트인 250만 원 수익이므로 잔고는 750만 원입니다. 올랐다가 떨어지거나 떨어졌다가 올랐거나 두 경우 모두 잔고는 원금에서 250만 원 손해 본 750만 원입니다.

목표 수익률을 10퍼센트로 잡고 변동성이 10퍼센트인 상품에 투자하면 어떨까요? 1,000만 원을 투자해서 10퍼센트 올라서 1년 후 1,100만 원이 되었다가 그 다음 해에 다시 10퍼센트 떨어져 110만 원이 줄어들면 990만 원이 됩니다. 변동성이 100퍼센트라면 수익과 하락이 반복하면 잔고가 0원이 됩니다. 첫해에 100퍼센트 수익이 나서 2,000만 원이 된다고 해도 다음 해에 100퍼센트 손실을 입으면 2,000만 원 전액이 날아가기 때문이지요. 다시 투자를 시도할 수도 없는 상태가 되는 것입니다. 1,000만 원을 투자한 경우 2년간 같은 폭의 수익과 손실이 반복된다면 변동성 10퍼센트인 경우 990만 원이 남고 50퍼센트인 경우 750만 원, 100퍼센트인 경우 0원이 됩니다.

이 책을 읽고 비로소 이해하게 되었어요. 퇴직연금 주식 펀드를 고를 때 제가 종목을 잘못 골랐다는 걸요. 30퍼센트 수익을 본 펀드라면 30퍼센트의 변동성이 있다는 뜻인데 그걸 몰랐어요. 연금 투자를 할 때 꼭 알아두어야 합니다. 목표 수익률이 높은 상품은 그만큼 리스크가 높아요. 아이러니지요? 수익률이 높지 않아야 안전합니다. 개인 투자자의 목표 수익률의 최젓값은 물가 상승률입니다. 최소한 물가 상승률보다 높은 수익이 나야 돈의 가치를 지킬 수 있기 때문이지요. 적정한 목표 수익률은 물가 상승률 플러스알파로 잡는 게 좋습니다. 은행 금리보다는 1~2퍼센트 높은 수익. 운이 따라준다면 4~5퍼센트 높은 수익이 날 수도 있으나 어디까지나 목표 수익률은 낮게 가져가는 게 안전합니다. 어떤 상황에서도 노후 자금을 잃지 않는 게 중요합니다. 한 번 손실을 보면 복구하기가 어렵거든요. 그런 점에서 김성일 저자는 올웨더All-weather 포트폴리오를 추천합니다. 올웨더란 모든 계절을 잘 견딘다는 의미입니다. 투자의 귀재인 레이 달리오가 만든 개념인데요. 경제 성장률과 물가 상승률을 X축과 Y축으로 놓고 경제 환경을 4개로 나누어 상황별로 자산 배분을 달리하는 겁니다.

경제 성장률이 기대보다 높을 때는 주식, 회사채, 원자재 및 금, 신흥국 채권 등이 유리하고 반대일 때는 미국 국채, 물가연동채권이 유리하다고 합니다. 물가 상승률이 기대보다 높을 때는 물가연동채권, 원자재 및 금, 신흥국 채권의 성과가 좋고 낮을 때는 주식, 미국 국채를 보유하는 게 낫고요. 물론 미래의 경제 성장률과 물가 상승률을 예측하는 것은 불가능해요. 그래서 레이 달리오는 네 가지 경제 상황에 대처할 수 있도록 각 상황의 발생 가능성이 동일하게 25퍼센트라고 가정하고 모든 상황에 대응할 수 있는 포트폴리오를 짜라고 합니다. 그게 올웨더 포트폴리오예요. 저자는 오랜 연구와 실험 끝에 한국의 개인 투자자에게 적합한 K-올웨더 포트폴리오를 소개합니다.

자산군은 전체적인 수익률을 올려줄 주식과 주식의 변동성을 커버해줄 국채, 대체투자 세 가지로 배분하고요. 주식과 국채는 국내외로 골고루 배분하되 대체투자는 금을 추천합니다. 모든 상황에 나 대처하기 위해서는 이렇게 꼼꼼한 준비가 필요하군

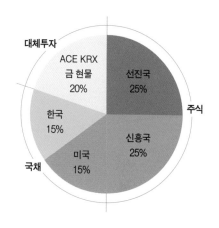

출처 : 김성일 『마법의 연금 굴리기』 중 K-올웨더 포트폴리오

요. 제가 월급쟁이라면 올웨더 포트폴리오보다 저자가 권하는 대로 저축에 올인하겠습니다. 1년에 연금저축에 600만 원, IRP에 300만 원을 넣고요, 남으면 다시 연금저축에 900만 원. 그러고도 남으면 ISA에도 넣으면 된다고요. 연금 계좌에만 일 년에 1,800만 원을 넣는 건데 월 평균 150만 원, 쉽지 않은 금액이죠. 어디까지나 이상적인 목표치고요. 사람마다 자신의 소득에 맞춰 최적의 균형을 찾으시면 됩니다.

그런데 절세 삼총사가 있어요. IRP, ISA, 연금저축입니다.

이중 IRP는 개인형퇴직연금 계좌인데요. 퇴직 또는 이직 시 받는 퇴직금을 적립해 노후 자금으로 활용할 수 있게 하는 제도입니다. 근로 소득자, 개인사업자, 프리랜서 등 소득이 있는 모든 형태의 근로자가 가입할 수 있어요. 저는 MBC 퇴직하면서 IRP 계좌를 만들었고요. 최근에 하나 더 만들었어요. 퇴직 후에 글 쓰고 강의를 하며 버는 돈으로 매년 연간 1,800만 원 한도 안에서 자유롭게 입금하고 있어요. 이미 만 55세가 지나 개인연금 수령을 개시했는데 운이 좋게도 아직 일을 하며 소득을 올리고 있어요. 개인연금을 받아 퇴직연금을 새로 붓기 시작했죠. 퇴사하고 새로 만든 IRP 계좌는 교수 정년을 맞이하면 65세부터 수령을 시작하려고요. 금융기관을 달리 하면 새 IRP 계좌를 만들 수 있거든요. 단, IRP는 부분 인출이 안 되니까 비상시를 대비해 퇴직금과 추가 납입금으로 따로 관리하는 게 좋습니다. 60세가 되면 MBC 퇴직연금을 받기 시작해요. 나에게 주는 환갑 선물입니다. 여기서 끝이 아니죠. 나의 노후에게 보내는 진짜 선물은 이번에 새로 만든 제2의 퇴직연금이랍니다. 나이 육십에도 꾸준히 일을 해 돈을 번다는 것 자체가 최고의 선물이니까요.

ISA는 개인종합자산관리 계좌예요. 국내 주식, 채권, 펀드, ETF 등의 다양한 금융 상품 중 투자자가 원하는 상품을 간편하게 사고팔 수 있습니다. 연 2,000만 원씩 5년간 최대 총 1억 원까지 돈을 넣을 수 있고요. 연간 납입 한도를 채우지 못했다면 다음 해로 이월해서 입금할 수도 있죠. 당장 돈이 없어도 일단 ISA 계좌를 만들어두면 나중에 여유자금이 생겼을 때 추가 납입을 할 수 있어 좋아요. 의무 가입 기간인 3년을 채우면 다양한 세제 혜택을 누릴 수 있으니 일거양득이지요.

마지막으로 연금저축인데요, 만약 지금 20대의 신입 사원이라면 매달 수입의 5퍼센트라도 연금저축을 시작해보길 권합니다. 월급이 200만 원이라면 10만 원만 눈 딱 감고 연금 계좌에 넣습니다. 연금저축과 IRP에 5만 원씩 나눠서 넣어요. 계좌를 나누는 이유는 혹시 모를 상황에 대처하기 위해서입니다. 급한 일이 생길 때 계좌 하나만 해지하면 되니까요. 연금저축은 그것을 알게 된 순간 시작하는 게 좋습니다. 목표 수익률은 높을수록 위험하지만 목표 가입 기간은 길수록 유리하거든요.

연금 상품 비교

	IRP	ISA	연금저축
목적	퇴직금 운용 및 노후 준비	다양한 금융 상품 통합 관리	노후 대비 연금 수령
가입 조건	누구나 가입 가능	대한민국 거주자, 1인 1계좌 제한	누구나 가입 가능
연간 납입 한도	1,800만 원	2,000만 원	제한 없음
세제 혜택	최대 700만 원 세액공제(연금저축과 합산, IRP만 가입한 경우 총 900만 원 세액공제)	5년간 수익 200~400만 원 비과세	최대 400만 원 세액공제
운용 방식	예금, 펀드, 주식형 상품 등 다양	예금, 펀드, 주식형 상품 등 다양	예금, 펀드, 주식형 상품 등 다양
출금 제한	만 55세 이후 연금 수령	중도 인출 가능, 비과세 혜택 유지	만 55세 이후 연금 수령
장점	높은 세액공제, 다양한 투자 옵션	비과세 혜택, 유동성	높은 세액공제, 복리 효과
단점	중도 인출 시 세금 부과, 투자 위험	비과세 한도 제한, 투자 위험	중도 인출 시 세금 부과, 투자 위험

각각의 상품별로 연금소득세의 적용률 등이 다릅니다. 한 가지 분명한 것은 더 늦게 수령하는 금액에 대한 세율이 낮다는 거예요.

30년 후의
나에게 주는 월급

연금술사의 꿈을 품고 나름대로 노후 대비를 해왔어요. 현재 제 포트폴리오도 꽤 마음에 듭니다만, 만약 제가 지금 서른 살이라면 『나는 노후에 가난하지 않기로 결심했다』에 나온 방법을 시도해보고 싶어요.

연금저축 계좌에서 매달 30만 원씩 30년 동안 미국 S&P500 ETF에 투자하면 30년 후부터 죽을 때까지 매달 300만 원(세전)을 연금으로 받을 수 있다.

월 30만 원만 모아도 노후 대비를 할 수 있다고요? 월 300만 원이 아니라 30만 원이라는 게 놀랍습니다. 게다가 매달 264만 원을 연금 계좌에서 꺼내 사용하면서도 계좌 잔고는 줄어들지 않는다고 합니다. 어떻게 이게 가능할까요? 한 직장인이 지구상에서 주식 투자를 가장 성공적으로 한 워런 버핏에게 어떤 종목을 사는 것이 좋냐고 물었습니다. 그러자 그는 이렇게 말했습니다.

"돈은 S&P500에 묻어두고 일터로 돌아가 자기 일을 열심히 하라. 노동생산성을 높이고 그 임금을 S&P500에 투자하면 어렵지 않게 부자가 될 수 있다."

버핏은 아내에게 자신이 죽은 후 재산 중 10퍼센트는 미국 단기국채에 90퍼센트는 S&P500 인덱스펀드에 투자하라는 유언을 미리 남기기도 했습니다. 워런 버핏은 2021년 주주들에게 보낸 연례 서한에서 "미국의 하락에 베팅하지 말라Never bet against America."라고도 말했지요. S&P500지수는 국제 신용평가기관인 미국의 스탠더드앤드푸어스가 집계하는 주가지수입니다. 쉽게 얘기해서 미국의 대표 우량 기업 500개를 선정한 것입니다. 미국의 대표 기술 기업인 애플, 구글, 아마존, 테슬라뿐만 아니라 공업주, 운수주, 공공주, 금융주 등 다양한 섹터의 기업들이 편입되어 있습니다.

월급날마다 연금저축 계좌에서 매달 30만 원씩 입금하고 S&P500 ETF에 투자한다고 가정해보겠습니다. S&P500의 1957년부터 2021년까지 연평균 수익률이 평균 8.4퍼센트였어요. 이 수익률을 적용해 30년을 투자한다면 예상 수입은 총 4억 6,000만 원 정도 됩니다. 원금이 1억 800만 원이고 평가 수익이 약 3억 5,000만 원이 됩니다. 30년 후 4억 6,000만 원이 쌓인 계좌는 1년 후 8.4퍼센트 복리의 마법에 의해 3,600만 원이 늘어납니다. 그렇습니다. 이 수익을 12개월로 나누면 한 달에 300만 원인데요.

연금 계좌에서 인출할 때 발생하는 세금을 제외하면 실제로 매월 내략 264만 원을 노후 생활비로 쓸 수 있습니다. 연금 소득세는 3.3~5.5퍼센트의 낮은 세율을 적용하지만 연금 소득이 한 해에 1,500만 원을 넘으면 해당 소득을 전부 다른 소득과 합산해 종합 과세하거나 16.5퍼센트의 세율로 분리 과세합니다. 그렇다 해도 연금저축으로 받을 수 있는 강력한 세제 혜택이 또 있지요. 연봉에 따라 다르지만 연금저축 계좌에 매월 30만 원씩 연 360만 원을 입금했다면 1년에 47만 5,200~59만 4,000원의 세금을 돌려받을 수 있거든요.

단, 세액공제 혜택과 노후 연금에 혹해서 매달 30만 원이 아니라 50만 원, 100만 원을 넣겠다고 욕심을 부리지는 말아요.

살면서 큰돈을 지출해야 하는 이벤트들이 있거든요. 결혼이나 내 집 마련, 자동차 구입, 자녀 학비, 병원비 등 예상치 못한 상황으로 돈이 필요할 때 연금저축을 해지하는 일이 없도록 목돈 계좌를 따로 준비하는 게 좋아요. 맛있는 당근만큼 매서운 채찍을 맞지 않으려면요.

성공적인 연금 투자를 결정하는 세 가지 요소가 있습니다. 투자금의 규모, 투자 수익률인 효율, 투자 기간인 시간입니다. 셋 중 가장 중요한 건 무엇일까요?

우선 투자금의 규모부터 살펴보겠습니다. 효율과 시간을 단순하게 각각 10퍼센트와 30년으로 고정하고 투자 원금만 변한다고 가정해보겠습니다. 1억 원을 30년 동안 연평균 수익률 10퍼센트로 투자한다면 총자산은 17억 원이 넘습니다. 2배 늘려서 2억을 투자한다면 30년 후 총자산은 35억 가까이 됩니다. 2배 정도 차이가 납니다.

이번엔 투자 규모를 1억 원으로 연평균 수익률을 10퍼센트로 고정하고 투자 기간만 늘려봅니다. 30년 동안 투자하면 총자산이 17억 원이 되는데요. 시간을 2배로 늘려 60년 동안 투자하면 총자산은 무려 304억 원이 넘습니다. 변수는 2배 증가했을 뿐인데 총자산은 무려 17배 넘게 불어난 것이죠.

마지막으로 투자 수익률을 살펴봅니다. 투자 규모와 투자 기간이 모두 동일하다는 가정 하에 연평균 투자 수익률을 2배 올려 20퍼센트가 된다면 30년 후 총자산은 237억 원이 넘습니다. 수익률 10퍼센트 대비 무려 13배 넘게 증가한 것이죠.

변수 증감률 대비 총자산 증감률이 큰 순서대로 나열하면 첫 번째가 시간, 두 번째가 효율, 세 번째가 규모입니다. 그래서 연금 준비를 하기 위해서는 가장 먼저, 최대한 오래 투자할 수 있는 환경을 구축하는 것이 가장 중요하고요. 다음으로는 연평균 투자 수익률을 높일 수 있는 투자 방법을 공부하는 편이 좋습니다.

제가 한시라도 빨리 돈을 아끼고 모으는 습관을 기르라고 강조하는 이유가 여기에 있습니다. 월급의 절반을 저축하는 습관을 기른다면 연금저축노 남보다 빨리 시작할 수 있어요. 여러 개의 통장을 가지고 결혼이나 주택 마련 등 목돈이 필요한 상황에도 연금저축 계좌를 건드리지 않고 해결할 수 있고요. 무조건 일찍 시작하는 게 좋습니다.

재테크를 공부해서 두 번째 변수인 수익률을 높이겠다고 결심할 수도 있는데요. 그럴 시간에 일에 집중하는 게 더 나아요. 한 대형 증권사에서 발표한 개인 투자자들의 2021년 수익률 평균 통계를 살펴보면 국내 주식 수익률은 0.43퍼센트, 해외 주식은 1.52퍼센트라고 합니다. 같은 기간 코스피 지수가 3.6퍼센트, S&P500이 26.9퍼센트 오른 것을 고려했을 때 개인 투자자 중에서 시장을 이기는 사람은 정말 극소수라는 것을 알 수 있습니다. 월 스트리트에서도 억대 연봉을 받는 펀드매니저들의 액티브 펀드 중 80퍼센트가 S&P500 수익률을 이기지 못했습니다. 하루 종일 금융 투자를 업으로 하는 사람도 S&P500의 수익률을 이기지 못하는데 일하랴 집안일하랴 바쁜 일반인은 오죽하겠습니까. 시간의 효율을 생각해도 S&P500 ETF에 투자하는 게 백 번 낫습니다.

누구나 할 수 있을 것 같은 쉬운 일도 꾸준히 하면 상위 1퍼센트가 됩니다. 월 적립식 투자가 간단해 보일 수도 있지만 수많은 경제 부침을 이겨내며 묵묵히 한 달에 30만 원씩 장기간에 걸쳐 적립하겠다는 결심을 30년간 지킨다는 것은 결코 쉬운 일이 아닙니다. 그러나 월 적립식 투자는 누구나 노후 준비를 하고 경제적 자유를 얻을 수 있는 가장 확실하고 현실적인 방법입니다.

만약 제가 지금 서른 살의 신입 직장인이라면 한 달에 30만 원씩 노인이 된 나에게 용돈을 선물한다는 기분으로 연금저축을 시작할 거예요. 그렇게 하면 30년 후, 젊은 시절의 나로부터 매달 300만 원씩 월급을 받는 사람이 될 테니까요. 주는 사람은 용돈을 주었는데 받는 사람은 월급을 받는다는 것, 이것이 바로 연금저축 투자의 핵심입니다.

월급으로 종잣돈을 모으는 단계별 실천법

- 1단계 : 소비 패턴 확인 및 고정 지출 비용 확인하기

  내 소비 내역을 꼼꼼하게 기록해 매달 얼마나 절약할 수 있는지 점검해보세요. 소비와 낭비를 구분해서 낭비를 줄이는 습관이 종잣돈을 모으는 첫걸음입니다.

  - 불필요한 지출 줄이기 : 생활비, 엔터테인먼트, 외식 등의 지출 항목은 꼭 필요한 경우만 지출

  - 고정 비용 줄이기 : 통신비, 보험료, 주거비, 기타 렌탈 비용 등을 재검토

- 2단계 : 목표 설정과 예산 계획 세우기

  - 현재 재정 상태 분석 : 현재 나의 소득, 지출, 저축 상태, 향후 소득 증감 예상 등을 점검하고, 매월 얼마를 저축할 수 있는지 파악하기

  - 재정 상태에 맞춰 목표 금액 및 기간을 설정하고 구체적인 실행 방법 결정하기

- 목표 금액 및 기간 설정 예시

목표 금액	1억 원 (연 4% 이율 적용)	
목표 기간	3년	5년
월 납입 금액	약 262만 원	약 151만 원

- 3단계 : 수입을 늘릴 방법 모색하기

  - 본업 외에 N잡이나 투자 등을 통해 추가 수입 창출해보기

  - 직장인이 수입을 늘리는 가장 좋은 방법은 더 좋은 조건, 높은 연봉을 받을 수 있는 환경을 만드는 거예요. 이직이나 승진 같은 것이지요. 결국 본업을 더 잘해야 수입도 늘어납니다.

- 4단계 : 돈 공부 꾸준하게 하기

  - 돈에 대한 감각을 잃어버리지 않는 게 가장 중요해요. 스스로 동기부여를 계속하려면 일정 기간을 정해두고, 스스로 재정 상태 변화를 점검하고, 계획을 수정하는 등의 노력을 지속해야 합니다.

  - 경제 상황에 따라서 언제든 환경이 달라질 수 있습니다. 경제 공부를 꾸준히 하는 것을 통해 내 돈을 지키고, 불리는 것이 더 수월해질 수 있어요.

의식적으로 은행과 친해지는 연습하기

- 쇼핑하듯 주기적으로 금융 상품 공부하기

  - 같은 종류의 적금이어도 이율과 세제 혜택이 각각 달라요. 요즘은 다양한 앱을 활용하여 금리를 비교해볼 수 있어요.

    금리 비교 가능앱 : 카카오뱅크, SB톡톡플러스(저축은행 상품), 네이버페이 외

  - 통장 관리하기 : 내가 가입한 통장이 무엇인지, 월급 통장은 어떤 상품인지 확인해보고 더 좋은 조건의 상품으로 바꾸세요. 지금 당장!

  - 비상금 관리 통장 만들기 : 긴급한 상황에서 사용할 수 있는 비상금 관리 통장을 따로 만들어두세요. 상여금이나 예상 외 수입이 생기는 경우 소액이라면 이 통장으로 관리하면 좋아요. 이때는 하루만 맡겨도 이자가 붙는 CMA 통장을 활용하는 게 좋습니다.

- 은행에서도 쇼핑할 때처럼 협상해보기

  적금과 대출 모두에서 우대 금리를 적용받을 수 있어요. 은행 역시 상품을 판매하는 곳입니다. 내가 받을 수 있는 혜택이 무엇인지 창구 직원분에게 문의해보세요. 물어보는 데 돈 드는 거 아니니까요.

- 은행 직원에게 상품 추천받기

특판 등 다양한 이벤트성 상품이 자주 나옵니다. 이런 상품은 한도가 차면 금세 마감이 되기도 해요. 은행 업무를 보러 갔을 때 한 번씩 좋은 조건의 상품이 무엇인지 추천받고, 이를 토대로 혜택을 스스로 비교 분석해 보세요. 꼭 가입하지 않더라도 습관적으로 금융 상품과 친해지는 방법입니다.

4장

돈이 돈을
불리는 즐거움

가장 안전하고 확실한
부의 공식

자본주의는
빛으로 굴러간다고?

　20대에 저는 돈을 아끼는 재미를 배웠습니다. 그 덕에 평생 돈을 쓰지 않고도 즐겁게 사는 법을 터득했고요. 30대에 좋은 직장, 좋은 직업을 얻은 덕분에 돈을 버는 재미를 마음껏 누렸지요. 안정적인 직장에 들어가 앞으로도 가치를 인정받을 수 있는 능력을 만드는 데 최선을 다했어요. 나의 생산성을 키워서 자산을 만들었죠. 40대에는 그렇게 번 돈을 꾸준히 모았습니다. 열심히 아끼고 부지런히 벌고 차곡차곡 모으며 순조롭게 경제적 자유를 향해 나아갔습니다. 그렇게 나이 오십이 되어 가장 어려운 관문 앞에 섰습니다.

은퇴를 했으니 지금부터는 그동안 아끼며 벌어 모은 돈을 잘 불려야 합니다. 이 노력을 소홀히 하면 애써 마련한 자산을 까먹을 수도 있어요. 퇴직금으로 받은 돈이 2억 원가량 되었는데요. 펀드 투자했다가 몇 달 만에 3,000만 원을 까먹고 수익률은 마이너스 14퍼센트를 기록하고 있어요. 은행 앱에서 확인해보니 퇴직연금 자산 규모는 2024년 12월 1일 현재 50대 기준 최젓값이 4만 원, 중간값이 560만 원, 최곳값이 1억 2,499만 원인데, 저는 최고치를 넘긴 상위 5퍼센트랍니다. 그런데 연금 운용 수익률은 50대에서 상위 95퍼센트래요. 상위 95퍼센트가 뭐지? 수익률은 최저 구간이 0.4퍼센트, 중간 구간이 3.2퍼센트, 최고 구간이 16.4퍼센트를 기준으로 하는데요. 저는 최저치를 밑도는 최악의 수익률 마이너스 14퍼센트를 기록하고 있다는 거예요.

살면서 어떤 성적으로도 최하위 5퍼센트를 기록한 적이 없었는데 인생에서 가장 중요한 퇴직연금 수익률로 꼴찌를 기록할 줄은 몰랐어요. 친구에게 푸념을 늘어놓았더니 웃으며 말해요.

"야, 그래도 반대인 것보다는 낫잖냐? 수익률은 1등인데 정작 자산 규모가 꼴찌면 그게 최악이지."

맞는 말입니다. 연금의 수익률은 20퍼센트로 최고 구간인데 원금의 총액이 100만 원이라면 자산 규모는 겨우 120만 원입니다. 총액이 많고 수익률이 낮은 게 낫다는 데 동의하며 애써 웃지만 속은 많이 쓰립니다. 제가 퇴사한 시점인 2020년 12월 말은 코로나19로 침체된 경기를 부양하기 위해 정부와 중앙은행이 금리를 인하하고 시중에 돈을 푸는 양적 완화 정책을 펼쳤던 때였어요. 연일 코스피 지수가 사상 최고가를 경신하며 자본 시장이 미친 듯이 급등한 바로 직후였죠. 하필 그 시기에 퇴직연금을 끌어안고 시장에 뛰어들었던 거예요.

　괜찮아요. 제가 좋아하는 라틴어 표현이 있어요. '숨 쉬는 한 희망이 있다^{dum spiro, spero}.' 아직 퇴직연금 수익률을 회복할 기회가 있어요. 60세 이후에 수령할 계획이었으니 5년이란 시간이 남았거든요. 그 사이에 책 쓰고 강연 다니며 부지런히 번 돈을 잘 투자해서 자산 규모 상위 5퍼센트에 걸맞은 수익률을 기록해보자고 결심했습니다. 경제 공부를 위해 관련 분야 책을 섭렵하던 중 최신간이 즐비한 베스트셀러 목록에서 익숙한 책 제목을 발견했어요. 2013년에 나온 『자본주의』인데요. 10년이 지나도록 독자들의 사랑을 받는 이유가 궁금했습니다.

　책을 쓴 EBS 정지은 PD는 해마다 물가가 올랐다, 가계 부채가 2,000조를 넘었다는 뉴스를 보면서 다들 열심히 사는데 왜 물가는 끝없이 오르고 빚은 자꾸만 늘어가는지 알고 싶었다고 해요. 답을 찾기 위해 10여 년간 약 1,000여 권의 경제학 책을 읽고 전문가들을 찾아다니며 공부했어요. 그걸 토대로 〈다큐프라임〉 '자본주의' 5부작을 만들고 그 내용을 엮어 책으로 냈습니다.

EBS는 대학 입시를 위한 교육방송으로 알려져 있는데요. 성인들을 위한 평생 교육도 중요하게 다룹니다. 정지은 PD는 '왜 학교에서 경제를 제대로 가르치지 않는가?'라고 반문해요. 자본주의 사회를 살아가는 우리에게 합리적인 경제관만큼 중요한 게 없는데 말이죠. 대부분의 사람들은 돈을 어떻게 벌 것인가만 고민하지 정작 돈의 본질에 대해 잘 모른 채로 살아갑니다.

자본주의의 핵심이 빚이라는 건 저도 잘 몰랐어요. 자본주의가 유지되기 위해서는 돈의 양이 꾸준히 늘어나야 합니다. 중앙은행은 돈을 계속 찍어내고요. 은행은 대출을 통해 돈의 양을 늘립니다. 처음에는 신용이 좋은 사람에게만 대출을 해주지만 대출받는 사람이 줄어들면 점차 돈을 갚을 능력이 없는 사람들에게도 돈을 빌려줍니다. 자연히 감당할 수 없는 빚을 지는 사람도 생겨나죠.

코로나 위기로 경제 부양을 위해 양적 완화 조치가 시행되었던 것처럼 패닉에 빠진 자본주의에 긴급 수혈을 하는 방법은 돈을 푸는 거예요. 시중에 많은 돈이 풀리자 주식과 부동산이 폭등하며 자산시장은 비대해졌어요. 돈이 돈을 낳고 그 돈이 또다시 돈을 낳으면서 자본주의 경제는 인플레이션으로 달려갑니다. 인플레이션 시기에는 부자들이 가진 자산의 가치는 올라가고 현금밖에 없는 서민들의 경우 돈의 가치가 떨어지기에 빈부 격차가 심화됩니다.

인플레이션을 잡기 위해 금융 당국은 부랴부랴 금리를 인상합니다. 미국의 연방준비제도는 풀린 돈을 거둬들이기 위해 금리 인상을 단행하죠. 금리가 오르면 빚을 내어 자산을 구매하는 게 어려워지니 투자하는 사람이 줄고, 대출이 있는 사람들은 빚을 갚느라 소비를 줄이니 시장 경기가 위축됩니다. 경기 침체가 와서 돈이 돌지 않으면 여기저기서 거품이 터지기 시작합니다. 기업 활동이 위축되면서 생산과 투자가 줄어듭니다. 기업에서는 직원을 새로 뽑기는커녕 일하던 사람들도 내보냅니다. 일자리가 부족해지고 돈을 벌기가 더욱 힘들어지지요. 호황기에 막대한 빚을 안고 투자한 사람 중에는 대출 이자를 갚지 못하는 사람이 늘어나요.『자본주의』에는 이런 말이 나옵니다.

재테크 열기로 인해 돈을 번 사람들은 누굴까? 재테크에 열중했던 당신일까? 안타깝게도 그렇지 않다. 재테크로 제일 많은 돈을 번 사람은 바로 은행이다. 은행은 조그만 위험도 감수하지 않은 채

당신의 투자에 올라타 수익이 오르면 그만큼의 수익을 얻어갔으며, 설사 당신의 투자가 실패해도 웃으며 칼같이 수수료를 떼어갔다. 제대로 알아보고 뛰어들지 않으면 결코 성공할 수 없는 게임, 그것이 바로 은행과 함께 하는 재테크라는 게임이다.

저는 빚지는 걸 워낙 싫어해서 나이 마흔이 넘도록 무주택자로 살았어요. 그런데 몇 년 사이 일명 버블 세븐이라는 강남, 서초, 송파, 목동, 분당, 평촌, 용인의 집값이 계속 오르는 거예요. 2007년에는 '버블 세븐 집 지금 사라.' 같은 기사가 쏟아졌죠. 아, 지금 안 사면 영영 집을 못 사는 거 아닐까? 불안한 마음에 1억 원 정도의 빚을 내어 분당에 6억 원 정도 하는 아파트를 샀어요. 그런데 하필 제가 집을 사자마자 부동산 시세가 떨어지기 시작하더라고요.

지금도 눈을 감으면 선하게 떠오르는 장면이 있습니다. 매일 아침 출근길에 아파트 앞에 늘어선 부동산 중개사무소 창에 붙은 매물 안내문이요. 2007년에 제가 산 가격이 꼭짓점이었고요, 계속 하향세를 그렸어요. 다달이 집값이 내려가는 걸 보면서 출근하는데 정말 미치겠더라고요. 내가 왜 굳이 빚을 내어 집을 사서 이 속을 썩나. 매달 월급 받으면 은행에서 이자부터 챙겨가니 약이 오르더라고요. 내가 지금 은행을 위해서 일하고 있는 건가? 월급을 받으면 저축부터 하고 늘어나는 예금액을 보는 게 흐뭇했는데 대출받아 집을 사고 나니 돈 모으는 재미를 잃어버렸어요. 빚을 빨리 갚아버려야 이 고통을 피하겠구나 독하게 마음먹고 미친 듯이 돈을 모아 대출을 털었어요. 이자를 내는 대신 다시 적금을 붓기 시작하자 마음의 소요가 조금은 가라앉더군요.

6년 사이 집값이 1억 원 넘게 떨어졌지만 분당에서 일산까지 통근하는 게 너무 힘들어서 결국 아파트를 팔고 강남에 전세를 얻었어요. '두 번 다시 빚내서 집을 사나 봐라.' 속으로 다짐했죠. 그런데 아파트를 팔고 나니 다시 집값이 오르더군요. 몇 달도 안 되어 제가 샀을 때보다 더 올랐어요. '내가 사면 떨어지고 내가 팔면 오르네? 아, 재테크는 무슨, 하던 대로 저축만 하자.'라고 생각했어요.

네, 이건 잘못된 결론입니다. 실패하더라도 절대 재테크를 그만둬서는 안 됩니다. 재테크에서 실패하는 건 변수가 아니라 상수거든요. 실패에서 배운 것을 토대로 다음에 성과를 내는 겁니다. 부동산 투자에서 실패했을 때 제대로 공부를 했더라면 퇴직연금 투자에서 실패하지 않았을지도 몰라요. 두 번째 투자 실패를 반면교사 삼아서 이제는 돈을 불리는 방법에 대해 진지하게 공부하려고요. 험난한 자본주의 세상에서 돈을 불리는 재미를 맛보려면 정말 돈 공부를 해야겠더라고요.

돈 걱정 없이 살려면
돈 공부부터 시작하자

제가 퇴직연금을 주식 펀드에 넣었던 건 추천받은 상품이 6개월 동안 수익률 30퍼센트를 기록했다는 사실에 혹해서였어요. 앞으로 매년 30퍼센트씩 수익을 창출하면 남은 평생 놀고먹을 수 있겠는걸? 제가 매수한 후 6개월 동안 30퍼센트의 손실을 기록할 거라고는 전혀 예상하지 못하고 덥석 목돈을 넣었습니다. 돈에 대해서는 신중에 신중을 기하던 제가 왜 피 같은 퇴직연금을 두고 그런 어리석은 실수를 했을까요? 실패에서 배우려면 그 이유를 알아야 하는데요. 똑똑한 사람들이 어리석은 투자를 하게 되는 근본적인 원인을 신경경제학으로 풀어낸 『투자의 비밀』을 보고 탄성을 내질렀습니다.

인간은 단순한 패턴을 감지하여 해석하는 놀라운 능력을 가지고 있어요. 그 능력 덕분에 우리의 조상들은 포식자를 피하고 먹을 수 있는 음식과 안식처를 찾아내고 농사를 짓기 시작했죠. 예측 불가능한 자연에서 패턴을 읽는 데 뛰어난 종이라 문명을 이루고 현재의 지위에 오른 겁니다. 그러나 투자할 때는 이런 습성이 착각을 일으킵니다. 실제로는 질서가 존재하지 않는 곳에서 질서를 찾아내는 거죠. '내가 사면 하한가, 내가 팔면 상한가' 현상이 나타나는 이유를 제이슨 츠바이크는 "평균 수익률보다 훨씬 높은 수익률을 보이는 주식이나 펀드는 조만간 거의 반드시 평균치를 향해서 뒷걸음질 친다."라고 설명합니다.

시간의 흐름에 따라 상황이 반전해 잘나가던 상품이 하락하거나 마이너스였던 수익률이 상승해 평균 수익률로 수렴하는 것을 '평균 회귀의 법칙'이라고 합니다. 아, 제가 몰랐던 건 평균 회귀의 법칙에 따라 6개월 동안 플러스 30퍼센트를 기록한 펀드가 6개월 만에 30퍼센트 손실을 기록할 수 있다는 거였네요. 알 만한 투자자들도 높은 수익률에 혹해 이 법칙을 망각하는 오류를 범한다니 쓰라림은 조금 덜했을까요. 아니요. 다시 생각해도 속상합니다. 왜 나는 이런 것도 모르고 있었을까요.

주위에서 부동산, 특히 아파트로 돈을 벌었다는 이야기를 유난히 많이 들었어요. 저는 첫 번째 부동산 투자에 실패했기 때문에 운이 좋아서 별 기대 없이 부동산을 샀다가 상승장에 걸렸구나 하면서 부러워했어요. 그런데요. 왜 사람들은 '부동산 불패'라는 말을 할까요? 대부분의 사람들은 대출을 받아 집 한 채를 장만하면 빚을 갚으면서 그 위에 삽니다. 애초에 부동산은 사용 가치를 염두에 두고 구입하죠. 또 대출이 껴 있어서 손쉽게 매매하기도 어려워요. 그러다 보니 자연스레 오래 가지고 있게 되고 언젠가 한 번은 상승장을 만나게 됩니다. 그때까지 편안하게 살다가 팔면 큰 이득을 볼 수 있어요. 다시 말해 상승 시작점을 알아보는 안목이 있어서가 아니라 투자 목적이 없더라도 구매해야 하는 거의 유일한 투자 상품이자 이른바 끝까지 버티는 '존버'가 전략인 유일한 투자 상품이 부동산입니다. 부동산 불패는 괜히 하는 말이 아니더라고요. 부동산 전문가인 박원갑 저자의 『한국인의 부동산 심리』에는 이런 이야기가 나옵니다.

집값 하락 때문에 부부 싸움을 한다면 단독주택에 사는 부부가 많이 할까, 아니면 아파트에 사는 부부가 많이 할까? 아파트에 사는 부부다. 아파트는 쉽게 가격을 알 수 있기 때문이다. 언제든지 앉은 자리에서 컴퓨터나 스마트폰으로 가격을 즉각 확인할 수 있다.

이 모든 것이 정보기술의 혁명 덕분이다.

가격을 자주 확인하면 할수록 불행해지며, 그리고 불행해지면 잘못된 거래를 하게 된다. 부동산은 기본적으로 매매에 많은 비용이 드는 자산이며, 더 나아가 깔고 앉아서 살고 있으면 상당한 사용 가치(주거)를 제공하는 자산이다. 따라서 장기 투자하기 쉬운, 어떻게 보면 개인 투자자들에게 가장 적합한 자산이라고도 할 수 있다. 그런데, 이런 장기 투자 전용 자산을 쉴 새 없이 사고팔게 만들어 결국은 중개업자와 정부만 좋은 일 시키는 짓이 바로 '시세 확인'이다.

제가 2013년에 분당 아파트를 팔아버리는 뼈아픈 실수를 한 이유가 부동산 창에 붙은 매물 안내를 본 것 때문이라니! 맞습니다. 아침저녁으로 아파트 가격이 내려가는 걸 확인하며 아주 속을 끓였어요. 더군다나 그 무렵에 인구 변동으로 아파트 값이 대폭락할 거라는 책도 보았었죠. 해리 덴트, '2018 인구 절벽이 온다.'면서요. 인구 구조가 변하면서 부동산이 가장 먼저 타격을 받을 거라는 당신의 말을 믿었다고요.

1990년대 일본 주택 가격 하락을 주택 공급에 초점을 맞춰 "부동산은 끝났다!"라고 말하는 책도 봤어요. 일본에서는 버블로 상승했던 주택 가격이 1990년부터 떨어졌어요. 한국은 주택 공급이 늘고 경제가 악화되면 공급 물량이 해소될 때까지 한동안 신규 공급을 제한하는데요. 일본은 주택 가격이 폭락해 아무도 집을 사지 않는데도 꾸준히 착공을 늘렸어요. 디플레이션 압력을 이기려고 재정을 건설, 토목 사업에 투입한 거였지요. 부동산시장의 장기 침체로 이어집니다. 여기에는 정치적 상황이 영향을 미치는데요. 일본 자민당에는 대를 이어서 지방에서 꾸준히 당선되는 의원들이 많아요. 지역의 지주이자 토호였던 의원들 대부분이 건설이나 부동산 사업을 운영했기 때문에 정부 지원을 받는 데 주력했던 거예요. 그 결과 공급 과잉에 따른 주택 가격의 폭락이 추가적으로 온 거죠. 결국 섣불리 대세 하락론을 믿었던 저의 패착으로 1억 원이란 손실을 떠안게 된 겁니다.

사실 모든 투자가 그렇습니다. 심리적인 불안감을 느끼는 일이 많으면 그 투자는 성공하기 어렵습니다. 투자의 귀재들은 시장이 요동칠 때 성급하게 움직이지 않아요. 이른바 '대세'라고 말하는 것들에 휘둘리지 않지요. 그런데 우리는 사람이잖아요. 당연히 마음이 있고, 불안을 느낄 수밖에요. 이럴 때 필요한 게 자기 확신을 얻기 위한 기본 지식이에요. 돈 공부가 필요한 이유이고요.

저는 짠돌이 철학만 고집하며 제대로 공부하지 않았던 대가를 톡톡히 치렀습니다. 비싼 값을 치른 실패를 딛고 본격적으로 경제 공부를 시작했어요. 수십 권의 책을 읽으면서 제가 유달리 애정을 가진 책은 시간을 견디는 힘을 지닌 책들입니다. 오래 전에 나왔지만 지금 봐도 머리가 맑아지는 탁견과 혜안이 가득한 책이 있어요. 『유쾌한 이코노미스트의 스마트한 경제 공부』인데요. 국내 최정상 이코노미스트인 홍춘욱 박사님이 수천 권의 책들 가운데 입맛 까다로운 자신의 책장에서 끝내 살아남은 인문학과 경제학 도서를 소개해줍니다.

이 책을 읽고 코로나19 팬데믹 이후 투자 광풍이 일었던 이유를 알게 되었어요. 불황은 그동안 누린 방종에 대한 도덕적 징벌이라고 생각하는 경향이 있는데요. 불황은 과소비가 아니라 저소비 때문에 촉발됩니다. 소비자와 기업가들이 어떤 이유로든 미래에 대해 불안감을 가지게 되어 저축을 더 늘린 결과인데요. 미래의 소비를 위해 현재의 소비를 줄이면서 경기가 침체되는 거라 이런 상황에서는 인플레이션을 유발하는 것도 하나의 대책입니다.

인플레이션으로 자신이 모은 저축의 가치가 떨어질 것을 우려하면 기업은 투자를 재개하고 소비자들은 투자와 지출을 늘립니다. 코로나 위기로 세계적인 불황이 예견되자 미국 연준이 선제적으로 양적 완화를 한 것도 통화량을 늘려 돈의 가치를 떨어뜨리려는 즉각적인 처방이었던 겁니다.

저는 좋은 시대를 타고 난 덕분에 경제 공부나 재테크를 따로 하지 않고도 자산을 마련했어요. 두 자릿수의 이자를 지급하는 예적금만으로도 돈을 불릴 수 있었죠. 하지만 이제는 예전의 부자 공식이 먹히지 않는 시대지요. 돈을 불리는 게 과거보다 훨씬 복잡하고 어려워요. 주식과 코인 광풍으로 돈을 번 사람들이 많았지만 바람이 잠잠해진 지금 자산가가 된 사람은 그리 많지 않아요. 또다시 광풍이 몰아치길 기대하지만 일시적이고 특수한 상황이 벌어진 것일 뿐 이 상황이 반복될 거라 착각하면 안 됩니다. 당분간은 고금리가 계속될 거고, 영혼까지 끌어모은 부동산 한 방, 투자 한 방으로 성공할 확률은 매우 낮습니다.

자산을 불리는 과정은 비탈길에서 눈덩이를 굴리는 것과 비슷합니다. 눈덩이의 부피가 커질수록 표면적이 넓어져 더 많은 눈이 달라붙어요. 처음에는 주먹만 한 눈송이로 시작합니다. 작은 눈덩이를 단단하게 꽉꽉 뭉쳐서 좋은 고갱이를 만듭니다. 참을성 있게 굴리다 보면 어느 순간 눈덩이의 무게로 인해 비탈길을 혼자 굴러가기 시작하고요. 눈덩이가 금세 커집니다.

돈도 마찬가지예요. 종잣돈을 잘 만들어 놓으면 돈이 돈을 버는 시점이 옵니다. 자산이 커질수록 불어나는 속도가 더 빨라집니다. 이때 조심할 점이 있어요. 급하게 덩치를 키우겠노라 급경사 아래로 밀어버리면 안 됩니다. 빠르게 내려가다 무게를 이기지 못하고 부서지거나 난데없는 장애물을 만나 산산조각이 나기도 해요. 조금씩 조금씩 눈덩이를 불려나가는 게 최선입니다.

좋은 빚으로
똑똑한 한 채를

드라마 PD로 한창 재미나게 일하던 시절, 조연출 후배가 물었어요.

"형은 회사 생활 참 즐겁게 하는 거 같아요. 비결이 뭐예요?"

"난 빚을 지지 않는단다."

똑같은 월급을 받아도 저축할 때랑 빚을 갚을 때 심리가 정반대였어요. 빚을 갚겠다고 이를 악무니까 하고 싶지 않은 일도 하게 되더군요. 빚을 털고 나니 하고 싶은 일, 옳은 일에만 물불 안 가리고 뛰어들 수 있어요. 경제적 자유가 정신적 독립을 보장해준다고 믿고 살았어요. 그런데 저축으로 돈을 모아 집을 사려고 하니 집값의 상승 속도가 너무 빨라요. 전세 이사를 몇 번 다녀보니 힘에 부칩니다. 경제 공부를 하며 알게 되었어요. 빚이라고 다 나쁜 건 아니구나. 자산을 사기 위한 좋은 빚도 있구나. 그 순간 평생 지켜온 짠돌이 철학이 깨졌습니다.

지난 3년간 경제 공부를 하면서 가장 인상 깊게 읽은 책은 『돈의 심리학』인데요. 거기에 이런 글이 나옵니다.

현대 자본주의는 두 가지를 좋아한다. 부를 만들어내는 것과 부러움을 만들어내는 것. 아마 두 가지는 서로 함께 갈 것이다. 또래들을 넘어서고 싶은 마음은 더 힘들게 노력하는 동력이 될 수 있다. 그러나 '충분함'을 느끼지 못한다면 삶은 아무 재미가 없다. 사람들이 흔히 말하듯이, 결과에서 기대치를 뺀 것이 행복이다.

자본주의 사회에서 산다는 것은 녹록지 않습니다. 돈을 버는 것과 돈을 잃지 않는 것이 전혀 다른 사안이기 때문이죠. 돈을 벌 때는 잘 될 거라는 낙천적 사고로 리스크를 감수하고 적극적으로 해보려는 태도가 필요해요. 그러나 돈을 잃지 않으려면 정반대의 재주가 필요합니다. 돈을 벌 때만큼이나 빨리 돈이 사라질 수 있음을 두려워할 줄 알아야 해요. 내가 번 돈의 일부는 오로지 나의 능력으로 번 것이 아니라 행운이 따랐다는 것을 인정해야 하고요. 과거의 영광이 계속 반복될 거라 확신하지 말고 겸손한 태도를 가져야 하죠.

드라마 PD 시절 저는 작품마다 히트를 시키는 스타 PD가 아니었어요. 타율이 높지 않은 타자가 안타를 치려면 타석에 더 자주 들어서야 합니다. 기회를 늘려야 성공 확률이 높아집니다. 이제는 저축만 하지 않고요, 주식도 부동산에도 관심을 갖고 작게나마 투자도 하고 있어요.

중요한 건 결국 사람의 마음이에요. 일희일비하지 않는 것이지요. 꾸준하게 해가다 보면 기회는 찾아오게 마련이고요. 불안과 우울한 마음에 휩쓸리지 않으며 평정심을 유지하는 건 세상의 모든 일을 가능하게 만듭니다. 돈을 불리는 데도 도움이 되고요.

실제로 심리학 연구에 따르면 우울한 사람은 지출 성향이 30퍼센트 정도 더 높아진다고 합니다. 마음이 힘들 때 소비로 그 마음을 달래려고 하는데요. 그런 소비가 생산성을 회복시키는 게 아니라 오히려 깎아먹어요. 우울은 쾌락으로 채워지지 않습니다. 매일 산책을 하거나 숨이 차고 땀이 나도록 몸을 쓰는 게 좋아요. 육체적인 스트레스는 정신적 스트레스를 멈춰줍니다. 한두 시간 생각을 멈추는 것만으로도 평정심을 찾을 수 있어요. 집중력을 요하는 수예나 두껍지 않은 책을 읽는 것도 좋아요. 작은 수예품을 완성하거나 책 한 권을 다 읽었다는 성취감은 손쉽게 구입한 물건보다 더 길고 소중한 만족을 주거든요.

평정심을 유지하는 것은 돈을 불리는 데에도 매우 중요한 자질이라고 말씀드렸지요. 매일 아침 부동산 시세를 보며 마음이 출렁거렸던 그 몇 년 동안 정말 괴로웠어요. 집을 사기 위해 대출받은 빚은 빨리 돈을 모으고 자산을 불릴 수 있는 좋은 빚이라는 걸 몰랐거든요. 그저 1억 원을 모으는 게 얼마나 힘든지, 1억 원이란 종잣돈으로 할 수 있는 게 얼마나 많은지 같은 부정적인 생각으로 가득했죠.

재정전문가이자 〈데이브 램지 쇼〉를 진행하는 램지는 할부로 자동차를 사는 건 극구 반대하지만 대출을 받아 집을 사는 건 찬성합니다. 집은 좋은 투자 수단이며 집을 사려고 빌린 돈은 두 가지 이점이 있답니다.

첫째, 강제로 저축을 하게 됩니다. 집을 사려면 돈이 아주 많이 들죠. 평생 사게 될 물건 중에 가장 비싼 거예요. 주택담보대출로 집을 사고 매달 꼬박꼬박 상환금을 갚아나가는 것은 강제로 저축을 하는 것과 같아요. 빚이 제로가 될 때까지 은행에 돈을 꾸준히 넣으면 언젠가 집은 나의 소유물이 됩니다. 10년 할부로 산 차는 빚을 다 갚은 시점에 10만 킬로미터를 넘게 달린

낡은 차가 되어 바꿔야 할 물건이 되죠. 차를 바꿀 때 10년 탄 차는 자산 가치가 별로 없어요. 반면 10년 만기 상환으로 산 집은 온전히 나의 소유물이면서 더 좋은 집으로 이사 갈 밑천이 됩니다. 집값이 오르지 않아도 괜찮아요. 대출을 갚으며 모은 돈의 가치가 고스란히 집에 남아 있고 그 집에 사는 동안에 월세 걱정 없이 살 수 있으니까요.

둘째, 인플레이션 대비책입니다. 돈의 가치는 시간이 갈수록 점점 하락세를 그립니다. 특히 인플레이션이 일어나면 현금의 가치는 떨어집니다. 하지만 자산의 가치는 떨어지지 않아요. 인플레이션으로 집의 가치는 점점 더 오릅니다. 집이 없다면 집값이 올랐을 때 아무런 이득을 볼 수 없고 집을 마련하는 데 진입 장벽은 더 높아집니다.

집을 사기 위해 얻은 빚의 장점을 그때도 알고 있었더라면 제 마음은 평온했을까요? 요동치는 한국의 부동산시장에서 마음의 평화를 지키는 방법은 1가구 1주택을 유지하는 겁니다. 무주택자의 경우 부동산 가격이 오르면 내 집 마련의 꿈을 이루는 게 멀어진다는 생각에 마음이 괴롭습니다. 월세 소득을 얻겠다고 빚을 내어 여러 채의 주택을 소유한 경우 하락장이 찾아오면 이자 부담과 공실 리스크로 또 삶이 괴로워집니다. 막대한 세금과 금융비용을 지불하고 있었는데 비용 지출은 그대로이고 자산 가격은 하락하면 낭패지요.

1가구 1주택자는 다릅니다. 집값이 올라가면 좋은 것이고 주택 가격이 내려가도 그다지 손해 볼 일이 없습니다. 부동산은 주식과 달리 사용 가치가 있으니까요. 부동산시장은 시간이 지나면서 우상향한다니까 내 집에서 마음 편히 살면서 느긋하게 기다리면 됩니다.

1가구 1주택자에게 제일 중요한 것은 똘똘한 집 한 채를 마련하는 건데요. 집을 살 때 고려할 점은 두 가지예요. 첫 번째는 위치, 두 번째는 가격입니다.

위치가 중요하다는 건 미국이나 한국이나 전 세계 어디든 당연한 말이죠. 컨테이너로 만든 간이 건물이 산중턱이나 허허벌판에 있으면 창고나 다름없어요. 하지만 해변이나 번화가 한복판에 가져다 놓으면 값어치가 다르죠. 집 자체보다 집이 있는 땅이 중요합니다. 부동산을 고를 때는 생활, 교통, 상권, 학군, 환경 등 집의 가치에 영향을 줄 수 있는 위치 요소들을 꼼꼼하게 고려해야 합니다.

그렇다면 가격은 어떨까요?『돈 버는 선택 돈 버리는 선택』을 보면 싼 동네의 비싼 집과 비싼 동네의 싼 집 중 후자를 선택하라고 해요. 시세 대비 집값이 저렴한 집을 사는 건 아주 중요한데요. 땅값이 싼 동네에 신축 아파트가 들어서면 주위 시세

대비 비쌉니다. 비싼 아파트가 들어서는 걸 보면 근처에 다시 아파트를 짓습니다. 땅값이 싼 동네니까 새로 짓는 게 어렵지 않아요. 결국 공급이 늘면서 그 지역의 아파트 가격은 하향 수렴합니다. 아파트가 지역 시세에 영향을 많이 받는 이유가 여기에 있어요.

동네에서 비교적 싼 집을 사야 하는 이유는 하나 더 있습니다. 집값은 시간이 지날수록 점점 오릅니다. 그런데 비싼 집은 주변에 비해 천천히 올라요. 더군다나 팔기도 어렵습니다.

이야기한 것처럼 제 인생에서 가장 큰 실수는 2013년에 분당 아파트를 판 일이었어요. 최악의 결정은 최악의 시기에 만들어집니다. 2012년 MBC 노조 부위원장으로 일하며 170일 파업에 동참했어요. 회사에서는 파업 프로그램을 기획하고 연출한 저의 공로(!)를 높이 평가해서 징계 3종 세트를 내렸습니다. 대기 발령, 정직 6개월, 교육 발령. 해고 다음가는 중징계를 받아드니 마음이 힘들더군요. 2013년 봄 싱가포르에 파견 근무 나간 아내가 아이들과 함께 한국으로 돌아오면서 강남으로 이사하자고 했어요. 고점에서 산 분당 아파트가 1억 원 넘게 떨어졌고 회사 일도 안 풀리니 평정심이 무너졌어요.

아내는 분당 집을 전세를 주고 강남에 전세를 얻자고 했는데요. 그러자니 빚을 또 내야 하는 거예요. 겨우 빚을 다 갚았는데

다시 빚을 져야 한다고 생각하니 속병이 납니다. 결국 아내의 반대를 무릅쓰고 분당 아파트를 팔고 그 돈으로 강남 아파트 전세를 계약했지요. 심리학자가 그랬어요. 지치고 힘들 때 중요한 결정을 하지 말라고요. 몸과 마음이 피폐한 상태에서는 최악의 선택을 하게 됩니다. 2013년의 제가 딱 그랬어요.

가족들이 귀국하기 전까지 서둘러 집을 구해야 하는 상황, 주말에 혼자서 강남 전셋집을 보러 다녔습니다. 아내가 찾아준 그나마 시세가 저렴한 아파트에 가서 인근 초등학교까지 걸어보았어요. 아이들이 등교하는 동선을 확인하고 싶었거든요. 걷다가 우연히 들어간 골목 초입에서 '도곡정보문화도서관 개관'이라는 플래카드를 보았어요. 순간 머릿속에서 〈환희의 송가〉가 울려 퍼지네요. 학교에 들렀다가 도서관으로 향했어요. 아니, 이 동네에 강남구를 대표하는 6층짜리 신축 건물에 자리한 멋진 도서관이 있다고? 죽으라는 법은 없네요. 한동안 회사에서 힘든 시기를 보내야 할 텐데 이 도서관에서 책이나 실컷 읽으면 되겠구나 안도감이 들었어요.

그렇게 33평형 아파트로 이사했어요. 환경이 좋았어요. 아이들이 크면서 같은 단지 내에서 평수가 조금 더 넓은 집으로 옮겼습니다.

"전세를 옮겨 다니지 마시고 집을 사는 건 어떠세요?"

부동산 사장님이 권했습니다.

"저는 이 동네 아파트를 살 생각 없습니다."

저는 단호하게 거절했어요. 빚을 지는 게 너무 싫었거든요. 아이들이 대학에 가면 주거 비용이 저렴한 동네로 이사 가서 노후에는 여유롭게 살고 싶었고요.

6년 동안 그 동네에 살면서 퇴근 후에는 도서관으로 향했어요. 회사에서 드라마를 맡기지 않는다고 내가 아무 일도 못하는 사람이 아니라는 걸 보여주고 싶었거든요. 디지털 열람실에서 매일 노트북으로 원고 작업을 했고. 3년 동안 『영어책 한 권 외워봤니?』, 『매일 아침 써봤니?』, 『내 모든 습관은 여행에서 만들어졌다』 3권의 책을 썼습니다. 매일 이용자로 찾던 그 도서관에서 저자로 강연을 한 적도 있습니다(2023년 개관 10주년 기념 강연이었어요).

2019년 무렵 마침내 MBC가 정상화되어 드라마 PD로 복귀했어요. 책도 흥행해서 인세도 꽤 모았고요. 제 마음은 완전히 평온해진 상태였죠. 그때 부동산 사장님이 아내에게 넌지시 이야기했어요.

"아직도 남편 분은 집을 살 생각이 없으신가요?"

"왜요?"

"요즘 분위기가 심상치 않아요. 집 보러 다니는 사람들이 이 아파트를 보고 강남에 이렇게 싼 아파트가 있었네 하면서 현찰을 싸 들고 와 계약해요. 지금 사두는 게 좋을 거 같아서요."

아내에게 그 이야기를 듣고 『돈 버는 선택 돈 버리는 선택』에서 읽은 구절이 떠올랐어요.

싼 동네에서 제일 비싼 집 대신, 비싼 동네에서 제일 싼 집을 사라.

부동산 사장님 말을 귀담아들었습니다. 우리 집은 그 지역에서 큰 단지임에도 불구하고 가격이 낮은 편이었거든요. 그 단지 내 45평 아파트를 물색해 전세에서 자가로 갈아탔어요. 지금 돌이켜보면 제 인생 최고의 선택이었습니다.

그러니까 지금 아파트를 사야 하냐고요? 이 질문에 제가 답을 드릴 수는 없어요. 지금이 시세 대비 높은 건지 아직 상승 여력이 있는지 부동산 전문가들의 의견도 분분합니다. 정답은 아무도 몰라요. 다만 전세나 월세로 오래 살며 그 동네에 정이 깊고 앞으로도 계속 그곳에 살고 싶다면요. 월급으로 충분히 상환 가능한 범위에서 대출을 얻어 집을 사는 것도 괜찮을 겁니다. 주택담보대출은 장기 저축이나 다름없어요. 소비를 줄여 돈을 모으는 효과도 있고요. 가장 안전한 자산이기도 하니까요. 또 알아요. 호재가 생겨 자산이 훌쩍 불어나는 행운이 찾아올지도 모르잖아요.

절대로 넘지 말아야 할
빛의 지평선

　자본주의 경제는 빚을 토대로 굴러간다고 했지요. 빚이 나쁘기만 한 건 아니에요. 수억 원에 달하는 아파트를 현금으로 살 수 있는 직장인은 드뭅니다. 주택담보대출을 이용하면 입사 후 5년 만에도 내 집을 마련할 수 있고요. 갑자기 실직 상태에 빠지면 빚을 내어 생활비를 충당하며 재기의 발판을 마련하기도 하지요. 큰 병에 걸려 수술비가 필요할 때 대출금은 생명을 구하는 은인이 되기도 해요.

　그러나 빌린 돈을 갚지 못하면 그 빚은 내 삶의 기반을 흔드는 부메랑이 되어 돌아옵니다. 신용등급 하락으로 신용대출뿐 아니라 신용카드 등 금융 서비스가 순식간에 사라지죠. 빚을 제때 갚지 못하면 개인은 안정된 직장을 구할 수 없고 임시 근로를 풀타임으로 해도 빈곤을 벗어날 수 없는 지경에 이릅니다. 자본주의 사회는 빚을 남용했다가 감당하지 못한 사람들 위에서 몸집을 키워요. 돈을 버는 건 힘들지만 빌리는 건 쉬워요. 빚은 반드시 대가를 동반합니다. 그러니 더욱 조심해야 합니다.

2021년 한 해 동안 '영끌'과 '빚투'가 유행어였어요. 영혼까지 끌어모아 빚을 내어 투자하는 일. 코로나 위기가 터지자 모든 나라는 경기 부양책으로 금리를 인하하고 대출 규제를 완화했지요. 싼 이자로 돈을 빌리기 쉬워지자 빚을 내어 자산을 사려는 사람들이 급증했고요. 실물 경기는 좋아지지 않는데 주식과 부동산시장은 뜨겁게 달아올랐어요. 하루가 다르게 오르는 집값과 주식을 보며 뒤늦게 영끌과 빚투를 하는 사람들이 수없이 많았습니다. 그렇게 한국의 가계 부채가 엄청나게 늘었습니다.

금융 전문가 서영수 애널리스트는 2019년에 출간한 『대한민국 가계 부채 보고서』에서 한국의 가계 부채가 제대로 집계되지 않는 점을 우려했어요. 정부의 공식 가계 부채 통계에 빠진 숫자가 있는데요. 바로 514조 원에 달하는 개인사업자 대출과 864조 원에 달하는 임대보증금 채무입니다. 서울에서 주택을 구매할 때 사용하는 임대보증금 채무는 주택 구입 자금 조달에 있어 52퍼센트를 차지하는 가장 중요한 부채인데 가계 부채 집계에는 포함되지 않아요. 누락된 부채를 포함할 경우 전체 가계 부채는 GDP의 162퍼센트에 달하는 3,170조 원으로 추정된다고 합니다.

가계 부채 위험 분석을 해보면 부채의 규모나 증가율에 있어 한국은 세계 주요국 가운데 가장 위험한 상태입니다. 결국 빚은 우리 경제의 시한폭탄인 건데요. 빚이 이렇게 늘어난 이유는 무엇일까요? 빚을 내어 집을 사라고 부추겨온 역대 정부의 '부채 주도 성장 정책'을 지적하지 않을 수 없어요. 부동산시장 안정화를 위해 쓸 수 있는 카드는 공급 확대 아니면 수요 억제 정책입니다.

공급 확대 정책은 집 없는 서민이나 신혼부부의 주거비 부담을 낮춰준다는 명목으로 시행됩니다. 규제 완화, 공공주택의 민간 참여 확대, 건설 투자 활성화, 미분양에 대한 조세 혜택 등 국민의 주거 안정을 위해 다양한 정책을 내놓습니다. 실질적으로 새로 집을 지어 주택을 늘리는 것은 시간이 걸리고요. 가장 빠르게 효과를 내는 것은 금리 인하와 대출 만기 연장으로 집을 살 때 이자 부담을 덜어주고 대출 상환의 부담을 낮춰주는 거예요. 대출이 쉬워지면 유동성이 늘어나 집값 상승을 부채질합니다. 그 결과 한국은 전 세계에서 가장 가계 부채 위험이 높고 집값이 많이 오른 나라가 되었습니다. 보수와 진보를 막론하고 역대 정부는 일관되게 부채 주도 성장 정책을 펼쳐왔어요.

부동산시장 안정화를 위해 수요 억제 정책을 펼치는 정부는 별로 없습니다. 수요 억제는 이자를 올려 빚의 부담을 높이고 세금을 올려 과소비를 억제하는 구조조정 정책인데요. 아무도 좋아하지 않는 정책이죠. 집값 하락을 바란다면 투기성 대출과 소비성 대출을 줄여야 하지만 내 집의 가격이 하락하고 대출한도가 줄어드는 것은 견디기 어렵거든요. 뿐만 아니라 부동산 의존도가 높아 수요 억제는 자칫 투자, 소비, 고용을 위축시키고 금융 부실화 위험까지 높입니다. 그렇다고 늘어나는 가계 부채를 보고만 있어야 할까요?

2000년대 초반 정부 주도의 주택 공급 정책으로 부동산시장이 뜨겁게 달아오른 나라가 있어요. 아일랜드와 스페인인데요. 대규모의 주택담보대출을 제공하면서 부동산은 두 나라의 경제를 떠받치는 기둥이 되었죠. 그런데 2008년 금융위기가 발생하면서 부동산 거품이 터져버렸고, 주택 가격이 하락하면서 집을 팔지 못한 사람들이 대출 상환을 할 수 없는 지경에 이르렀어요. 부실 대출을 떠안은 은행들이 위태로워지자 결국 두 나라의 정부는 이들을 구제하기 위해 국가 부채를 늘렸고, 결국 국가

부도 사태에 직면했습니다. 그 피해는 고스란히 국민에게 돌아갔고요. 우리도 같은 시기 국가 파산 위기가 개별 가정에 얼마나 큰 불행을 가져오는지 겪어보았지요.

저성장기의 선진국에서 소득 증가율은 줄어드는데 집값이 비정상적으로 상승한다면 비상 경고등을 울려야 합니다. 단기간에 경기 부양 효과를 거두기 위해 경제 관료들이 손쉽고 확실한 부동산 부양책을 들고 나오는 걸 대수롭지 않게 생각하면 안 됩니다. 정작 우리는 한 번도 누려보지 못한 화려한 빚잔치가 벌어지고 그 비용은 머지않아 우리 모두에게 청구될 테니까요. 서영수 저자는 이렇게 말합니다.

> 세상에 영원한 것은 없다. 자산이 비이성적으로 오른 후 비이성적 매수자가 더 이상 매수하지 못할 때 가격은 폭락하고 만다. 이제 관심은 언제 하락 전환할 것인지, 주택 가격이 경제에 어떤 영향을 미칠지에 맞춰야 할 것이다.

자본주의 사회를 살아가며 빚 없이 살겠다는 건 무리입니다. 블랙홀과 관련된 개념 중에 사건의 지평선이라는 말이 있어요. 강력한 중력을 가진 블랙홀 안으로 빨려 들어가는 경계선인데요. 어떤 물질이나 빛조차도 사건의 지평선을 넘어서면 다시는 빠져나올 수 없어요. 지평선이란 말은 우리 시야에서 보이는 하늘과 땅의 경계선을 뜻하는데요. 우리는 지평선 너머에 있는 것을 볼 수가 없습니다. 자본주의 사회에서 우리는 빚의 지평선을 절대로 넘지 말아야 해요. 그 너머에서 무슨 일이 벌어질지 아무도 모르고, 다시는 빠져나오지 못할 테니까요. 내가 감당할 수 있는 수준을 제대로 알아야 그 지평선을 넘지 않을 수 있겠지요.

한 가지 더해 요즘 30대에서 40대 초반 직장인들이 경매 공부를 많이 한다고 해요. 경매나 공매시장을 보면 부동산시장의 현황을 읽을 수 있습니다. 경매 물건이 늘어나는 건 부동산시장 경기가 안 좋다는 거죠. 빚을 얻어 부동산을 장만했던 이들이 이자를 감당하지 못해 결국 강제 매각되는 물건이 늘고 있다는 뜻이니까요. 부동산 하락기에는 경매로 집을 사는 게 좋은 선택이 될 수 있어요. 경매보다 경쟁이 적고 절차가 안전한 공매도 있고요. 다만 낙찰 후 자금을 빨리 납부해야 하므로 현금이 필요해요. 대출 제한이 있거든요.

경매로 싼값에 건물주가 되겠다며 성급하게 달려드는 사람들을 여럿 보았는데요. 사전 준비는 필수입니다. 물건에 대한 임차인 권리 분석도 해야 하고 건물의 상태나 이용 실태를 파악하기 위해 직접 현장에 가보는 임장도 필수예요. 수익형 부동산이라면 임대 시세도 정확하게 산출해봐야 하고요. 입찰가를 얼마에 넣을지도 이런 분석들을 모두 마친 후에 결정해야 합니다. 적정 매매 가격은 투자금 대비 임대 수익을 산정했을 때 수익률이 5~8퍼센트 내외면 적당하다고 해요. 주거용보다 상가 투자는 더 신중해야 해요. 잘못 투자하면 임대가 되지 않아 장기 공실로 남을 위험이 주거용보다 더 크거든요. 해당 부동산이 있는 주변 상권의 공실률을 확인하고 매매 가격 대비 임대 가격 수준까지 알아본 다음 보수적인 금액으로 입찰해야 해요.

혹시 경매나 공매에 관심이 있다면 유튜브나 블로그를 통해 공부를 시작하시고요. 온라인에서 믿을 만한 전문가를 발견하셨다면 그들이 쓴 책을 최소한 다섯 권 이상 읽고 충분히 검토한 후에 발품 팔아 임장도 해보면서 경험부터 쌓는 걸 추천합니다. 유튜브에서만 정보를 얻게 되면 자칫 알고리즘에 휘둘려 정보가 편향될 수 있거든요. 굳이 다섯 권이나 봐야 하나 싶겠지만 균형 잡힌 시각과 정보를 얻으려면 여러 전문가의 견해를 두루 살펴보아야 합니다. 선택에 대한 결과는 누구도 아닌 내 몫이니까요. 돈 공부를 계속해야 하는 이유이기도 하지요. 권위 있는 전문가의 조언을 듣는 것이라 해도 내 돈을 지키는 일이니 더 신중해져야 하고요.

초보 투자자가
빠지는 함정

드라마 촬영장에는 수많은 프리랜서가 일합니다. 누가 주식으로 큰돈을 벌었다는 소문은 금세 퍼져요. 매일 출퇴근에 격무 스트레스까지 견디며 번 월급보다 주식으로 번 돈이 더 많다는 얘기를 들으면 누구라도 그 판에 뛰어들고 싶지요. 쉬는 시간이나 짬이 날 때마다 스마트폰으로 주식 시세창을 들여다봅니다. 여윳돈으로 주식 투자를 시작했는데 뜻대로 되지 않네요. 종잣돈이 부족해서일까요. 실패를 만회하려 대출까지 받아가며 빚투도 감행합니다. 빚까지 끌어왔으니 주가 변동에 더욱 기민하게 대응해야 해요. 꿀 같은 주식 정보들을 놓칠 수 없죠. 밤샘 촬영 후 눈을 붙이는 대신 스마트폰을 붙들고 삽니다. 이렇게 열심히 투자하는데 왜 수익률은 점점 더 낮아질까요?

얼마 전에 서점가에서 화제가 된 책이 있어요. 증권가에서 입소문을 탄 석사 논문을 저자가 단행본으로 펴낸 책인데요. 인류학과 대학원생이었던 김수현 저자는 '개미는 왜 실패에도 불구하고 계속 투자하는가?'라는 의문에 답하기 위해 논문을 쓰고 동일한 제목의 책『개미는 왜 실패에도 불구하고 계속 투자하는가?』를 펴냈어요.

저자의 아버지는 30년 경력의 직장인 개인 투자자라고 해요. 어릴 때부터 경제적 자립의 수단으로 금융 투자의 중요성을 강조한 아버지에게 주식과 파생 상품 투자도 배웠지요. 저자의 오빠는 대학생연합투자동아리 회장을 거쳐 펀드매니저가 되었고요. 하루는 대학원생이 된 저자에게 교수님이 "자네는 꿈이 뭔가?"라고 물었습니다. 그래서 "주식과 해외선물 투자로 100억원 정도 벌어 편하게 공부하며 사는 게 꿈입니다."라고 답했더니 교수님이 황당한 표정으로 "수현아, 개미들은 네 말처럼 절대로 그렇게 많이 벌 수 없다니까."라고 말씀하셨어요.

금융이란 현대 사회를 살아가는 인간의 기본 소양이라 믿는 저자는 교수님의 생각이 틀렸다는 걸 증명하기 위해 연구를 시작합니다. 자료 조사를 위해 전업 투자자들이 모이는 주식 매매방을 찾아갔어요. 그곳 사장님도 교수님과 똑같은 이야기를 합니다.

"주식 매매방을 운영하며 10년 동안 지켜본 바, 개미는 절대 주식 투자로 돈을 벌 수가 없습니다."

퇴직금을 싸 들고 찾아와 종일 시세창을 보며 전업 투자를 한 사람들 중 대다수는 원금까지 날리고 빈손으로 떠났다고 해요. 개미는 왜 투자에 성공할 수 없는 걸까요? 저자는 개미가 빠져 드는 투자의 함정 3단계를 발견합니다.

첫 단계는 초심자의 행운입니다. 초보 투자자는 시장을 잘 모르기에 적은 자금으로 비교적 안정적인 상품에 투자합니다. 주위 사람들이 다들 재미를 본다니까 '나도 한번?' 하는 생각에 여윳돈을 가지고 시도해보죠. 다들 재미를 보는 시기는 장이 좋을 때고요. 평소 많이 들어본 우량주로 시작합니다. 기본에 충실했기 때문에 수익률이 괜찮아요. 이렇게 손쉽게 돈을 벌 수 있는 것을 왜 지금까지 하지 않았을까? 아무것도 모르는데도 이 정도의 수익률을 냈으니 제대로 하면 주식 투자로 금세 목돈을 마련할 수 있을 것 같습니다. 더 늦기 전에 본격적으로 개인 투자를 해보기로 결심합니다.

여기서 두 번째 단계로 가죠. 판돈을 키웁니다. 주로 우리 사주 제도를 통해 주식으로 돈을 번 경험이 있거나 연말 보너스를 모아 1,000만 원을 가지고 근무 시간에 짬짬이 주식 투자를 해서 소소하게 수익을 얻은 경험이 있는 사람들이 그래요. 1,000만원 갖고 짬짬이 주식 투자로 몇백만 원을 벌었다면 퇴직금 2억원을 투자해서 종일 주식 투자에 매달리면 1년에 몇천만 원도 벌지 않을까. 퇴직을 했지만 연봉 수준의 돈을 벌며 가계에도 보탬이 되겠지요. 더군다나 은퇴하고 집에서 노는 하릴없는 백수가 아니라 어엿한 전업 투자자가 되는 겁니다. 적은 돈으로 시도했다가 수익을 '맛본' 개인 투자자는 더 큰돈을 투자하면 그에 비례해서 수익도 더 커질 것이라는 '과신의 편향'에 빠집니다.

노벨경제학 수상자인 리처드 탈러는 이를 "대다수의 사람이 자신을 평균 이상으로 생각"하는 것이라고 설명한다. 자신의 능력과 지식에 대해서는 실제보다 높게 평가하고, 위험과 악재가 닥칠 가능성에 대해서는 실제보다 낮게 평가하는 행태인데, 개인 투자자의 경우 자신이 투자하면 주가가 크게 오를 것이며, 적어도 손실을 보지는 않을 것이라는 심리를 말한다.

여기에 '확증의 편향'이 더해지죠. 믿고 싶은 대로 보고 들으며 그에 부합하는 정보만을 수집하고 그에 부합하지 않는 정보는 무시하거나 중요성이 낮다고 인식하는 심리인데요. 투자의 귀재 워런 버핏은 이를 두고 "사람들이 가장 잘하는 것은 기존에 자신들이 가지고 있던 견해들이 온전하게 유지되도록 새로운 정보를 걸러내는 일이다."라고 말했어요.

투자를 하다 보면 잘못된 선택으로 손실이 날 수도 있죠. 이럴 때는 손절매를 해야 해요. 손실을 최소화하기 위해 주식이 일정 가격 이하로 떨어지면 손해를 보더라도 매도하는 전략입니다. 주식의 가격이 지속적으로 하락할 경우, 감정적으로나 재정적으로 더 큰 손실을 입지 않기 위해 사용하는 위험 관리 도구인데요. 막상 해보려면 손절매가 쉽지 않습니다. 오히려 손실을 최소화하려다가 세 번째 함정에 빠지는 경우가 많아요.

세 번째 함정은 존버의 길입니다. 울며 물타기에 돌입하죠. 주식을 10만 원에 사는 것은 주가가 오를 거라고 기대하기 때문인데요. 10퍼센트만 올라도 요즘 같은 저금리 시대에 그런 수익이 어디 있겠어요. 10만 원에 산 주식이 생각대로 11만 원이 되면 어떻게 할까요? 당장 팔아 10퍼센트의 수익을 실현합니다. 그냥 두었다가 떨어지기라도 하면 번 돈도 날리잖아요. 그런데 모든 주식이 오르기만 하는 건 아니죠. 10만 원에 산 주식이 9만 원이 될 때도 있습니다. 팔까요? 못 팝니다. 파는 순간 10퍼센트 손실이 확정되거든요. '이게 더 비싸게 팔릴 종목인데 지금 가격이 떨어졌네? 싼 가격에 주식을 추가로 매입할 절호의

찬스구나!'라고 생각하지요.

네. 9만 원이 된 주식을 더 삽니다. 그랬더니 또 떨어져요. 8만 원이 됩니다. 정상적인 심리라면 기업이나 시장에 문제가 생긴 것은 아닌지 의심해야 하는데요. 아무리 생각해봐도 11만 원까지 오를 주식이라는 믿음은 변함이 없습니다. 오히려 생각은 이쪽으로 흘러요. '11만 원까지 갈 주식인데 8만 원이면 헐값에 주식을 살 기회군!' 결국 손 털고 나올 기회를 놓치고 점점 더 많은 돈을 넣게 됩니다.

> 몰입 상승의 편향이란, 선택이나 결정이 잘못된 것임을 알고 난 뒤에도 중단하거나 바로잡지 않고 계속해나가는 현상이다. 경제학계에서는 '매몰 비용 효과', 개인 투자자의 세계에서는 흔히 '물타기' 매매 기법으로 불린다. 주가가 떨어진 경우 손절매를 고려하는 게 아니라, 평단가보다 더 낮은 금액에서 주식을 오히려 추가 매수하는 것을 말한다.

저자는 이런 걸 두고 '치킨집의 아이러니'라고 불러요. 어떤 사람이 치킨 가게를 여러 곳 운영한다고 해봐요. 장사가 잘되는 집은 놔두고 안 되는 집을 처분하겠지요? 주식 투자자의 심리는 이와 반대로 작동합니다. 오르는 주식은 처분하고 내려가는 주식은 계속 보유합니다. 실패에도 불구하고 계속 투자하는 거죠.

"요즘 시대 주식 투자는 선택이 아닌 필수."라고 말하는 사람도 있어요. 저자는 개미들이 실패라는 함정 앞에서 얼마나 취약한 존재인지 그러면서도 그 덫에서 빠져나오는 건 얼마나 힘든지를 행동경제학과 개인 투자자의 사회경제적 특성을 동원해 설명합니다. 도서관에 가면 주식이나 코인 등 재테크 관련 책을 보는 사람들이 많습니다. 서점에 가도 재테크 관련 책이 경제 분야 베스트셀러 상위권을 독차지해요. 대부분은 재테크를 해야 하는 이유에 방점을 찍습니다. 그런데 코로나19 팬데믹 시기에 주식 투자에 입문했다면 명심해야 합니다. 유례없는 위기를 극복하기 위해 시중에 돈이 풀리고 금리를 낮춘 겁니다. 거저나 다름없이 돈을 빌려주니 너도나도 주식시장에 뛰어들어 주가가 치솟은 거죠. 매우 이례적인 현상입니다. 비일상적 증시를 정상이라고 느끼며 낙관론을 펼치는 걸 경계해야 합니다.

우리의 마음은 투자에 실패할 수 있는 여지가 너무 많습니다. 성공한 펀드매니저가 쓴『주식하는 마음』을 보면 우리의 마음은 투자에 실패하도록 설계되어 있다고 합니다. 인류는 수백만 년 동안 수렵 채집을 하며 진화했어요. 진화의 역사에서 '돈'이라는 걸 다뤄본 시기는 아주 짧습니다. 그래서 얕은 경험으로 잘못된 학습을 하고 그로 인해 잘못된 의사결정을 내리곤 합니다.

행동경제학에서 밝힌 인간의 편향 중 하나로 '근시안적 손실 회피'
가 있습니다. 단기적으로 손실을 자주 볼수록 위험 회피 성향이 커
진다는 의미입니다. 손실을 볼 때의 고통은 이익을 볼 때의 기쁨보
다 큽니다. 매일매일 주가를 확인한다면, 좋은 주식을 골라서 샀더
라도 (주가가 내려갈 때) 당장의 고통을 참지 못하고 주식을 팔아
버릴 가능성이 큽니다.

맞아요. 2007년 고점에서 집을 산 후 매일 출근길에 부동산
시세표를 보며 이를 갈았어요. 다시는 빚을 내어 집을 사지 않
겠다고요. 그러다 결국 20퍼센트 손해를 보고 아파트를 팔아버
렸죠. 그냥 뒀으면 배로 올랐을 좋은 위치에 저렴한 시세로
산 아파트였는데 말입니다. 사람은 대체로 합리적이고 이성적
으로 행동하려 하지만 실제로는 비합리적이고 감정적으로 행동
하는 경우가 많아요. 특히 주식 투자를 할 때는 손실을 회피하
는 경향이 문제인데요. 손실로 인해 받는 고통이 이득으로 얻은
즐거움보다 2배 이상 강력하기 때문입니다.
  전문 투자자들은 주가가 떨어진 종목에서 최대한 빨리 손절
매를 하고, 더 좋은 주식에 돈을 재투자해요. 반면 초보 투자자
들은 주가가 떨어졌을 때 처분해 손실을 확정 짓는 것을 두려워
합니다. 가치가 떨어지고 있는데도 장기간 보유하면 주가가 반

등해 본전을 찾고 이익을 낼 수 있다고 기대해요. 주식 투자를 할 때 마음의 평정심을 유지하는 건 쉽지 않아요. 그러니 오히려 명확하게 기준을 세우는 게 필요합니다. 감정에 휘둘리지 않고 사전에 주식을 처분할 계획을 세워야 하고요. 아예 매수 가격보다 낮은 특정 가격이 되면 자동으로 손절매를 할 수 있게 설정해두어도 좋아요. 주식뿐만 아니라 다른 자산 포트폴리오를 주기적으로 점검하면서 주식의 비율을 일정하게 유지하는 것도 필요하고요.

자산 포트폴리오에서 주식의 비중은 어느 정도인 것이 좋을까요? 사람마다 성향이 다르고 연령대에 따라 적절한 비중이 다르다고 생각합니다. 젊어서는 공격적으로 주식에 더 많이 배분해도 좋지만 나이 들어서는 안정적으로 자산을 운용하는 편이 좋아요. 30~40대에는 주식에서 잃어도 복구할 수 있는 기회가 있지만 퇴직 후에는 주식에서 손실이 크게 나면 메우기가 쉽지 않거든요. 결국 자신의 소득과 저축액 그리고 성향에 따라 적절한 비율의 포트폴리오를 만들기 위해 경제 공부를 하는 거겠지요.

주식이 쉽다고 호도하는 사람들을 경계해야 합니다. 주식 투자로 돈 벌기 쉽다고 말하는 사람은 두 부류입니다. 세월의 검증을 거치지 않은 초보자이거나, 사람들을 주식시장으로 꾀어내서 자기 이득을 취하고자 하는 사람입니다. 이런 부류의 사람들은 언제나 존재하는데, 이런 사람들이 갑자기 많아지고 다른 사람들의 주목을 받을 때 시장은 위험해집니다.

어쩌면 주식이나 부동산에 대해 아무것도 몰랐을 때의 제가 더 행복했을지도 모릅니다. 돈을 불리겠다는 욕심과 진화의 시간 동안 축적된 인간의 비합리적인 심리가 만들어낸 불협화음에 놀아나고 싶지 않아요. 그러나 우리가 만난 돈의 세상은 앨리스가 만난 붉은 여왕이 사는 세상과 같아요. 제자리에 있기 위해서도 온 힘을 다해 달려야 하죠. 열심히 벌고 모은 돈을 쓰지 않고 두어도 돈의 가치가 떨어집니다. 돈을 유지하거나 불리려면 재테크를 안 할 수 없는 시대입니다.

주식 투자할 때의 다짐
- 마음의 평정심 : 시장 상황에 따라 휘둘리지 않도록 매도 계획을 사전에 수립하기. 손절매를 두려워하지 말고, 일정 금액 이하로 하락할 경우 자동으로 매도하도록 설정해두기
- 다양한 자산 포트폴리오 구성 : 자산을 주식에 올인하지 않고 다양하게 구성하여 위험에 대한 대비책 세워두기

돈,
비겁하게 불려보자

예능 PD로 일하던 시절, 코미디 프로그램에서 조연출로 일한 적이 있었어요. 코미디언들과 회의를 하고 촬영을 할 때마다 느꼈어요. '아, 코미디언은 머리가 좋아야 할 수 있는 직업이구나.' 사람을 웃기는 거 쉽지 않아요. 머리가 좋아야 좋은 아이디어도 많이 내고 대본도 잘 외울 수 있어요. 특히 수많은 관중을 모시고 녹화를 하는 공개 코미디의 경우 라이브로 진행하기 때문에 대사를 외우지 못해 버벅거리면 망합니다. 드라마 촬영은 녹화 현장에서 같은 장면을 몇 번씩 촬영해서 가장 좋은 컷을 뽑지만 코미디는 한 번에 웃겨야 하거든요.

머리가 좋은 사람들이 많아서일까요. 코미디언 중에서는 투자나 사업으로 돈을 벌어 책을 쓴 사람이 여러 명 있어요. 그중 한 사람이 황현희 씨입니다. 아는 사람들 사이에서 투자의 고수로 알려져 있는데요. 코미디언으로 20년을 일해 번 만큼의 돈을 10년이 안 되는 시간 동안 투자로 벌었다고 해요. 황현희 씨가 투자가로서 자기만의 재테크 원칙을 풀어 쓴 책이 『비겁한 돈』입니다.

인간이 투자라는 세계를 창조한 이후로 단 한 번도 변하지 않는 진리가 있어요. 세상 어디에도 끝없이 상승하는 투자 상품도, 영원히 하락하는 투자 상품도 존재하지 않는다는 겁니다. 모든 투자 상품은 상승과 하락의 사이클을 그립니다. 황현희 씨는 투자의 시행착오를 거치며 그 사이클을 유심히 살펴보았고, 마침내 투자의 황금 원칙을 찾아냈어요. 비결은 '비겁함'과 '쉼'입니다.

그는 자신의 실력보다 더 많이 벌고 싶은 욕심, 즉 비겁한 마음을 인정하라고 말합니다. 실력도 없으면서 섣불리 여기저기 투자를 하다 낭패를 당하지 말라고요. 차라리 자신의 비겁한 욕심을 인정해야 단순하지만 확실한 투자를 할 수 있다는 거예요. 그러기 위해서는 투자 상품의 빅 사이클을 이해하고 모든 투자 행위를 멈추고, 쉬면서 때를 기다리라고 합니다. 경제 분야의 많은 책과 재테크 강연을 접했지만 '쉼'을 강조하는 건 처음 봤습니다. 그래요. 무언가를 하는 시간만큼 쉬는 시간도 중요합니다. 당연히 쉬는 시간을 가져야 하는데 투자와 관련해서는 누구도 권하지 않고 지키지도 않아요. 저자가 표현하는 비겁함과 쉼이라는 표현이 마음에 듭니다. 허례허식이 느껴지지 않는 보통의 단어에서 경제 지식이나 재테크 경험이 없어도 이 두 가지만 확실하게 지키면 돈을 불릴 수 있다는 저자의 자신감이 느껴졌어요.

비겁함과 쉼을 제대로 써먹으려면 투자 상품의 빅 사이클을 이해해야 해요. 투자 상품의 상승과 하락은 인간의 욕망이 만든 결과물입니다. 더 오르리라는 사람들의 기대가 들어갔을 때 가격은 상승하고 이 정도면 너무 많이 올랐다는 불안이 들어가면 가격은 하락합니다. 기대와 불안은 인간의 욕망이자 본능입니다. 인간이 관여하는 한 시장은 상승장과 하락장을 오갈 수밖에 없지요.

시장이 여기서 더 상승할지 아니면 정체기를 맞이하고 하락기로 향할지 알 수 없습니다. 지금이 어떤 시기인지 알 수 없기 때문에 좋은 시기를 단정할 수 있는 근거도 존재하지 않아요. 뉴스에서 주식 대박, 부동산 급등이라는 기사가 쏟아지면 '더 늦기 전에 들어가서 나도 남들처럼 돈을 벌어야지!' 하는 마음에 그때라도 시장에 뛰어드는 사람이 많습니다. 안 됩니다. 누군가의 환호성이 우리 귀에 들릴 때는 '좋은 장이 왔구나.' 할 게 아니라 '좋은 때는 지나갔구나.'라고 생각하는 게 낫습니다.

언제 자산을 매입하는 게 가장 좋을지를 알면 누구나 돈을 벌수 있을 텐데 그게 참 어려워요. 상승기보다는 하락기에 있는 투자 상품을 찾아야 합니다. 주식에 대해 누군가는 지수가 반토막 나면 하락기가 끝나는 지점이라고 해요. 실제로 코스피는 10년을 주기로 반 토막을 기록했고, 그 이후 이전의 고점을 돌파하며 우상향했거든요. 이 말이 사실이라면 주식 투자를 하는 전략은 간단하네요. 반 토막이 되기를 기다리는 겁니다. 엄청난 주가 폭락 뒤에는 항상 '우리는 샴페인을 너무 일찍 터트렸다.' 는 뉴스 헤드라인이 나옵니다. 이 말을 거꾸로 생각해보면 샴페인을 터트린다는 것은 주식시장에 대부분의 사람들이 참여했을 때라는 말입니다. 즉 주식시장에 더 이상 방관자가 존재하지 않는 시점이죠. 해당 투자 상품에 대한 시장 방관자가 존재하지 않은 시점. 샴페인이 터지면 주식시장은 하락기로 돌아섭니다.

주식 투자의 대가로 유명한 개인 투자자 김종봉 씨는 서점에 가면 상승기를 거의 지나간 투자 상품을 쉽게 알 수 있다고 이야기합니다. 경제경영서 신간 코너나 베스트셀러 코너에 가서 압도적으로 많이 다루고 있는 주제를 보라는 겁니다. 바로 그

주제가 상승기의 끝자락에 있는 투자 상품이라고요. 맞습니다. 그 책을 쓴 사람은 해당 투자 상품으로 이미 막대한 돈을 벌고 나왔죠. 책을 쓰고 만드는 데에는 최소한 6개월 이상의 시간이 필요합니다. 시장 상승기 초입에 진입해서 투자에 성공한 사람이 자신의 후일담을 6개월에 걸쳐 책으로 펴낸 거예요. 시기상으로 초입기는 완전히 지났고 상승기의 정점일 가능성이 높습니다.

황현희 저자가 말하는 비겁한 돈이란 시장 상승기 초반에 뛰어들어 버는 돈을 뜻해요. 잘 모를 때는 어디에도 투자하지 말고 인내하며 쉬세요. 모든 투자 상품에는 '도저히 돈을 잃을 수 없는 시기'가 있어요. 돈을 모으며 기다렸다가 시장의 바닥 지점에 들어가는 겁니다. 그 황금 시기를 잡는 사람은 실력과 상관없이 돈을 불릴 수가 있어요. 만약 운이 좋아 하락장 끝에 들어가 상승장에서 돈을 불렸다면 반드시 내 실력으로 번 돈이 아니라는 것을 인정해야 합니다.

월급쟁이를 그만두거나 평생 벌어 모은 은퇴 자금을 투자하지 말아요. 서울에서 20억 원 정도 가치를 가지고 있는 아파트의 월세가 300만 원 정도 해요. 월급 300만 원은 대출 없이 거주하는 집 외에 20억 원짜리 여분의 아파트를 가지고 월세를 받는 것과 같은 개념이에요. 일을 그만두고 정기적으로 들어오는 현금 흐름을 끊어버리는 건 정말 무모한 겁니다.

　요즘 저는 황현희 저자의 말대로 은퇴 자금을 건드리지 않고 연금과 강연료, 인세 등의 부수입을 모으고 있어요. 저도 비겁하거든요. 실력이 없지만 애써 모은 돈을 불리고 싶어요. 다행스럽게도 참고 기다리는 건 자신 있어요. 쉬면서 절대로 돈을 잃을 수 없는 시기가 오면 어떤 주식을 살지 고르고 있어요. 시장의 바닥까지는 아니더라도 샴페인이 터진 후에 판돈을 조금씩 넣어볼 겁니다. 아, 절호의 시기를 놓쳤다고요? 괜찮아요. 판돈을 키워가며 다음 하락장을 기다리면 되니까요.

자산 관리의
골든타임

좋은 삶이란 어떤 삶일까요? 저는 어렸을 때 가난하고 힘들어도 나이 들수록 조금씩 형편이 나아지고 노후에는 여유를 누리는 삶, 젊어서는 아끼고 벌고 모으다가 나이 들어서는 돈 쓰는 재미도 맛볼 수 있는 그런 삶이 좋은 거 같아요. 1960년대생인 사람들의 삶은 대체로 그랬어요. 1960년생이 태어났을 때 우리나라의 1인당 GDP는 79달러였습니다. 60세가 되어 퇴직할 때 GDP는 3만 1,700달러가 되었어요. 경제 성장기에 태어나 많은 것을 누렸습니다. 시골에서 나고 자라 성공한 사람도 많았고요.

1981년부터 졸업 정원제를 실시하면서 대학 정원이 30퍼센트 늘었고, 1980년대 후반에는 민주화와 노동운동의 성과로 임금이 20퍼센트씩 올랐어요. 물론 힘든 시기도 있었죠. 1997년 IMF 외환위기를 맞으며 노동시장이 경쟁적으로 변했고, 임금 격차가 커졌습니다. 2008년의 글로벌 금융위기는 1960년대생들의 양극화를 고착화했어요. 여기에 2010년대 급등한 부동산 가격으로 서울과 지역 간의 격차도 벌어졌습니다.

미래에셋은퇴연구소 소장을 역임한 김경록 저자가 쓴 『60년대생이 온다』를 읽었습니다. 책에서는 60년대생을 인생의 1막을 고성장과 민주화의 주역으로 보내고 인생 2막에서 초고령 사회의 주역이 된 세대라고 합니다. 부모님을 모시는 마지막 세대이면서 자녀에게 부양받지 못하는 최초의 세대인 60년대생들은 초고령 사회에서 노후를 잘 보내기 위해 개인적·사회적 준비가 필요합니다. 개인적으로는 각자의 노후 준비를 통해 사회에 주는 부담을 줄여야 하고 사회적 책무도 져야 한다는 거죠.

저 역시 60년대생입니다. 방송사 PD라는 현업에서 물러났지만 아직 제가 할 수 있는 일이 있다고 생각해요. 김경록 저자가 쓴 『1인 1기』를 보면서 은퇴하고도 월 100만 원의 소득을 꾸준히 올릴 수 있는 기술을 가져야겠다고 생각했어요. 제가 택한 기술은 글쓰기입니다. 10년 넘게 블로그에 매일 글을 쓰면서 지겹거나 힘들 때마다 글을 쓰는 게 나한테 정말 도움이 된다는 생각을 했고 실제로 책을 내는 토대가 되었죠. 저의 계획은 이래요. 지금까지 낸 책과 앞으로 쓴 책으로 월에 인세 20~30만 원을 벌고요. 한 달에 두 번씩 저자 강연을 하면서 60만 원 정도를 벌고요. 매체에서 칼럼 청탁이 오면 원고료로 20만 원을 받을 수 있어요. 저금리 시대에 매월 100만 원을 이자로 받으려면 3,000만 원짜리 정기예금을 12개 들어야 합니다. 아, 매달 100만 원을 벌 수 있는 기술이 있다는 건 노후 자금 3억 6,000만 원을 은행에 맡겨둔 것과 같은 효과가 있군요. 『60년대생이 온다』를 읽으며 노후를 준비하는 다섯 가지 전략을 세웠습니다.

첫째, 퇴직은 자신의 예상보다 좀 더 일찍 닥치므로 체계적으로 재취업이나 은퇴 이후 소득을 올릴 수 있는 준비가 필요합니다. 나는 예외일 거라고 생각하지만 현실에서 대부분의 사람들은 '평균의 법칙'을 벗어나기 어려워요. 통계청의 '2023년 경제활동인구조사 고령층 부가 조사'에 따르면 중장년이 주된 직장에서 퇴직하는 연령이 평균 49.4세입니다. 즉 50세 언저리에 퇴직할 것을 염두에 두고 40대에는 인생 이모작을 준비해야 합니다.

둘째, 자신의 전문 경력을 확보하고 인적 네트워크를 잘 관리해야 합니다. 현업에 있을 때 자기 분야에서 전문성을 확보하고 좋은 평판을 얻는 게 중요합니다. 그래야 퇴직 후에도 시니어로서 컨설턴트가 될 수도 있고 그 분야의 인재 양성이나 관련 책 출간, 강연 등으로 소득을 만들 수 있거든요.

셋째, 일자리 포트폴리오를 갖는 게 좋습니다. 은퇴 후에 일을 할 때는 소득이 크게 하락하기 때문에 N잡러가 되는 게 유리합니다. 저 역시 책을 내고 있지만 인세만으로 생활하기는 어려워요. 세명대 저널리즘 대학원에서 매주 한 번 강의를 하고요. 도서관 저자 특강이나 진로 특강을 다니며 다양한 일을 해요. 아직까지는 소득을 위해 일하고 있지만 언제든 잘 안 풀릴 수도 있다고 생각합니다. 그때는 소득이 없어도 이 사회에서 어른으로서 할 수 있는 역할이나 보람을 느끼는 일이 중요해지겠지요.

넷째, 일정 금액 이상 금융 소득을 확보해야 합니다. 은퇴 후에 벌 수 있는 소득은 전과 비교해 40퍼센트 이상 줄어들기 때문에 소비 규모를 줄여야 하는데 여가시간이 늘어나니 오히려 씀씀이가 늘어납니다. 병원비 등 예상치 못한 큰 비용이 필요할 수도 있고요. 정기적으로 들어오는 수입을 다각화해야 합니다. 소소하게 버는 근로 소득 외에 연금 수령, 투자 수익 등 다 모으면 생활을 유지할 수 있는 대비책을 마련해야 합니다.

다섯째, 퇴직 전에 '재정 소방 훈련'을 실시합니다. 학교 다닐 때 혹은 직장을 다니면서 소방 훈련을 해본 적이 있으신가요? 불이 났다고 가정하고 소화, 통보, 피난 훈련을 해보는 건데요.

현업에 일하는 동안 향후 줄어든 소득에 맞춰 살아보는 재정 소방 훈련을 해볼 필요가 있어요. 소득이 없을 때 어떻게 생활할지 예행연습을 해보면 노후 대비 전략을 구체적으로 세울 수 있습니다. 월 지출 금액에서 대출 상환, 월세, 자녀 학비와 주거비 등 경직적인 지출이나 고정 비용이 얼마나 되는지 살펴봐야 해요. 이렇게 헤아려보고 월급 없이 감당할 수 없다면 어떻게든 현직에서 버텨야 합니다.

환경이 변화할 때는 열심히 사는 사람보다 지혜롭게 사는 사람이 생존합니다. 단순히 재테크를 잘하고 운동을 열심히 하는 것만으로는 충분하지 않아요. 길어진 수명에 맞게 건강, 돈, 일에 대해 관점을 바꾸고 삶을 재구조화해야 하지요.

워런 버핏은 약 150조 원의 자산을 가진 세계 5위의 부자입니다. 그보다 더 부자는 테슬라, 아마존, 루이뷔통, 마이크로소프트의 창업자들이에요. 버핏은 오직 투자로 부자가 되었는데요. 그의 투자 비법은 장수입니다. 150조에 달하는 버핏의 자산 중 95퍼센트를 60세 이후에 만들었다고 해요. 2024년에 94세가 되었으니 60세 이후 30년 이상 자산을 불려 다섯 손가락에 꼽히는 부자가 된 겁니다. 장수 시대의 60세는 자산 관리의 끝이 아니라 시작입니다.

60세 나이에 5억 원의 금융 자산을 가진 A, B 두 사람이 있습니다. 둘 다 생활비로 연간 4,000만 원을 지출합니다. A는 10년 동안 일자리가 있어 근로 소득과 국민연금으로 생활비를 충당합니다. 5억 원을 4.5퍼센트 수익률로 운용해서 불려요. B는 국민연금 외에 소득이 없어서 금융 자산에서 나오는 금리 4.5퍼센트 이자 소득 2,000만 원과 연금 1,000만 원 외에 매년 1,000만 원씩 자산에서 생활비를 인출합니다. 10년이 지나 70세가 되면 이들의 자산은 어떻게 되어 있을까요? A는 2억 3,000만 원이 불어나 7억 3,000만 원의 자산을 갖게 되고요. B의 자산은 4억 원이 됩니다. 70세 이후에는 A와 B의 입장이 같아지는데요. A는 불어난 자산에서 나오는 이자 소득과 연금만으로 죽을 때까지 돈 걱정 없이 살 수 있어요. B는 이자 소득이 줄어든 만큼 생활비를 인출하다 보면 평균수명 86세가 되기 전에 파산합니다. 60세 이후 10년이 자산 관리의 골든타임입니다.

건강수명을 소득 수준별로 살펴보면 소득 5분위, 즉 최상위의 건강수명은 74세인데 반해 소득 1분위 최하위의 경우 65세로 9년이나 차이가 납니다. 자산과 건강은 밀접한 관계가 있습니다. 건강해야 소중한 자산을 지킬 수 있고요. 자산이 있어야 건강을 지키는 것도 수월해집니다. 10년 후에도 저는 아이들에게 의존하지 않는 독립적인 노인이 되고 싶어요. 아마 이건 퇴직을 앞둔 이들이 아니어도 누구나 꿈꾸는 미래이지 않을까요? 30대이건 40대이건 말이에요. 지금부터라도 준비해야 해요. 자신의 생애주기에 따라서 현재의 자산을 명확하게 확인하고 투자 포트폴리오를 만들고, 퇴직 이후의 삶을 계획해보세요.

40대에 드라마 감독으로 일할 때, 초등학생이던 큰딸이 촬영장에 놀러온 적이 있어요. 아빠가 밤샘 촬영하느라 집에도 안 오니 아이가 엄마 손을 붙잡고 녹화장으로 찾아온 거지요. 아이에게 아빠가 일하는 모습을 보니 어땠는지 물어봤어요.

"엄청 신기했어."

"뭐가 제일 신기했어?"

"아빠가 말하는 대로 사람들이 움직이고, 아빠가 또 뭐라 하면 길 가는 사람도 다 멈추는 거."

엑스트라라는 개념을 몰랐던 아이의 눈에는 거리를 오가는 행인들이 제 지시에 따라 일사분란하게 움직이는 게 신기했던 거죠. 그 순간 깨달았어요. 아, 어쩌면 나는 퇴사 후에 외로워질 수 있겠구나.

평생 높은 자리에서 떵떵거리며 살던 이가 그 권위의식을 버리지 못하면 퇴사 후에 아무도 찾지 않는 외로운 이가 된다는 얘기가 떠올랐어요. 저는 60세가 넘어서도 사람들이 불러주고 찾아주는 사람이 되고 싶어요. 그렇다면 드라마 PD를 그만둔 후에 어떤 일을 해야 사람들이 나를 찾아줄까요? 그즈음 회사의 어느 선배가 고등학교 진로 특강을 부탁했는데요. 연예인에 관심이 많은 학생들에게 방송인의 직업 세계에 대해 소개해달라더군요. 코미디 PD로서의 자존심을 걸고 최대한 재미난 강연을 준비했어요. 자학 개그를 섞어 빵빵 터지는 대목도 넣었고요. 강연을 마치고 선배에게 학생들이 무척이나 좋아했다는 후기를 전해 들었어요. 그래, 노후에는 직업 강사로 일을 할 수 있지 않을까?

그로부터 10년 정도 주말이나 연차, 휴가를 이용해 기회가 있을 때마다 외부 강의를 했어요. 처음에는 강의료가 없는 재능 기부도 마다하지 않았죠. 그렇게 강의를 하다 보니 입소문이 났고 강의료를 주더군요. 은퇴한 뒤로는 직업 강사가 되었으니 강의료가 없는 곳은 안 갑니다. 일이니까요.

노후 대비를 위해 새로운 일을 찾을 때는 세 가지를 순서대로 고민해보세요. 첫째, 나는 어떤 일을 할 때 즐거운 사람인가? 둘째, 그 일로 나는 세상에 도움을 줄 수 있는가? 셋째, 그래서 그 일을 하면 세상이 나에게 돈도 주는가? 순서가 중요합니다. 내가 좋아하는 일을 찾는 게 최우선이에요. 그래야 오래, 꾸준히, 지치지 않고 할 수 있습니다. 그러면 좋아하는 일을 잘하게 되는 순간이 오고요. 그다음에는 세상에 도움을 줄 기회가 생깁니다. 일을 잘한다고 소문이 나면 내가 하는 일에 대해 적절한 보상도 따릅니다. 퇴직 후에 인생 이모작을 시작하면 순서를 지키기 어려워요. 소득이 없기에 제일 먼저 일에 대한 보상을 따지게 되고요. 돈이 되면 재미가 없어도 일단 하게 되니 최우선 순위는 따져볼 수도 없게 되죠. 기왕이면 주 수입원이 있는 상태에서 취미 삼아 이모작을 준비하는 게 좋습니다.

평균수명은 계속 길어지고 있어요. 머잖아 정말 100세까지 살게 될 겁니다. 회사는 60세 정년 이후의 내 삶을 책임져주지 않아요. 국가도 노후의 나를 챙겨주지 않습니다. 가족에게 의지하는 건 불행한 일이죠. 나의 노후는 내가 챙겨야 합니다. 진짜 노후 대비는 은퇴 자금을 준비하는 것이 아니라 60세 이후에 할 일을 찾는 것입니다. 그걸 위해 '나는 어떤 일을 할 때 즐거운 사람인가?' 이 질문에 대한 답부터 찾아보면 좋겠어요.

은퇴 후를 준비하는 다섯 가지 전략

1. 은퇴 후의 고정적 소득원 확보하기
2. 자기 분야의 전문성을 확보하고 인적 네트워크를 강화하기
3. 일자리 포트폴리오 만들기(N잡 준비)
4. 일정 금액 이상의 금융 소득 확보해두기(연금 수령, 투자 수익 등)
5. 재정 소방 훈련으로 줄어든 소득에 맞춰 살아보기

소액으로 투자 시작해보기

- ETF(상장지수펀드)에 가입해보세요. ETF는 주가지수에 영향을 받는 펀드입니다. 따라서 장기적으로 우상향하는 특성이 있어요. 분산투자의 원칙을 지키면서 장기적인 수익을 낼 수 있는 상품입니다. 이 외에도 낮은 운용 수수료(보통 0.1% 미만), 국내 주식시장에 상장된 미국 ETF에 투자할 수 있고, 개인연금, ISA가 가능하다는 등의 장점이 있어요.

미국 ETF 투자하기

- step 1. 증권사 선택 : 키움증권, 미래에셋, 삼성증권 등 다양한 증권사가 있어요. 예전과 달리 요즘은 수수료 차이가 크지 않습니다. 그럼에도 각각의 운용 수수료가 다를 수 있으니 체크해보고, 자신과 맞는 증권사를 선택하세요.

- step 2. 비대면 증권계좌 개설 : 선택한 증권사의 앱을 다운받고, '종합계좌'를 개설하세요.

- step 3. 투자금 입금 : 개설한 계좌로 투자금을 이체해주면 이제 준비는 끝났어요.

- step 4. ETF 매수하기 : 다양한 ETF 중 주식 투자할 때 종목 검색 후 매수하는 것과 동일한 방법으로 종목을 살펴보고 매수하면 됩니다.

- ETF 매수시의 유의점

  - S&P500 ETF라고 검색하면 여러 상품이 나올 겁니다. 운용사별, 혹은 같은 운용사 안에서도 상품마다 편입된 종목이 다를 수 있어요. 이런 것들을 꼼꼼하게 살펴보고 매수합니다.

  - 분산투자를 기억하세요. 주식형과 채권형의 균형을 맞춰 포트폴리오를 구성하세요(ex. S&P500 주식형 펀드, 미국 30년 국채 액티브 펀드(채권형) 등으로 구성)

- ETF 외에도 주식, 채권, 금, 부동산 관련 리츠 등으로 다양한 포트폴리오를 구성해보세요.

5장

똑똑한
소비 생활의 행복

현명한 소비로 얻는
진짜 자유

파이어족은
행복 리스트를 쓴다

52세의 나이에 명예퇴직 공고를 보고 진지하게 퇴사를 고민했어요. 은퇴 후에는 무엇을 할 건인가 참 막연하더라고요. 처음에는 죽기 전에 꼭 하고 싶은 버킷 리스트를 작성해보려고 했어요. 그런데 문득 죽기 전까지 얼마나 시간이 남았을까 생각하게 되었죠. 2022년 통계청에서 발표한 완전생명표에서 제 나이 52세 남성의 기대여명*을 확인해봤어요. 29.76년(동갑 여성은 34.93년)이 남았네요. 제가 30년을 일했거든요. 죽기 전까지 그 시간만큼의 시간이 남은 겁니다. 아, 버킷 리스트를 쓸 때가 아니군요. 질문을 바꿨습니다. 무엇이 나를 행복하게 만드는가?

행복 리스트는 버킷 리스트와는 다릅니다. 버킷 리스트는 안 해본 것 중에서 해보고 싶은 일을 찾는 건데요. 로망, 현실에서 이루지 못한 것을 갈구하는 이상을 찾는 과정이기 때문에 필연적으로 결핍의 감정에서 출발합니다. 반면 행복 리스트는 현재 내가 가진 것들 그리고 과거 경험 중에서 정말 중요한 것들을 추려내는 과정입니다. 행복 리스트는 행복했던 나의 경험에서 비롯되기 때문에 기본적으로 만족의 감정에서 출발하죠.

물론 결핍을 채우는 것은 중요합니다. 버킷 리스트에 산티아고 걷기 여행을 적어두었어요. 퇴사 후에 산티아고에 다녀오면 나의 결핍이 충족되죠. 한 번 다녀오면 리스트를 지웁니다. 아, 아직 28년의 시간이 남았는데요. 남은 인생을 아낌없이 쓰려면 얼마나 많은 버킷 리스트가 필요한 걸까요? 스트레스네요. 산티아고라는 버킷 리스트 대신 매일 할 수 있는 서울 둘레길 걷기라는 행복 리스트를 써봅니다. 서울을 한 바퀴 휘감는 총 156킬로미터의 둘레길은 21개의 코스로 되어 있어요. 집 주변에도 몇 개나 있습니다. 이미 서울 둘레길을 완주해보았는데요. 너무 좋

• 기대여명은 현재 도달한 나이의 사람들의 남은 생존 기간을 보여주는 것으로 기대수명과는 약간 차이가 있어요.

아서 저만의 산책 코스를 만들었고, 요즘도 자주 걷고 있어요. 매번 둘레길을 걸을 때마다 만족감이 최곱니다. 앞으로도 매일 둘레길을 걸을 생각을 하니 벌써 즐겁네요.

행복 리스트를 작성하려고 생각하니 마음이 훨씬 가볍고 설렙니다. 여기에는 결핍이 끼어들 자리가 없거든요. 그러고 보니 저는 10년 이상 매일 아침 블로그 '공짜로 즐기는 세상'에 글을 썼는데요. 좋아하는 책, 좋아하는 일, 좋아하는 여행, 좋아하는 사람들 등 이미 저만의 행복 리스트를 쌓아왔더라고요. 은퇴 후에는 무엇을 할까요? 할 게 이렇게 많네요.

명퇴 신청서를 내던 날, 회사를 나서는데 무척이나 홀가분했어요. 당시 여기저기에서 욕도 많이 먹고 힘든 시절이었는데요. '그래, 더 나은 세상을 만들기 위해 무엇을 해야 할까를 고민하며 사는 대신 이제는 나의 행복에 집중하며 살아보자.'라고 다짐했습니다. 그렇게 52세에 조금 이른 은퇴를 했어요.

은퇴를 본격적으로 고민하던 시기에 도서관에서 관련된 책들을 여러 권 읽었습니다. 그때 처음 '파이어FIRE족'이라는 말을 접했어요. 파이어족은 경제적 자립financial independence을 토대로 자발적 조기 은퇴retire early를 추진하는 사람들입니다. 정년퇴직을 기다리는 대신 하루라도 더 빨리 은퇴해 직장 생활에 따른 스트레스에서 벗어난 삶을 찾겠다는 움직임인데요. 2008년 글로벌 금융위기가 닥쳐왔을 때 밀레니얼 세대(1981~1996년생)를 중심으로 전 세계에 급속히 퍼졌다고 해요. 60세 정년까지 회사에서 버티려고 했던 제가 2020년에 바로 그 파이어족이 되었습니다. 30년 동안 일해서 모은 자산으로 남은 30년을 어떻게 살아갈 것인가? 파이어족에도 유형이 있답니다. 『대한민국 파이어족 시나리오』라는 책에서 경제관을 중심으로 파이어족이 되는 네 가지 길을 소개하는데요.

첫째, 자산형 파이어족이에요. 기본적으로 자산을 불리는 데 남들보다 큰 보람을 느끼는 사람입니다. 자산이 늘어나는 것을 싫어하는 사람이 어디 있겠냐 싶지만 자산형 파이어족의 특징은 미래 가치를 위해 기꺼이 현재의 변동성을 감수한다는 거예요. 규칙적인 현금 흐름에 집착하지 않고 투자 가치가 있는 자산에 투자를 하고 있어야 안심하는 성향을 가졌어요. 기회가 왔다고 판단되면 레버리지를 동원해서라도 집중 투자해야만 직성이 풀립니다. 투자에서 얻은 성취에 만족감이 크므로 투자를 취미로 생각하는 사람도 많다고요. 적은 돈이라도 보너스든 월급이든 돈이 생기는 대로 어떻게든 투자를 합니다. 펀드를 들거나 주식을 하거나 코인을 하면서 자산에 투자하기 위한 노력을 게을리하지 않지요. 그렇게 꾸준히 모은 자산을 든든한 뒷배 삼아 은퇴를 결정하는 이들이 자산형 파이어족입니다.

둘째, 현금 흐름형 파이어족이에요. 경제적 안정성을 가장 중요시하는 유형입니다. 경제적인 문제에 관해서는 매우 신중하죠. DNA 자체가 매사 안정적이고 차분하게 행동하기 때문에 부화뇌동하지 않고 꾸준히 자신의 할 일을 해나가는 데 능숙합니다. 큰 수익을 얻을 기회가 있더라도 위험이 크다면 선뜻 나서지 않는다는 게 이들의 장점이자 단점이에요. 현금 흐름형 파이어족은 규칙적인 현금 흐름을 확보해야만 발 뻗고 잘 수 있는 사람들이며 변동성을 지켜보는 것을 어려워하는 측면이 있다는데요. 푹 정곡을 찌르네요. 제가 이렇거든요. 평생 주식 투자를 거들떠보지 않았던 것도 투자를 통해 수익을 얻는다는 기대감보다 투자금을 잃는다는 불안함이 더 컸기 때문입니다.

현금 흐름형 파이어족을 꿈꾸는 사람들은 자신의 가치를 올리는 게 최선입니다. 직장에서 일을 해서 몸값을 올리거나 부업을 하는 거지요. 월급 외에도 수입을 올릴 수 있는 방법을 찾아야 합니다. 회사를 나와서도 꾸준히 소득을 올리는 게 필요하죠. 앞서 이야기한 것처럼 저도 방송사에서 일하면서도 블로그에 글을 쓰고 책을 내거나 주말에 도서관 특강을 다니면서 적은 수입이라도 꾸준하게 버는 훈련을 했어요. 은퇴를 하고 나니 그 수입이 정말 소중합니다.

셋째, 밸런스형 파이어족이에요. 다양한 경제적 시나리오에 대처하는 것이 몸에 배어 있는 사람들입니다. 미래에 벌어질 다양한 상황에 대해 계획하는 것을 좋아하며 미리미리 대비 방법을 준비합니다. 어떤 투자 상품에 대해서도 한 번씩은 의심하고 위험을 따져보는 성향은 밸런스형 파이어족의 대표적인 특징이죠. 자산이든 현금 흐름이든 잘 배분된 포트폴리오와 함께할 때만 밸런스형 파이어족의 마음이 편안해집니다.

제가 친구들을 만나 밥을 살 때가 있습니다. 은퇴하고 월급도 안 나오는데 무슨 밥을 사냐고 만류하면 저한테는 세 가지 돈이 있다고 말합니다. 과거에 모아 놓은 자산, 현재 벌고 있는 소득, 미래에 자동으로 들어올 연금이죠. 평생 월급의 절반을 꼬박꼬박 저축한 덕분에 자산이 꽤 있어요. 은퇴 후에도 소득을 얻고 있고요. 주식이나 부동산보다 연금저축을 더 선호한 덕분에 이미 받고 앞으로 받게 될 연금이 충분합니다. 자산, 소득, 연금이라는 포트폴리오 덕분에 저는 경제적 자유를 누리고 있습니다. 자, 그렇다면 부업이나 자산이 없는 사람은 어떻게 파이어족이 될 수 있을까요?

넷째, 쓰죽형 파이어족이 될 수 있어요. '쓰죽'이란 게 지금 가진 돈을 다 '쓰'고 '죽'자는 뜻인데요. 경제적인 불안에 시달리며 미래를 대비하느라 현재 삶의 질이 떨어지는 것을 거부하는 유형입니다. 자산을 모으고 늘리는 스트레스에 짓눌리기보다는 그 에너지를 자신의 인생을 행복하게 만드는 데 쓰는 거죠. 이 유형은 미래 자산에 대해 욕심을 부리지 않아요. 죽을 때 남는 것은 쌓아둔 자산이 아니라 그저 자신의 마지막을 정리해줄 약간의 비용과 기억에 남을 만한 멋진 경험과 같은 정신적 유산이라고 말합니다. 평소 적은 돈으로 즐겁게 사는 법을 습관화하고 연금과 보험을 철저하게 활용하는 지극히 합리적인 사람들로 은퇴 후에 연금이 나올 때까지 버틸 수 있는 '크레바스 자금'*만 생기면 파이어를 선언합니다.

경제적 자유와 조기 은퇴를 달성하고 파이어족이 되는 것은 온오프 스위치를 켜듯 갑작스럽게 바뀌는 것이 아닙니다. 자신이 원하는 목표를 고민하고 탐구하며 그 목표에 이르기 위해 철저하게 준비하는 사람들만 이룰 수 있는 거예요. 파이어족이 되고 싶어도 이후의 삶을 어떻게 살아갈 것인가의 문제는 남습니다. 파이어는 경제적 자립을 토대로 빨리 은퇴한다는 뜻인데, 저한테는 '이제 내 인생에서 회사를 해고합니다.'라는 뜻이기도 했어요. 회사를 위해, 다른 사람을 위해서가 아니라 나의 행복을 위해 살겠다는 선언이죠.

은퇴 후에는 조금 더 일상적이고 담백한 행복을 기록해보고

---

* 고정 소득이 없는 연금 공백기인 60~65세끼지의 생활비

싶어서 인스타그램에 '#내가오늘행복한이유'라는 해시태그를 달고 매일 한 가지씩 감사 일기를 썼습니다. 아침 첫 끼로 먹는 채소 과일 샐러드, 점심 산책길에 본 오리 가족, 재미있게 읽은 책, 헬스장에서 근력 운동하는 루틴 같은 것들이죠. 은퇴자로 하루를 보내며 가장 행복했던 순간은 언제였는지 매일 아침 되새겨보는 거예요. 어느 분이 감사 일기에 '너무 행복에 집착하지 마십시오. 그러다 병 걸립니다.'라고 댓글을 달았습니다.

맞아요. 쾌락과 행복만 추구하는 것이 건강한 삶은 아닙니다. 쾌락만을 추구한다면 그 끝에서 만나는 건 중독이기 때문입니다. 저는 불쾌와 고통을 견디는 삶 역시 중요하다고 생각해요. 강의를 다니면 긴장되고 힘든 순간이 많아요. 꾸벅꾸벅 졸고 있는 청중 앞에서 목청껏 시간을 잘 써야 한다고 외치는 것도 쉽지 않고요. 절반 이상의 학생들이 스마트폰을 들여다보고 있는 대학 강의실에서 독서 예찬을 펼치다 보면 자괴감이 들어요. 매일 헬스장에서 저항성 운동을 할 때마다 마음의 저항, 근육의 저항을 느낍니다. '그냥 좀 편하게 쉬고 싶어!' 할 때도 많지만 불쾌와 유쾌를 오가는 것이 삶의 재미가 아닐까요?

돈을 잘 쓰는 것도
연습이 필요하다

한 책에서 이런 글을 보았습니다. "나는 점심으로 장어덮밥을 추천한다. 몇백 엔짜리 체인점 장어덮밥이 아니라 아사쿠사나 니혼바시의 전통 있는 식당의 장어덮밥을 먹길 바란다. 식사 한 끼의 가격은 5,000엔이 넘지만, 인생의 수업료라고 생각하면 그리 비싼 가격도 아니다."

저는 이런 주장을 하는 사람과 친구가 되기 어렵습니다. 점심 한 끼 먹는 데 5만 원 넘게 쓰는 사람이랑 만나는 건 짠돌이에게 스트레스를 주거든요. 누가 사준다고 해도 부담스러워요. 아무리 돈이 많아도 한쪽에서만 계속 돈을 내는 관계는 불편합니다. 짠돌이는 자기 돈뿐만 아니라 남의 돈도 아낍니다. 돈에 대한 개념이 다른 사람을 만나는 건 정치나 환경에 대한 인식이 다른 사람과 만나는 것과 비슷해요. 이런 사람과 친해지기는 어렵지만 이런 사람이 쓴 책을 읽는 건 부담이 없어요.

이 이야기가 담긴 책 『가진 돈은 몽땅 써라』의 저자인 호리에 다카후미는 일본 IT 업계의 풍운아였어요. 2019년에는 민간 기업으로서 우주 로켓을 쏘아 올리는 데 성공했어요. 일본의 일론 머스크라고 불렸죠. 하지만 주가 조작으로 감옥에 갔습니다. 수감 생활 중에 수백 권의 책을 읽고 글을 써 저자로서 유명세를 탑니다. 역시 독서는 인생을 바꾸는 힘이 있어요. 특히 그 인생이 수렁에 빠진 상태라면 더욱 그렇겠죠.

그리고 저는 그가 쓴 책을 보며 신선한 자극을 받았어요. 돈을 모으는 데에는 자신 있지만, 돈을 잘 쓰는 건 어려웠는데 다른 세상을 만난 기분이었거든요. 돈을 아끼며 살아온 사람은 돈을 쓰는 행위의 의미를 깊이 생각해볼 기회가 많지 않습니다. 명예퇴직을 하면서 결심했어요. '은퇴 후 돈을 더 모으지는 말자. 버는 대로 쓰면서 살자.'라고요.

내가 모은 돈이 내 돈일까요, 아니면 내가 쓴 돈이 내 돈일까요? 젊어서는 모으는 게 중요하지만 나이 들어서는 잘 쓰는 게 더 중요합니다.

저자인 호리에 다카후미는 저와는 참 다른 인생을 살았습니다. 그는 대학생이 된 이후로 저축은 안 했답니다. 목돈을 손에 쥐면 여행도 가고 맛있는 것도 먹고 식견을 넓히는 데 다 썼어요. 성향 자체가 저축을 싫어하기도 하지만 통장에 갇혀 생명력을 잃은 돈을 움켜쥐고 있기보다 살아 숨 쉬는 돈을 쓰는 것이 압도적으로 즐겁고 행복하다고 믿었기 때문이지요. 만일의 사태에 대비하기 위해 돈을 모으는 것도 마다합니다. 위기 상황이 닥쳤을 때 정말로 도움이 되는 것은 통장에 쌓인 잔고가 아니라 돈을 쓰면서 쌓은 지혜와 풍부한 경험이라고요. 청년 시절에 돈을 써서 얻은 경험과 시간을 조금도 후회하지 않는다고 단언합니다. 책을 읽으면서 이런 문장에 눈길이 머물렀어요.

막 창업했을 때 경비를 절약하고자 주로 전철로 이동했는데, 그때 한 어르신에게 이런 말을 들었다.
"이동할 때는 택시를 타게. 택시비를 아껴야 하는 일은 하지 말게나. 만일 자네의 일이 시급으로 환산해 택시를 탈 수 없는 정도의 일이라면 그 일은 가치가 없는 일일세."

저는 택시를 거의 타지 않습니다. 버스로 세 정거장 이내의 거리면 걷습니다. 교통비를 아끼는 것보다 30분간 걷기 운동을 할 수 있다는 게 더 좋아서요. 시내 이동이 길어지면 전철을 탑니다. 저렴한 요금에 보너스로 책을 읽을 수 있거든요. 택시를 타면 운동도 못 하고 독서도 못 하는데 돈은 돈대로 들어요. 그랬던 제가 이 책을 읽은 뒤로는 택시를 종종 이용합니다. 물론 택시를 타고 가는 상황이 비용 대비 가치 있는 경우에만 그렇게 합니다.

과거의 저라면 "돈으로 살 수 있는, 갖고 싶은 것은 모두 사라!"는 저자의 말에 헛웃음을 지었을 거예요. 그런데 이유를 알고 나니 머릿속이 복잡해졌어요. 분수에 맞지 않는 쇼핑은 자신을 망치는 짓이죠. 돈이 충분히 있는데도 쇼핑을 자제하는 사람도 똑같이 어리석다는 거예요. 갖고 싶은 물건이란 본인에게 유익함을 주는 정보이자 계기를 만들어주는 수단이라는데요. 특히 최신 전자기기는 갖고 싶다는 생각이 드는 순간 바로 사는 게 이득이래요. 뒤통수를 세게 한 방 맞은 느낌이에요.

세상에는 진짜 부자와 가짜 부자가 있어요. 돈을 많이 버는 사람, 돈을 많이 가진 사람, 돈을 많이 쓰는 사람. 이 세 가지 유형은 따로 있는 게 아닙니다. 순서예요. 돈을 많이 벌고, 돈을 많이 갖고 있고, 돈을 많이 쓰는 사람은 진짜 부자죠. 돈을 벌지도 못하고 돈을 모으지도 않았는데 잘 쓰기만 하면 가짜 부자, 부자처럼 보이는 사람입니다. '가진 돈은 몽땅 써라.' 하고 시원하게 내지르는 저자의 속내는 가짜 부자가 되지 말고 진짜 부자가 되기 위해 경험에 투자하라는 진심 어린 조언이었어요.

나는 기회가 있을 때마다 '돈은 신용을 수치화한 것'이라고 말해 왔는데, 이 말처럼 돈이라는 신용은 쓸 때 비로소 실현된다. 저축만으로는 신용이 현실 세계에 구현되지 않는다. 돈을 써야 여러분의 가치가 커지고 새로운 생산의 순환이 생겨난다는 뜻이다. 돈은 신용을 수치화한 도구에 지나지 않는다. 돈은 쓰면 쓸수록 신용을 더 강력하게 구현하는 공평하고 편리한 도구이다.

저는 버는 족족 저축하는 습관을 버렸습니다. 30년간 쓸 돈은 충분히 벌고 모았어요. 그동안에는 안 쓰는 게 자랑이자 행복이었는데요. 앞으로는 돈을 써서 후회하는 것보다 돈을 안 써서 더 후회하게 될 것 같아요. 돈을 쓰지 않으려고 애쓰면서 살아온 경험이 지금까지 저의 자산이 된 건 사실이에요. 『영어책 한 권 외워봤니?』와 『매일 아침 써봤니?』 그리고 『외로움 수업』까지 제가 쓴 책에 담긴 이야기들의 글감은 모두 그 경험들이거든요. 아직은 돈을 쓰는 재미가 어떤 건지 잘 모릅니다. 앞으로는 그 재미를 누려보려고요. 순간의 욕망을 충족하는 소비가 아

니라 가치 있는 소비, 인생에 도움이 되는 소비, 경험이라는 자
산을 쌓을 수 있는 현명한 소비가 필요하다는 걸 이제는 아니
까요.

꿈을 이뤄주는 소비는
주저하지 않기

이야기한 것처럼 이제 저는 돈 쓰는 재미를 찾아다닙니다. 어떻게 해야 더 즐겁게 돈을 쓸 수 있는지 행복한 고민도 하면서요. 은퇴 후 경제적 자유가 생기니 씀씀이도 제법 커졌고요. 아끼고 모으고 벌고 불리는 것보다 돈을 잘 쓰는 데에 더 많이 노력을 기울이고 있어요. 요즘 제 소비 생활에서 제법 비중을 차지하는 품목들은 20대에 이루지 못한 세 가지 꿈과 관련이 있어요.

첫 번째는 작가의 꿈입니다. 어려서부터 책 읽기와 글쓰기를 좋아했는데요. 아버지가 글 쓰는 직업으로는 굶어 죽기 딱 좋다며 한사코 반대하셨어요. 작가가 되지 못하더라도 책은 읽고 싶어 도서관에 가는 게 제 낙이었어요. 부모님의 뜻에 따라 공대에 진학했다가 결국 방송사 PD가 되었고, 작가가 될 수 있을 거라는 생각은 하지 못했어요. 마흔이 넘어서야 작가의 꿈에 도전했고 나이 오십에 경제적 자유를 얻어 먹고살 걱정은 없기에 마침내 작가로 전업했습니다. 어릴 적 꿈을 위해 쓰는 돈은 아끼지 않기로 결심했어요.

퇴직 후 전업 작가가 되어야겠다고 결심하고 가장 먼저 한 일은 책을 읽는 일이었어요. 지인에게 좋은 글을 쓰는 비결을 물으니 열심히 독서를 하면서 마음에 드는 책이나 글을 필사해보라고 했어요. 2022년 한 해 동안 200여 권의 책을 읽고, 블로그에 60권의 서평을 남겼습니다. 여행을 가면 저녁 시간은 오롯이 책을 읽는 데 집중합니다. 2주간 여행하며 보통 5~10권 가량 읽는데요. 무거운 종이책 대신 전자책 대여 서비스를 애용해요. 예스24의 크레마 클럽과 밀리의 서재를 구독하면서 읽고 싶은 책을 마음껏 읽습니다. 그래 봤자 둘이 합해 한 달에 1만 5,000원 정도지만요. 새로 나온 책 중에 읽고 싶은 책이 있으면 온라인 서점에서 주문합니다. 작가로 배우고 성장하는 데 드는 비용은 아끼지 않습니다.

두 번째 꿈은 매력적인 사람이 되는 겁니다. 20대에 저는 초라한 외모 때문에 콤플렉스가 심했어요. 아끼고 절약하느라 나를 꾸미는 데 돈을 쓰지도 않았고요. 어느 날 깨달았어요. 스무 살의 매력은 타고 나는 게 중요하지만 오십이 넘어서 매력적인 중년이 되는 것은 노력의 결과라는 것을요. 요즘에는 개인 트레이너와 1대 1 PT 레슨을 통해 몸매를 가꾸고요. 단백질과 비타민이 충분한 웰빙 식단으로 건강 관리를 해요. 모발 관리와 피부 관리도 받아요. 비싼 옷은 아니더라도 강연이나 유튜브 방송에 출연할 때 새 옷을 사고요. 몸에 딱 맞게 옷 수선을 맡기기도 합니다. 한국 남자 평균수명이 86.7세로 늘어났으니 앞으로 30년은 더 살 가능성이 높아요. 다시 젊어질 수는 없지만 적어도 젊음의 활력을 오래도록 유지하는 데 들어가는 돈은 아끼고 싶지 않아요.

세 번째 꿈은 세계 일주입니다. 대학교 4학년 여름 방학에 유럽 배낭여행을 다녀오고 줄곧 세계 일주를 목표로 삼았어요. 하지만 20대에 장기 여행을 다녀오면 취업 시기를 놓칠 거 같아 꿈을 접었지요. 방송사에 근무하면서 휴가 때마다 열심히 여행을 다녔는데요. 출장이나 가족 여행, 혹은 단기 여행이라 세계 일주를 한다는 것과는 마음가짐이 달랐죠. 은퇴를 결심하고 저만의 세계 일주 계획을 짰는데요. 홀수 달에는 일하고 짝수 달에는 해외여행을 가는 거예요. 일주 스케줄에 맞춰 짧게는 일주일에서 길게는 한 달씩을 목표로 한 나라나 지역을 여행하는 겁니다. 장기 여행으로 세계 일주를 하면 비행깃값을 아끼는 장점이 크죠. 그래도 괜찮아요. 돈 때문에 20대부터 품어온 꿈을 더 이상 미루지 않을 겁니다.

만약 시간을 되돌려 20대로 돌아가고 싶으냐 물으면, 아니요. 20대 청춘일 때보다 경제적 자유를 얻은 지금이 더 행복합니다. 읽고 싶은 책을 마음껏 읽고, 나를 꾸미는 데 돈을 아끼지 않으며, 가고 싶은 곳이 생기면 훌쩍 떠날 수 있어요. 돈을 생각하지 않는 것이 돈이 선물하는 최고의 사치더라고요. 늦게 배운 돈 쓰는 재미가 정말 달콤한데요. 돈을 아끼고 벌고 모으고 불리는 재미를 먼저 맛보았기에 가능했던 겁니다.

월스트리트에서 금융 전문 칼럼니스트로 활약했던 조너선 클레먼츠는 평범한 개인이 경제적 자유를 얻기 위해 어떻게 자산 관리를 해야 하는지 연구했어요. 그는 사람들이 스스로 돈 관리를 할 수 있도록 금융 정보 웹사이트 '험블 달러'를 만들어 경제적 자유를 얻은 사람들에게 각자의 노하우를 올려달라고 했죠. 이들이 올린 사연을 보고 공통된 비밀을 발견했습니다. 돈에 부여한 의미와 돈을 대하는 태도인데요. 그의 책 『돈의 태도』에는 이런 말이 나옵니다.

경제적 자유를 얻는 비밀은 공들여 현명하게 선별한 주식에서 엄청난 이익을 보거나, 재정적인 행운을 만나는 데 있지 않았다. 그보다는 버는 소득보다 훨씬 적게 지출하면서 살았던 우리의 저축 습관에 있었다.

경제적 자유를 얻은 사람들이 공통적으로 강조하는 것은 근검절약입니다. 아끼는 태도가 없으면 애써 쌓은 부가 언제든 사라질 수 있거든요. 생활비 지출이 적으면 좋은 점은 두 가지입니다. 첫째, 이미 절약하는 생활이 몸에 배어 은퇴 후에도 큰돈이 필요 없습니다. 둘째, 지출이 적으니 소득에서 50퍼센트 이상을 저축할 수 있고요. 경제적 자유를 누리기 위한 목표 금액을 상당히 빨리 모을 수 있습니다.

저축에서 얻는 기쁨은 영원한 것이었다. 많이 벌지는 못해도 나는 늘 저축했다. 대학 시절에는 어느 여름에 뉴욕에서 일하며 한 주에 130달러를 벌었다. 생활비를 줄이려고 수리를 맡은 호텔 다락방에서 몸을 웅크리고 잤고, 나중에는 일주일에 40달러를 내고 방 하나를 빌려 전기풍로에 음식을 해 먹었다. 누아르 영화에나 나올 법한 생활이었지만 궁핍하다는 생각은 들지 않았다. 나는 경험이 풍부했다.

아, 이 대목을 읽으며 울컥했어요. 입주 과외를 하며 월 10만 원을 벌던 시절, 하숙비를 아끼려 동아리방에서 책상을 붙여 놓고 쪽잠을 자고 옥탑방에서 친구 셋이 지내던 기억이 떠올랐어요. 그 시절의 내가 가여운 게 아니라 대견합니다. 20대의 나는 궁핍했던 게 아니라 풍부한 경험을 쌓은 거예요.

클레먼츠가 말하는 돈을 대하는 태도 여덟 가지 중 두 가지를 골라봤습니다. 첫 번째는 단순하게 투자하라는 거예요. 정기적으로 일정 금액을 나눠서 투자하고 돈이 생기면 주택대출 원금을 갚으랍니다. 퇴직연금 계좌에 최대한 많은 돈을 저축하고 여윳돈은 지수의 움직임에 따라 수익과 손실이 결정되는 인덱스 투자를 하라고요. 두 번째는 어느 순간 "이만하면 충분해!"라고 선언하는 겁니다. 가진 돈을 늘리겠다는 욕망은 끝이 없어요. 너무 늦기 전에 가진 것에 만족하고 그것을 잘 쓸 수 있는 데에 시간과 노력을 쏟으라는 거죠.

연구에 따르면 행복하다고 느끼는 소득 만족점이 있다고 해요. 1억 원이든 5억 원이든 소득 만족점을 넘어서면 오히려 행복 수준이 떨어진다고 합니다. 돈보다 시간을 우선시할 때 행복을 느낄 수 있어요. 경제적 자유를 이루는 결승선은 내가 정할 수 있습니다. 소득 만족점을 넘어서도 일하는 게 행복한 사람은 일을 해야 해요. 돈이 아니라 일이 좋아서 하는 거니까요. 어릴

적 꿈, 젊었을 때 하고 싶었던 것, 오래 인연을 이어온 사람들, 다음 세대에게 물려주고 싶은 세상 등 그동안 쌓아온 경험과 꿈, 인간관계와 생각을 되짚어보며 행복해지는 방법을 연구해야 합니다. 저마다 행복을 느끼는 게 달라요. 경제적 자유는 목적이 될 수 없어요. 누구의 행복이 아니라 나의 행복을 위해 활용할 수 있는 수단입니다.

돈 쓰는 재미는
조금씩 자주 누려라

명예퇴직금을 받아 집 살 때 빌린 대출 잔금을 모두 상환했어요. 스무 살에 맨몸으로 서울에 올라와 강남에 45평 아파트를 빚 없이 소유하게 되다니, 드디어 경제적으로 목표했던 바에 도달한 것이지요. 잔금을 치르고 나니 퇴직금 계좌에 5,000만 원 정도가 남더군요. 그래, 이 돈으로 30년간 열심히 일한 나에게 선물을 주자. 무엇을 살까? 행복한 고민이 시작되었습니다.

여행을 좋아해서 퇴직 후 전국 곳곳을 다니며 여행할 계획이 었어요. 퍼뜩 떠오른 건 캠핑카였지요. 오! 캠핑카를 사면 가고 싶은 곳 어디든 가서 숙박 걱정 없이 머물 수 있겠구나. 가격을 알아보니 5,000만 원이면 어지간한 캠핑카를 살 수 있더군요. '당장 지를까?' 하는데 오랜 루틴이 발목을 잡았습니다. 사고 싶은 걸(어느 정도 가격대가 있는 물건입니다.) 살 수 있는 돈이 생기면 바로 구매하지 않고 미래의 나에게 선물로 주곤 했거든요.

캠핑카를 사기로 마음먹고 5,000만 원을 6개월 만기 정기예금에 넣었어요. 어떤 캠핑카를 살까 고르는 즐거움을 본격적으로 누리기 시작했죠. 6개월 후면 캠핑카로 전국을 누비는 상상을 하며 매일매일 설렜어요. 길을 가다 보면 전에는 눈에 띄지 않던 캠핑카가 자주 보이네요. 저 모델도 괜찮네요. 주의 깊게 관찰합니다. 아, 차가 무거워서 속도가 안 나니까 고속도로에서는 주로 화물차 차선을 이용하는군요.

어느 날 제주도 서귀포 자연휴양림에서 캠핑카를 발견하고 신나게 달려갔는데, 가까이 가니 악취가 심하게 났습니다. 차 안에서 용변을 처리하다 보니 냄새가 배는 경우가 있다더군요. 캠핑카 내부 화장실은 가급적 사용하지 않는 게 낫겠네요. 그럼 자다가 급하게 용변이 마려우면 어떻게 하지? 바닷가 경치 좋은 곳에 가면 캠핑카를 볼 수 있는데요. 하필이면 공중화장실 근처에 자리 잡는 이유를 알았어요. 저는 냄새에 예민해서 공중화장실 근처에서 자는 건 좀 곤란할 것 같아요.

혼자 여행해보니 국내 어디를 가도 대략 5만 원 선이면 깔끔한 숙소를 이용할 수 있습니다. 캠핑카를 살 돈 5,000만 원이면 1,000일 동안 숙박이 가능하고요. 1년에 100일씩 이용해도 10년을 다닐 수 있죠. 전국 곳곳에 있는 숙소를 이용하면 편안하게 잠만 자도 되는데요. 캠핑카를 타려면 평소 주차도 신경 써야 하고 운전석에 내내 앉아 있어야 하는 데다 내부 청소와 관리도 꼼꼼하게 해야 합니다. 6개월 예금 만기가 돌아오기 전에 캠핑카를 사겠다는 계획은 깨끗하게 접었습니다. 하던 대로 멋진 숙소를 골라 내 집처럼 이용하기로 했어요.

아쉬움이 남았습니다. 퇴직한 나에게 선물은 꼭 주고 싶었거든요. 그래서 자전거를 선물하기로 했어요. 사실 2년 전 자전거를 타고 가다 오토바이와 부딪혀 사고가 났거든요. 한 달 가까이 다리를 절며 다녀서 자전거 타는 게 슬슬 겁이 났었습니다. 제가 타던 자전거는 20년 넘게 탄 산악용 자전거로, 바퀴가 큼직하니 속도가 잘 나서 시내에서 타기엔 조금 위험했죠. 결국 폐기 처분했습니다. 바퀴가 작고 느리지만 안전한 자전거라면 다시 라이딩을 즐길 수 있을 거 같았어요.

30년 만에 처음으로 새 자전거를 갖고 싶다는 생각이 들었습니다. 전에 탔던 자전거 두 대는 지인들이 기종 변경하면서 버린 것을 얻어 탔던 것이었죠. 지독하게 아끼며 짠돌이로 살았네요. 그래, 이제 나 자신을 위해 돈을 써보자. 실은 라이딩을 하다가 눈여겨본 자전거가 있었어요. 브롬톤 자전거! 영국에서 만든 접이식 미니벨로인데요. 시선을 강탈하는 디자인은 두말할 것도 없고요. 바퀴가 작지만 주행성이 뛰어나답니다. 무엇보다 깔끔하게 접어 휴대할 수 있으니 지하철 타고 서울 근교로 자전거 여행을 가기도 좋아요. 갖고 싶었지만 가격을 검색해보니 헉! 300만 원이 훌쩍 넘더군요.

자전거 브랜드의 가치는 잘 몰랐어요. 브롬톤에 끌렸던 이유가 디자인과 휴대성 때문이니 비슷한 스타일의 저가형 자전거를 찾아보았죠. 의외로 많네요. 여러 구매 후기를 읽어 보고 적정한 가격이라고 생각한 70만 원대 자전거를 주문했어요. 5,000만 원을 6개월 만기 정기예금에 넣으면 세후 이자가 90만 원이 넘어요. 은행에서 은퇴 선물을 받은 기분이었습니다.

중국에서 건너온 자전거는 예쁘장하니 참 마음에 들었어요. 동네 마실 다닐 때 이 자전거를 타고 다닙니다. 양재천을 달리다 보면 "와, 저거 엄청 비싼 자전거인데!"라는 소리가 들리기도 해요. 멀리서 얼핏 보면 브롬톤의 최고 사양 자전거처럼 보이거든요. 그럴 땐 쏜살같이 달려서 시야에서 멀어집니다. 자세히 보면 짝퉁이거든요. 친구가 자전거에 붙은 '썬리문'이라는 상표만 없으면 감쪽같겠다며 떼라는 말에 손사래를 쳤어요.

"무슨 소리야. 그랬다가 진짜 브롬톤인 줄 알고 누가 훔쳐 가면 어쩌려고!"

썬리문 상표가 있어서 타고 다니다 길가에 잠깐 세워두어도 마음이 편합니다.

마트에 장을 보러 갈 때도 자전거를 타고 가요. 노브랜드 마트를 즐겨 이용하는데요. 주차장이 완비된 대형 마트에 가면 나도 모르게 불필요한 물건을 많이 사게 되더라고요. 노브랜드 마트에는 대부분의 상품이 한 가지 종류만 있어요. 군만두도, 그릭요거트도, 백숙용 닭도 각각 한 종류라 사야 할 품목을 정하면 고민할 필요가 없어요. 늘 다니는 곳이라 물건이 어디 있는지도 금세 찾고, 가격도 저렴한 편이고요. 쇼핑할 때마다 돈을 아끼고 시간을 버는 기분이 들어요.

그런데 제가 캠핑카를 사려고 했을 때 느꼈던 딜레마가 있어요. 5,000만 원이란 거금을 쓰겠다고 마음먹고 후회하지 않으려 여러 캠핑카의 옵션과 사양을 비교했는데요. 비교할수록 돈을 조금 더 써서 고급 차종을 사고 싶어지더군요. 나중에 캠핑장에서 1억 원짜리 캠핑카를 보면 후회할 거 같았죠. 처음에는 5,000만 원짜리 캠핑카를 산다는 생각만으로도 설렜는데 점차 5,000만 원이 부족해 보였어요.

우리 마음은 왜 이럴까요? 『행복의 기원』을 읽고 그 이유를 알았어요. 우리는 생존과 번식에 유리하도록 진화해왔습니다. 우리의 조상들이 만족을 모르고 끊임없이 보상을 추구한 사람들인 것이죠. 그들로부터 시작된 진화의 산물인 우리의 뇌는 행복이라는 보상 시스템을 작동시킵니다.

회사에서 좋은 성과를 낸 직원에게 인센티브를 줄 때 고려하는 게 있어요. 지속적으로 노동을 제공하게 만들어야 합니다. 회사에 100억 원의 수익을 안겨준 직원에서 "인센티브로 30억 원 줘!"라고 통 크게 쏘잖아요? 그 직원은 곧장 회사를 그만둘 겁니다. 30억 원을 받고 회사를 왜 다녀요. 아파트 한 채 사고 남은 돈으로 하고 싶은 걸 해야지요. 30억 원의 보너스를 주고 싶으면 매달 월급에 1,000만 원씩 더해서 30년 동안 지급하는 게 좋습니다. 매달 보너스 1,000만 원이 나오잖아요? 계속 다녀야지요.

우리의 뇌가 행복이라는 인센티브를 줄 때도 마찬가지입니다. 강도보다 빈도가 중요합니다. 돈이 생겼다고 바로 쓰지 않고 기간을 두는 것도 소비를 통해 얻는 행복이 오래 지속되지 않기 때문입니다. 오히려 살 수 있다는 기대감으로 군침을 흘릴 때의 설렘과 흥분이 소비의 즐거움을 늘려주죠. 만약 제가 연말 보너스로 500만 원을 받는다면 명품 가방이나 고급 자전거를 지르는 것보다 10만 원씩 50번에 나눠 쓰거나 1년 동안 매달 40만 원씩 나누어 새로운 경험을 해볼 겁니다. 친구와 연극이나 공연을 보거나 전시회에 가서 도록도 살 겁니다. 운동할 때 신을 기능성 운동화를 사거나 개인 트레이닝을 받아볼 거고요. 여행지에서 하루는 최고급 숙소를 즐겨볼래요. 아, 환경단체와 동물보호단체에 기부도 할 겁니다. 돈을 쓰는 재미를 최대한 늘려서 조금씩 자주 누리고 싶어요. 네, 행복은 강도가 아니라 빈도가 중요하거든요.

진정한 소비의 즐거움을 누리는 법

- 한 번에 비싼 물건을 소비하지 말고 필요하고 가치 있는 것을 자주 사는 게 낫다.
- 필요한 것이나 갖고 싶은 것이 생기면 즉각 구매하기보다 시간을 두고 생각해보자. 꼭 필요하다면 시간이 흐른 뒤에도 필요성이 사라지지 않으니 그때 구매하면 된다.
- 돈 쓰는 재미는 조금씩 자주 누릴 때 행복도가 올라간다. 소비가 주는 만족감은 오래 가지 않기 때문이다.

가계부로
인생도 관리하기

수족관이나 동물원에서 살던 동물을 자연 생태계로 돌려보내면 생존율이 5퍼센트도 되지 않는다고 합니다. 왜 그럴까요? 자연에는 천적이 있거든요. 수족관에서는 한 번도 만난 적이 없는 천적이요. 직장에서 고위직으로 살던 분일수록 퇴사 후에 삶이 힘들어요. 직장 생태계에서 최상위 포식자로 살았기에 천적의 존재를 잊어버렸거든요. 퇴직하고 나면 '생계'라고 하는 천적을 만나게 됩니다. 이제부터는 생존이 실존의 문제로 다가옵니다.

"퇴직하고 나면 불안하지 않으세요?"

이렇게 묻는 분들이 많아요. 당연히 불안하죠. 수십 년 동안 꾸준히 받은 월급이 사라지니까요. 그 불안을 어떻게 없앨 수 있을까요? 퇴직자 연수를 받을 때 재테크 강사가 알려줬어요. 은퇴 전에 가계부를 써서 자신의 한 달 생활비가 얼마인지 파악하고 6개월 생활비를 비상금으로 준비해두라고요.

최소 필요 경비는 석 달 정도 가계부를 쓰면서 고정 지출 항목이 무엇인지, 큰돈이 드는 때는 언제인지 미리 확인해보고 산출할 수 있어요.

가계부를 기록해보니 저는 건강보험 40만 원, 개인연금 30만 원, 아이들 용돈 30만 원 등을 포함해 한 달에 개인 생활비로 200만 원 정도를 쓰더군요. 국민연금연구원에 따르면 우리나라 고령자들은 매달 적정 노후생활비로 부부 기준 평균 268만 원, 개인 기준 평균 165만 원을 필요로 한다고 해요. 퇴직금을 받고 6개월 치 개인 생활비 1,200만 원을 비상금으로 챙겨두었어요. 2021년 저의 경제적 목표는 가능한 비상금에 손대지 않고 1년을 버티는 거였어요.

은퇴 후에는 저자, 강연자, 교수, 유튜버 등 N잡러로 살고 있어요. 지금도 날 불러주는 사람들이 있다는 게 감사해요. 책을 쓸 때, 강연을 할 때, 유튜브에 출연할 때, 조금이라도 쓸모 있는 정보를 넣기 위해 경험에 투자해요. 책도 사고 운동도 하고 맛

집에도 가고 여행도 다닙니다. 씀씀이가 제법 커졌어요. 정기적으로 들어오는 월급은 없지만 개인연금과 N잡으로 버는 수입으로 지내보려고요. 은퇴 후에는 수입이 불규칙해서 수입을 관리하기 어려우니 지출을 관리해야 해요. 물론 직장을 다닐 때도 지출을 관리해야 돈을 모으겠지요. 지출을 관리하는 가장 효과적인 방법은 가계부를 쓰는 겁니다.

가계부를 쓰는 습관을 들이기 위해 스마트폰에 '아침 6시, 가계부를 쓰기'를 일정으로 저장했어요. 알람이 뜨면 스마트폰 뱅킹 앱을 열어요. 전날 하루 입출금 기록을 가계부로 옮겨 적은 후 카드 이용 내역을 정리합니다. 5분 정도 걸려요. 직접 가계부를 적으니 돈이 나가고 들어가는 흐름을 알 수 있더라고요. 여행을 다녀오느라 밀린 경우 사나흘 치를 한 번에 정리하기도 하는데요. 뱅킹 앱에 들어가면 카드 이용 내역과 입출금 기록이 날짜별로 뜨니까 몰아서 쓰는 데 문제가 없습니다.

가계부를 쓸 때 가장 중요한 건 결산이에요. 주간, 월간, 분기별 결산을 하고요. 매일 입출금 내역을 기록한 후 월요일이 되면 지난 한 주가 흑자인지 적자인지 계산합니다. 쓴 돈이 들어온 돈보다 적으면 흑자, 많으면 적자예요. 지난주에 적자가 나면 이번 주는 짠돌이 모드를 켜요. 돈 안 쓰고 즐겁게 지냈던 그 시절의 루틴을 다시 꺼내죠. 다음 결산 때 흑자로 돌아서면 그때는 쓸 때 씁니다. 월말 결산을 하고 흑자가 나면 그 돈은 다음 달 국내 여행 경비로 쓰고요. 연말 결산을 하고 흑자가 나면 그 돈은 해외여행 경비로 넘깁니다. 흑자 폭이 크면 유럽이나 미주로 가고 흑자 폭이 작으면 아시아권, 적자가 나면 서울 둘레길을 걸어요.

요즘에는 가계부 쓰는 부담을 조금 내려놓았어요. 매일 가계부를 쓰는 게 생각보다 번거롭거든요. 힘든 걸 억지로 계속하다가 흥미가 떨어지면 아예 포기하는 경우가 많습니다. 쉽게 쓸 방법을 찾았습니다. 일주일에 한 번 주간 결산을 하고요, 요일을 정해놓지 않고 여유 있을 때 합니다. 어느 정도 습관이 들어서 주간 결산은 빠뜨리지 않고 합니다. 해보니까 좋아서 계속하는 거예요. 제가 가계부를 쓰는 방식은 이렇습니다.

첫 단계는 현재 우리 집 자산을 파악하는 거예요. 저축은 얼마나 했고 갚아야 할 돈은 얼마나 남았는지 순자산과 총부채를 파악해 가계부 맨 앞장에 적어두었어요. 연초에는 1년 목표를 세웁니다. 올 한 해 얼마의 돈을 모을 것인지 그렇게 모은 돈으로 무엇을 하고 싶은지 정해두면 가계부를 쓰는 효능감이 높아지거든요.

두 번째로 가계부를 쓰기 시작하면 1개월 단위로 수입과 지출 내역을 파악하는 게 중요해요. 처음 가계부를 썼을 때 통신비, 인터넷 사용료, 각종 보험료, 식비 등등 지출 내역을 꼼꼼하게 기록했어요. 첫 달 지출 내역을 살펴보며 체크할 것은 낭비와 소비를 구분하는 거예요. 지출이라고 해서 다 같은 지출이 아니거든요. 생활을 유지하는 데 필요하고 삶의 질을 높이기 위해 반드시 써야 하는 '소비'가 있고요, 꼭 필요하지 않은데 기분에 따라 충동적으로 써버리는 '낭비'가 있어요. 자신의 지출 내역을 보면 흔히 '소비'라고 체크한 항목들이 사실 '낭비'인 경우가 많습니다. 그러니 지출 내역을 체크할 때는 냉정하고 솔직해져야 합니다.

세 번째 단계는 첫 달 지출 내역을 토대로 예산을 짜는 거예요. 한 달 단위로 수입과 고정 지출을 체크하고 저축액과 지출 목표액을 정해요. 1년을 써보니까 예산에 대한 감이 생기더라고요. 특정 달에 지출이 늘어나는 경우가 있어요. 예를 들면 봄에는 축의금이 많이 나가고요, 겨울에는 부의금이 많이 나갑니다. 여름 방학에는 아이들 학원비나 가족 여행비가 나가고요. 명절마다 부모님과 친척들에게 용돈이나 선물을 드려야 해요. 저는 다달이 오는 이벤트들을 체크하면서 예산을 짜는 게 은근히 재미있더라고요.

네 번째 단계로 가계부를 본격적으로 쓰면서 그날의 수입과 지출을 기록해요. 카드 사용 내역은 뱅킹 앱으로 확인하고요, 현금 지출은 그때그때 메모장에 기록해둡니다. 저는 주거래 은행 카드 한 장만 사용하기 때문에 지출 내역을 한눈에 확인할 수 있는데요. 여러 개를 사용하더라도 뱅킹 앱이나 어카운트인포와 같은 통합계좌 조회나 카드 조회 프로그램을 활용하면 계좌이체, 카드 사용, 자동 납부까지 한꺼번에 확인할 수 있어요. 지출 내역을 쓸 때는 1,000원 단위로 적어요. 영수증 세부 내역이 아니라 마트에서 쓴 돈 합계를 '마트 2만 7,000원' 이런 식으로 씁니다. 1,000원 단위로 기록하니까 결산이 편해요. 숫자 앞자리만 계산기에 입력하면 되거든요. 스마트폰 계산기 앱에는 이전에 계산한 기록이 남아 있어 입력 오류를 확인하기도 편합니다.

저는 주거래 은행 한 곳에서 모든 거래를 처리합니다. 강의료, 인세를 비롯해 연금 등도 하나의 계좌로 수령하고 간편결제 등도 그 통장에서 출금되도록 해두었어요. 카드 역시 주거래 은행과 거래하는 카드 한 장만 사용합니다. 그렇게 해두면 주거래 은행의 뱅킹 앱으로 가계부 작성이 가능해요. 앱에서 뜨는 항목 하나하나가 가계부에 적는 항목이 됩니다. ○○마트 5만 3,000원. ○○주유소 5만 원. KTX 열차표 3만 원. 누가 검사하는 것도 아니고 감사 대상도 아니니까 되도록 간략하게 적어서 한 달 수입과 지출의 흐름을 알 수 있게끔 합니다.

마지막으로 주간, 월간, 분기별 결산을 통해 적자인지 흑자인지 따져봅니다. 이를 기반으로 소비를 관리하는 거예요. 사실 은퇴자로 살면서 수입이 불규칙한 게 불안할 거라 생각했는데요. 금액은 적지만 소득을 다각화해두니 일주일에 두어 번은 수입이 발생해요. 소득으로 얻어지는 행복도 강도가 아니라 빈도군요. 매주 결산하면서 흑자가 나면 소소하게 '탕진잼(소소하게 누리는 소비의 기쁨)'을 누립니다.

얼마 전 페이스북 친구인 김형석 작곡가의 타임라인에 '이두헌 Sing'이라는 콘서트 소식이 올라왔어요. 20대에 번번이 연애에 실패했던 저의 주제가가 '다섯손가락'의 〈사랑할 순 없는지〉였어요. '누군가 이 못난 나를 사랑할 순 없는지~' 다섯손가락의 멤버였던 이두헌 씨 공연을 예매하고 달려갔지요. 어느새 예순이 넘은 이두헌 씨는 기타 하나 메고 무대에 홀로 서서 90분간 노래를 불러주셨어요. 스무 살의 나를 위로하던 노래를 만든 분이 이제는 함께 나이 들어가는 어른이 되었네요. 그 한 달 후에 다섯손가락 멤버들이 다함께 모여 공연을 한다는 소식에 홍대 소극장으로 달려갔어요. 〈새벽 기차〉의 첫 소절에 전율하고 〈풍선〉의 후렴구를 함께 열창했어요. 저의 청춘을 위로해준 아티스트가 공연을 한다면 언제든 달려갈 거예요.

2022년 새해 아침 가계부를 펼쳤습니다. 2021년의 마지막 지출은 건강보험 자동이체더군요. 12월 결산을 마치고 4분기 결산을 하고, 1년 결산을 해봤어요. 계산기에 찍힌 숫자를 보며 두 팔을 번쩍 쳐들었어요. 네, 퇴직 후 첫해에 1,000만 원이 넘는 흑자를 기록했어요. 명예퇴직으로 매달 170만 원 정도 실업급여를 받은 게 컸습니다. 교환학생 프로그램에 선발되어 영국 맨체스터로 가게 된 딸에게 냉큼 전화를 걸었죠.

"여름 방학 시작하면 아빠랑 유럽 일주 가자. 프랑스, 스위스, 독일, 오스트리아, 네덜란드 등 중부 유럽을 5주간 여행하고 영국으로 가면 유럽을 이해하는 데 큰 도움이 될 거야."

1992년 유럽 배낭여행을 할 때는 파리에서 바게트로 하루 세 끼를 때운 적이 있어요. 30년 만에 다시 간 파리에서 딸과 함께 근사한 레스토랑에 들어갔어요. 메뉴판을 내밀며 그랬습니다.

"뭐든지 골라봐."

딸과 함께 책에서만 접했던 프랑스 요리 에스카르고와 푸아그라를 먹으며 소중한 추억을 만들었습니다. 예전에는 저렴한 현지 식당을 찾아다녔지만 요즘에는 가이드북에서 추천하는 미쉐린 맛집을 찾아다닙니다.

2024년도 상반기 결산을 해보니 흑자 폭이 꽤 큽니다. 차기작을 집필하는 데에 꽤 오랜 시간이 걸렸어요. 3년 동안 경제 관련 책을 읽고 블로그에 리뷰를 올렸고요. 3개월 이상 원고를 모으고 구성하느라 더운 여름에도 작업실에서 원고 작업을 했어요. 초고를 편집자에게 보낸 후, 고생한 나에게 셀프 선물을 주기로 했습니다. 태국 치앙마이에서 보내는 1주일의 휴가. 숙소도 1박에 30만 원짜리 5성급 호텔을 큰맘 먹고 예약했어요. 공항 픽업 서비스도 신청하고요. 처음이라 어색했지만 스스로에게 선물한 럭셔리 휴가의 기쁨을 마음껏 누렸습니다.

잘 놀고, 잘 먹고, 잘 자고, 나이 오십에도 짠돌이로서의 삶의 지평은 계속 넓어지고 있어요. 해보지 못한 경험, 새로운 감각에 눈을 뜹니다. 노후의 행복과 불행의 차이는 무엇일까요? 살면서 선택지가 점점 적어지는 게 불행이고요, 선택지가 점점 많아지는 게 행복입니다. 전월 흑자가 안겨준 탕진잼 덕분에 이전에는 해보지 못한 다양한 경험을 누리며 삽니다. 물론 흑자 폭 밖으로 나가지는 않아요. 그래야 짠돌이의 마음이 편하거든요.

가계부 작성으로 지출 관리하기
- 1단계 : 고정 지출부터 파악하기(통신비, 보험료, 관리비, 식비 등)
- 2단계 : 일간, 주간 등 자신에게 맞는 방식으로 작성하고, 주간 및 월간 결산하기
- 3단계 : 월간 결산으로 불필요한 소비가 없는지 확인하기
- 4단계 : 주간, 월간, 연간 결산을 해보고 적자가 난 경우 지출을 줄이기

실천지침

똑똑한 소비를 위한 행복 리스트 작성하기

- 내가 무엇을 할 때 가장 행복한지 스스로에게 질문하고 그에 대한 리스트를 작성해보세요.

- 리스트를 작성할 때는 가치 있다고 생각하는 것, 경험에 투자하는 것 등 존재 가치를 높이는 일들에 주목해보세요.

- 꼭 특별한 것이 아니어도 일상에서 내가 행복해질 수 있는 일이라면 어떤 것이든 좋아요. 단, 버킷 리스트처럼 한 번 하면 지워지는 리스트가 아니라 언제든 계속 할 수 있고, 할 때마다 즐거운 일을 적습니다.

행복 리스트 실행해보기

- 내가 작성한 행복 리스트를 적극적으로 실행해보세요.

- 행복은 강도가 아니라 빈도라는 것을 기억하고, 매일매일의 일상에서 이를 실행하는 연습을 해보세요. 나만의 루틴을 만들어두면 이를 실행했을 때 얻는 자기만족과 효능감이 올라갑니다.

- 소비를 할 때도 투자를 할 때처럼 분산해보세요. 소비를 통한 만족감은

그리 오래 가지 않으니까요. 일상에서 소소한 즐거움을 느낄 수 있는 소비를 해보세요.

가계부 적는 습관을 몸에 완전히 익히기

- 가계부를 쓰는 건 나의 소비 생활이 얼마나 건강한지를 스스로 점검해보고, 불필요한 낭비를 줄이는 데 필수적인 일이에요.
- 가계부는 최대한 단순하게 작성하고, 반드시 결산을 시행합니다. 꾸준하게 쓰는 게 가장 중요해요.
- 주간, 월간 단위로 반드시 결산을 해보고, 적자일 때와 흑자일 때 각각에 맞춰 지출을 조절해보세요.
- 가계부 앱이나 뱅킹 앱을 활용하거나 엑셀, 구글 시트 등 자신에게 잘 맞고 편리한 툴을 사용해보세요. 핵심은 언제, 어디서든 지출을 관리하는 습관을 만드는 겁니다.
  - 자산 관리사, 뱅크샐러드 등의 가계부 앱 활용
  - 구글시트 작성

6장

돈 공부,
선택이 아닌 필수

함께 잘 살기 위한
노력

과거가 미래를
먹어치운다

 한국의 드라마에는 재벌 2세가 자주 등장합니다. 한류를 이끈 K-드라마를 보면 평범한 가정에서 자란 노동자가 어느 날 재벌 가문과 얽히면서 생기는 로맨스가 많은데요. 드라마 PD로 일하면서 부의 불평등을 토대로 남녀의 수직적 관계를 만들고 연애와 결혼을 계층 이동의 사다리로 묘사하는 게 불편했어요. 저 역시 대중을 상대로 시청률이 나오는 드라마를 만들어야 하다 보니 재벌 2세와의 로맨스를 근사하게 꾸며내는 데 최선을 다했죠. 드라마는 어차피 판타지니까 그럴 수 있다고 스스로를 다독이면서요.

그런데 〈오징어 게임〉을 보고 놀랐어요. 전형적인 K-드라마의 공식을 전면에 내세우고 직설적으로 계층 이동의 사다리를 보여주는 과감함이 신선했습니다. 1인당 1억 원의 목숨 값을 최후의 승자가 되면 독차지할 수 있는 게임. 거기에 초대된 사람들은 불평등한 사회구조에서 회생 불가능이라는 절망을 안고 있는 사람들이고요. 그 게임을 만든 사람은 살날이 얼마 남지 않은 자산가 노인이죠. 노인과 같은 계층에 있는 VIP들은 순전히 재미를 위해 이들의 생존 게임을 지켜보며 플레이어의 목숨에 베팅을 합니다. 〈오징어 게임〉이 나온 후 세계 어디를 가도 BTS와 〈오징어 게임〉 얘기를 듣습니다. 한국을 넘어 전 세계인의 마음을 사로잡은 이 드라마의 힘은 무엇일까요? 자본주의 사회의 일그러진 자화상을 참가자이자 VIP인 1번 노인의 시선으로 보여준 게 주요했다고 생각해요. 유리창 건너편에서 그들의 생존 게임을 지켜보는 VIP의 모습은 드라마를 시청하는 관전자들과 묘하게 겹칩니다.

경제에 대해 잘 모르는 사람도 회생 불능의 상태에 빠진 사회적 낙오자가 아니더라도 현대 사회를 살아가는 청년 세대는 자본주의 사회의 구조적 불평등에 공감합니다. 경제적 불평등은 날로 심화되고요, 빚을 내어 투자를 하는 것도 만만치 않아요.

저성장의 시대에는 자산의 가치가 빠르게 늘어나지 않습니다. 저축만 해서는 돈을 모으기 힘든 시대가 되었어요. 이유가 뭘까요? 호주의 사회학자와 경제학자가 함께 쓴 『이 모든 것은 자산에서 시작되었다』에서 자본의 논리가 세상을 장악하면서 직업과 근로 소득이 아닌 자산의 가치 상승이 계급 지위를 결정하게 되었다는 메시지를 발견했습니다.

> 자산의 가격 상승이 자산시장 안에 있는 사람과 밖에 있는 사람 모두의 사회경제적 상황에 엄청난 영향을 미치게 되면서 사람들이 인생을 살아가는 방식 자체가 바뀌고 있다. 교육에 대한 투자가 더 이상 예전 같은 수익을 내지 못하는 상황에서 사람들은 점차 투기적인 자산 가치 상승 논리에 따라 결정되는 '자산 중심의 삶'을 살아가고, 관리하고, 계획할 수밖에 없게 되었다.

서구 국가에서는 1970년대에 임금과 물가가 급상승했어요. 인플레이션은 주식, 채권, 국채 같은 금융 자산에 돈을 투자해 금리, 배당금, 임대료, 금융 소득을 얻은 최상위 계급 사람들의 자산 가치를 떨어뜨렸지요. 각국 정부는 노동 소득보다 금융 소득에 적용되는 세율을 낮추기 시작했어요. 소득세는 인하하고 소비세는 인상하는 겁니다. 다시 자산 가치는 폭등하고 임금은 정체되면서 본격적인 자산 중심 시대가 펼쳐집니다.

자산 중심의 시대는 빚으로 돌아갑니다. 신용 규정을 완화해 대출하기 쉬워지면 소득이 적은 사람들도 집을 살 수 있어요. 수요가 늘어나는 집값은 올라가고, 더 오르기 전에 집을 사려는 사람들이 몰려들면 자산 가치는 더 오릅니다. 자산 중심 시대의 자산가들은 이렇게 되는 게 선순환 구조라고 여깁니다.

미국 정부는 경기를 부양하기 위해 대출을 장려하며 주택 버블을 일으켰죠. 대출을 갚지 못하는 상황이 오면 가격이 오른 집을 팔면 된다고 생각했어요. 하지만 집을 살 사람들이 줄어들었고 부실 대출을 감당할 수 없게 된 금융기관들이 연쇄적으로 무너지면서 서브프라임 모기지 사태가 발생했어요. 영화 〈노매드랜드〉에는 모기지 사태로 가장 큰 피해를 입은 사람들을 볼 수 있어요. 과도한 대출로 주택을 구입했다가 신용 불량자가 되어 집을 잃고 떠도는 사람들의 이야기거든요. 슬픈 건 자신들의 처지에 대해 정부나 금융기관을 원망하기보다는 욕심이 과했다거나 재테크를 제대로 못한 자기 탓이라 여긴다는 겁니다.

프랑스의 경제학자 토마 피케티도 21세기 들어 자산 가치 상승률이 경제 성장률, 특히 임금 성장률을 뛰어넘었으며 그중에서도 주택 가격 상승이 불평등을 키운 핵심 원인이라고 주장합니다. 자산 중심 시대 이전에는 생산 수단, 고용 관계, 직업적 지위에 따라 소유주와 고용주, 임금 노동자 및 피고용인, 자영업 종사 등으로 사회적 계급이 나뉘었다면 이제는 집을 가진 사람과 아닌 사람으로 나눕니다. 집을 자산 포트폴리오의 하나로 소유하며 자산으로 소득을 확보하는 사람들과 대출이 있는 사람과 없는 사람, 임대료나 국가 복지 지원을 받는 임차인과 복지 혜택조차 받을 수 없는 노숙인으로 구분해요.

피케티는 『자본과 이데올로기』에서 상위 엘리트들의 성향을 두 가지로 구분하는데요. 학문적 노력과 능력을 믿으며 학력, 지식, 인적 자본을 축적하는 브라만 좌파와 사업과 금융 자본 축적으로 부를 쌓는 상인 우파예요.

강남 아파트로 이사 오니 '테남', '테북'이란 말이 있더군요. 강남 안에서도 테헤란로 이북과 이남 부모들의 성향이 다르다는 겁니다. 압구정동이나 청담동 등지 테헤란로 이북에는 자산이 많은 부자들이 살아요. 강남 재개발로 큰돈을 번 땅 부자들입니다. 대치동이나 도곡동 등 테헤란로 이남에는 전문직들이 많습니다. 좋은 학벌에 고액 연봉을 받는 사람들이라 사교육에 전념합니다. 이들은 교육이 삶의 질을 좌우한다고 여기는 반면 테헤란로 이북에 사는 부자들은 아이의 공부에 올인하지 않아요. 좋은 대학에 못 가도 유학을 가면 되고 취직을 못 해도 부모가 사업을 지원할 수 있거든요.

전문직 부모는 대개 자녀에게 좋은 학벌을 물려주고 싶어 하고, 자산가 부모는 자녀에게 비싼 건물을 물려주고 싶어 합니다. 서로 다른 것 같지만 둘 다 목적은 같아요. 자신들이 누리는 부를 다음 세대에 물려주려고 애쓴다는 겁니다. 테북, 테남을 나눠 봐야 결국 강남 부자인 거죠.

> 기업가는 필연적으로 자본 소득자가 되는 경향이 있으며, 자신의 노동력밖에 가진 게 없는 이들에 대해 갈수록 더 지배적인 위치를 차지한다. 자본은 한번 형성되면 생산 증가보다 더 빠르게 스스로를 재생산한다. 과거가 미래를 먹어치우는 것이다.

피케티가 쓴 『21세기 자본』에서 '과거가 미래를 먹어치운다.'라는 문장을 보고 뒤통수를 한 대 맞은 듯한 충격을 느꼈어요. 아, 우리는 자본을 칭송하고 자본 세습을 긍정하는 이데올로기에 길들여진 거구나. 드라마 시청자들에게 제가 만든 드라마는 판타지가 아닐 수 있습니다. 평범한 두 사람이 만나 아무리 예쁜 사랑을 해도 '그래서 두 사람은 오래오래 행복하게 살았답니다.'라는 결론이 먹히지 않는다는 걸 시청자들을 알고 있어요. 둘이서 열심히 돈을 벌고 모아도 부동산 가격을 따라가지 못해 월세와 전세를 전전하고 사교육비를 대기 위해 투잡, 쓰리잡을 뛰면서 과연 행복할까요? 차라리 재벌 2세와 결혼해 하고 싶은 거 마음껏 하며 행복하게 살았다는 게 더 현실적인 해피엔딩일지 모릅니다.

하지만 아무리 살펴봐도 현실에서 재벌가와 결혼하는 일반인은 거의 없어요. 재벌들은 비슷비슷한 사람들끼리 만나 결혼하더군요. 456명의 목숨값을 걸고 생존 경쟁에서 살아남아 그 돈을 차지하는 〈오징어 게임〉의 스토리가 어쩌면 더 현실적입니다. 그렇지만 저는 로맨스를 선호하고 해피엔딩을 좋아합니다. 사랑하는 두 사람이 행복하게 살 수 있는 또 다른 해피엔딩을 찾아보려고요. 그래서 저는 오늘도 경제 공부를 합니다.

우리가 무의식적으로 당연하다고 생각하고 있는 것들 대신 모두가 행복해질 수 있는 방법을요. 사회가 아무리 구조적으로 고착화되어 있다고 해도 포기할 수 없는 내 인생이니까요. 인생에는 갈림길이 있어요. 나를 세상의 주인공으로 삼을 것인가, 나를 시대의 피해자로 만들 것인가. 세상엔 자신이 노력하면 좋은 결과를 만들 수 있다고 믿는 사람과 '내가 바꿀 수 없는 기질'과 '타인과 세상'에 초점을 맞춰 운이 따라야 좋은 결과를 만들 수 있다고 믿는 사람이 있어요. 저는 전자로 살기를 희망합니다. 아무리 세상이 힘들어도 그 속에서 내가 할 수 있는 일을 찾아야죠.

우리가
당신들을 놓쳤어요

저는 켄 로치 감독의 영화를 좋아합니다. 〈나, 다니엘 블레이크〉를 보며 '우와, 이 영화는 거장이 세상에 보내는 마지막 인사구나.'라고 생각했어요. 1936년생 감독이 나이 팔십에 만든 영화거든요. 이런 생각이 무색하게 켄 로치 감독은 그 3년 뒤 또한 편의 영화를 내놓습니다. 영화 〈미안해요, 리키〉는 켄 로치 감독이 그동안 만든 영화들 중 최고의 걸작이라는 평가를 받았어요. 아니 걸작만 만든 감독이 또 최고의 영화를 만들었다니요?

영화의 주인공 리키는 택배 기사로 일하는 영국인 가장입니다. 건설회사에 다니던 리키는 금융위기로 실업자가 되었어요. 일용직으로 일하다가 좀 더 안정된 생활을 위해 택배 일을 시작합니다. 물류 회사에서 그래요. 택배 기사는 회사에 고용된 노동자가 아니라 개인사업자로서 회사와 계약을 맺고 서비스를 제공하는 거라고요. 택배를 하려면 트럭을 사야 해요. 트럭 할부금을 갚기 위해 하루 14시간씩 일합니다. 중간에 쉴 수도 없어요. 지정 시간 내에 택배 물량을 소화해야 하거든요. 한 장소에 2분만 머물러도 삑삑 경고 신호를 보냅니다. 아파도 안 돼요. 하루 일을 못 하면 대체 기사의 비용에 벌금도 물어야 하거든요. 아무도 나를 통제하지 않지만 자기가 스스로를 억압합니다. 한 푼이라도 더 벌어야 가족을 먹여 살리니까요.

리키의 아내 애비는 간병인으로 일해요. 나라에서 시행하는 복지 서비스로 가정에 방문해 노인을 돌보는 일인데요. 일당은 시간이 아니라 건별로 계산합니다. 한 사람을 친절하게 오래 돌보기 힘든 시스템이죠. 정이 많은 애비는 추가 보상이 없어도 노인들을 위해 시간과 정성을 쏟습니다. 하지만 아침부터 저녁까지 부부가 아무리 열심히 일해도 삶은 나아질 기미가 없어요.

영화의 원제는 〈Sorry, We Missed You(죄송합니다. 우리가 당신을 놓쳤어요.)〉입니다. 택배 노동자가 부재중인 집 앞에 남겨두는 메모에요. '죄송합니다만, 부재중이시네요.'라고 쓴 문구 아래에 물품을 두고 가는 장소를 적어둡니다. 서비스 회사다운 고객 응대 표현이죠. '물건을 배달하러 왔는데 댁에 안 계시네요.'라고 하면 마치 집에 없는 고객을 탓하는 것 같잖아요. 당신 잘못이 아니라 당신을 놓친 우리 잘못이라는 거지요. "죄송합니다. 우리가 당신을 놓쳤어요."

켄 로치 감독은 택배 기사가 남기는 메모를 주인공 가족에게 전하는 메시지로 활용합니다. '죄송합니다, 우리가 당신들을 놓쳤어요.' You는 단수로도, 복수로도 해석할 수 있어요. 사회 복지 시스템에서 누락된 가난한 노동자 가족을 향한 메시지입니다. 국내 개봉하며 〈미안해요, 리키〉라고 제목을 번역했는데 감독의 의도를 잘 포착한 거 같아요. 영화를 보는 내내 저도 리키에게 미안했거든요.

근면 성실한 영국 백인 노동자인 리키가 원래 하던 건축 일을 더 이상 못하게 된 이유가 뭘까요? 고도 성장기를 이끌어가던 건설업이 맥을 못 추게 된 건 저성장 국면에 들어서며 예전 같은 건설 붐이 일지 않기 때문입니다. 더군다나 고된 육체노동을 더 싼 임금을 받고도 해주는 외국인 노동자가 많아졌고요. 이주 노동자에게 일자리를 빼앗겼다는 분노는 미국과 영국에서 트럼프 당선과 브렉시트 투표로 이어졌어요. 이 상황은 리키의 잘못이 아니에요. 생존을 위해 이민을 선택한 이주 노동자의 잘못도 아니에요. 건설 경기 침체를 탓할 수도 없어요. 그 어떤 시스템도 끝없이 성장할 수는 없거든요. 즉 리키의 실업은 그 누구의 잘못도 아니에요.

영화의 첫 장면은 리키의 취업 면접으로 시작합니다. 건설 노동자로 잔뼈가 굵은 리키의 자부심 강한 목소리가 들려와요.

"평생 실업수당을 받은 적이 없습니다. 가족을 먹여 살리기 위해 열심히 일을 해야지, 나라에 손을 벌리지는 않아요."

그 대목에서 벌써 저는 가슴이 저릿했어요. 안 되는데, 저러면 모든 게 자기 탓이 되는데. 지금 시대에 가난한 건 개인의 잘못이 아니에요. 수천 년 동안 농업은 크게 변하지 않았어요. 하지만 지난 수십 년 동안 산업의 변화는 급격했습니다. 농업이 공업으로 대체되고 공업은 새로운 지식 산업에 밀려납니다. 로봇과 인공지능 기술이 발전하면서 자동화되면 사람이 일하지 않아도 공장이 돌아가요. 가족을 챙겨야 하고 심리적 불안이 일에 영향을 미치며 먹고 자는 일을 반복해야 하는 사람과 쉬지 않고 일하는 로봇은 경쟁 상대가 되지 않습니다. 이런 시대에 개인의 성실함은 큰 의미가 없습니다.

MBC에서 일할 때 한 후배가 물었어요.

"선배, 왜 시청률이 대박 나면 월급을 올려주지 않아요? 성과 연동제를 하면 일할 동기가 더 커지지 않아요?"

"시청률 더 나와서 월급 더 받아야 한다는 건 시청률이 안 나올 때 월급을 깎아도 좋다는 거잖아. 창의력이 중요한 조직에서 시청률과 월급을 연동하는 건 결코 바람직한 급여 체계가 아니야."

후배에게 『새로 쓴 원숭이도 이해하는 자본론』을 쓴 임승수 저자의 강연에서 들은 버펄로 잡는 인디언 이야기를 들려주었어요. 버펄로 사냥으로 먹고사는 100명의 인디언 마을이 있어요. 그 마을에서는 모두가 창을 하나씩 들고 나가 버펄로를 몰아요. 100개의 창을 던지면 10여 개의 창이 버펄로에 꽂힙니다. 그렇게 사냥한 고기를 다 같이 나눠 먹습니다. 그런데 어느 날 인디언 하나가 불만을 제기합니다.

"매번 버펄로를 맞히는 건 난데 어째서 맞추지도 못한 사람들이랑 고기를 나눠 먹어야 하지? 불공평한 거 같아. 안 되겠다. 각자 창에 이름을 쓰자. 버펄로에 꽂힌 창에 이름 적힌 사람만 고기를 먹는 거야."

새로운 보상 체계를 적용해 사냥에 나갑니다. 버펄로를 맞힌 사람은 배 터져라 먹고 그렇지 못한 사람은 쫄쫄 굶습니다. 보름이 지나자 버펄로를 한 번도 맞히지 못해 굶어 죽는 사람이 나오기 시작하죠. 한 달이 지나자 마을 사람은 70명으로 줄고 두 달이 지나니 50명이 됩니다. 50명이 사냥을 나가면 예전처럼 버펄로를 몰기도 어렵고 한두 개의 창에 맞은 버펄로는 재빨리 달아나버립니다. 결국 사냥에 실패하는 날이 많아지고 마을 사람 전부가 굶어 죽고 맙니다.

드라마 PD도 버펄로를 잡는 인디언과 같아요. 자기가 만든 프로그램의 시청률이 좋을 수도 있고 형편없을 때도 있죠. 시청률과 상관없이 프로그램을 만들 때는 많은 사람들이 협력해서 제작비와 시간을 들여야 합니다. 시청률이 나쁘다고 연출에서 아예 배제해버리면 실패의 경험에서 배워 새롭게 도전할 수 있는 가능성을 없애는 거예요. 후배들이 보기에도 그래요. 시청률에 고전하던 선배가 4전 5기 끝에 대박을 내면 언젠가 자신에게도 그런 날이 올 거라는 희망을 배웁니다. 그리고 희망보다 더 중요한 건 버펄로를 맞추지 못해도 계속 사냥에 나갈 수 있다는 안정감이에요. 한 번의 실패로 내쳐지고 성공하는 사람에게만 기회가 주어지면 아무도 즐겁지 않아요. 성공한 사람도 결국 내쳐질 수 있다는 불안을 떠안게 되니까요.

마하트마 간디는 "실패할 자유가 없는 자유란 가치가 없다."라고 했어요. 창의성을 진작시키기 위해서는 성공에 대한 보상보다 실패에 대한 용인이 더 중요하다는 뜻으로 한 이야기인데요. 얘기를 다 들은 후배가 카톡 프로필에 '버펄로를 잡는 인디언이 되자.'라고 써놓았더라고요. 그 후배가 버펄로 잡는 데 목숨 걸지 말고 힘든 사냥을 즐기면서 할 수 있으면 좋겠어요. 일이 즐거우면 함께 하는 사람들에게 감사하게 되고 내가 좀 덜 받아도 나누는 기쁨을 누릴 수 있어요. 세상에는 용감하고 힘도 세서 버펄로의 앞길을 막아서는 전사도 필요하지만 사냥감을 맛있게 요리하는 사람도 필요하고, 사냥에 나서지 못하더라도 공정하게 나눠주는 방법을 고민하는 사람도 필요해요. 또 사냥에 나가고 싶어도 갈 수 없는 약자들도 있어요. 자본주의가 이토록 성공할 수 있었던 건 강력한 성장 엔진으로 모두가 나눠 쓰고도 남을 만큼의 혜택을 만들기 때문입니다.

아무리 노력해도 실업을 피할 수 없는 시대가 올 겁니다. 드라마 PD로서 유튜브나 넷플릭스의 시대가 올 걸 어찌 예상할 수 있었겠어요. 세상은 변화하고 있으며, 지상파 방송사도 더 이상 안정적인 직장이 아니지요. 그런데 문명 사회란 구성원들에게 최소한의 안전망을 마련해주는 곳입니다. 복지는 사회에서 약자를 보호하기 위한 장치에요.

캔 로치 감독은 영화 〈미안해요, 리키〉에서 자본주의 사회의 딜레마를 보여줍니다. 열심히 일하고도 생계를 꾸리기 어려운 사람들이 이렇게 존재한다는 것을 조명하죠. 영화 〈나, 다니엘 블레이크〉에서 선별적 복지 제도의 문제를 짚어요. 가난한 사람이 자신의 가난을 증명해야 하는 시스템이 얼마나 잔인한지를 보여줍니다. 이 두 영화를 보고 생각이 많아졌어요. 노동의 가치가 소멸하는 이 시대에 인간의 존엄성과 품위를 지켜줄 안전망을 확보하려면 어떻게 해야 할까요?

풍요로운 사회와
위계의 사다리

    쿠바에 다녀온 사람들의 여행기에는 '낭만'이라는 단어가 자주 등장해요. 도대체 어떤 나라기에 쿠바 여행에는 낭만적이라는 수식어가 따라다니는 걸까요? 코로나19 팬데믹이 종식되자마자 기대를 안고 쿠바 여행을 떠났어요. 그러나 쿠바 여행을 하며 마음이 좀 불편했습니다. 음식, 잠자리, 교통 등 최소한의 기본적 인프라가 너무 열악하고요. 물가가 싼 것도 나라가 너무 가난해서였거든요. 그런데 며칠 지내다 보니 여행자들이 말한 낭만이 무엇인지 알겠더라고요. 화목함이었어요. 모두가 공평하

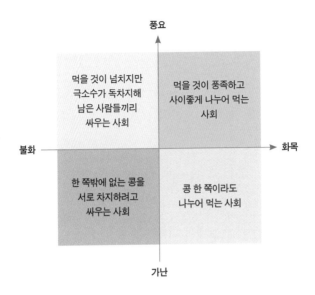

풍요

먹을 것이 넘치지만
극소수가 독차지해
남은 사람들끼리
싸우는 사회

먹을 것이 풍족하고
사이좋게 나누어 먹는
사회

불화 ━━━━━━━━━━━━━━━▶ 화목

한 쪽밖에 없는 콩을
서로 차지하려고
싸우는 사회

콩 한 쪽이라도
나누어 먹는 사회

가난

게 가난하기 때문에 가능했던 화목한 사회. 저에게 쿠바는 낭만
은 있지만 살고 싶은 나라는 아니었어요. 어떤 사회가 이상적인
공동체가 되려면 풍요와 화목 둘 다 필요합니다. 이 두 가지 조
건을 기준으로 한국 사회의 정신건강 문제를 사회학적으로 분
석한 책이 있어요.『풍요중독사회』입니다.

　사회심리학자인 김태형 저자는 풍요와 가난이라는 세로축과
화목과 불화라는 가로축으로 네 가지 유형의 사회를 구분합니
다. 원시공동체 사회는 가난하지만 화목했습니다. 인류 역사에
서 원시공동체 사회가 차지하는 비율은 95퍼센트가 넘습니다.
농경이 시작되고 잉여 생산물이 나오면서 물질적 풍요는 계급

을 만들어냅니다. 같은 계급 내에서는 화목했지만 생산에 관여하지 않는 계층이 늘어나고, 그들이 잉여 생산물을 독차지하면서 가난-불화 사회가 나타난 거죠. 산업화가 되면서 인류는 풍요의 시대를 맞이합니다. 산업화 초기에 이전 세대에 비해 경제 발전으로 풍요를 누리게 된 사람들은 인정이 많았어요. 독재정권이라는 공동의 적과 싸우며 노동자와 학생들이 연대했습니다. 소위 선진국들도 과거에 비해 평등 수준이 높아졌죠. 이 시기 자본주의 사회는 상대적 의미에서 풍요-화목 사회였다고 볼 수 있습니다.

그러나 1980년대 신자유주의가 등장하면서 모든 분야에서 자유 경쟁이라는 시장 원리가 도입되었습니다. 시장의 자유를 위해 규제를 완화하고 공공의 개입을 최소화하자 경제 규모는 순식간에 커졌지만 그만큼 자산의 격차도 커졌어요. 경제 성장을 이룬 대부분의 자본주의 국가들은 풍요-불화 사회로 변모했습니다. 현대 사회에서 풍요-화목 사회는 사회주의적 복지 체계를 지향하는 북유럽 국가들뿐입니다.

어떤 사회가 살기에 이상적인 공동체일까요? 물질주의적인 시각으로 선호도를 매겨보면 풍요-화목 사회, 풍요-불화 사회, 가난-화목 사회, 가난-불화 사회인데 저자는 풍요-화목 사회, 가난-화목 사회, 풍요-불화 사회, 가난-불화 사회로 순서를 매깁니다. 사람에게 더 중요한 것은 풍요가 아니라 화목이기 때문이죠. 저자는 풍요-불화 사회에서는 마구 칼질을 해서 사람들을 다층적인 위계로 썰어놓고는 같은 위계에 속한 사람들조차 체로 쳐서 사방에 흩어놓는다고 해요. 같이 살지만 철저히 파편화되고 원자화된 채로 말입니다.

> 위계에 따라 사람의 가치가 정해지고 차별을 하는 사회에서 사람들은 자신의 위계에 만족하지 못할 뿐만 아니라 부끄러워하고 싫어한다. 자신이 낮은 위계에 속한다는 사실을 부끄러워하고 싫어하다 보면 자기혐오에 빠질 수도 있다. 나아가 자신과 같은 위계에 있는 사람을 좋아하기란 불가능하다. 자신을 사랑하는 사람만이 타인도 사랑할 수 있듯이 자신의 위계를 긍정하고 자랑스러워하는 사람만이 동일한 위계의 사람들을 사랑하고 그들과 연대할 수 있다.

풍요-불화 사회의 구성원들은 몸과 마음이 건강하지 않아요. 우리 몸은 위협을 느끼면 효과적으로 대처하기 위해 아드레날린과 같은 특정 호르몬을 분비하고, 소화나 면역 등의 신체 활동을 억제합니다. 불안으로 만성적인 스트레스를 받는 사람은 심혈관계나 면역에 이상이 생기죠. 소화불량, 피로, 우울증 등이 생기고 면역력이 떨어져 각종 질환에 취약해집니다. 풍요-불화 사회에 살아가는 사람들은 불안으로 인한 만성 스트레스에 시달립니다.

'가장 건강한 나라는 최고 부자 나라가 아니라 가장 평등한 나라다.'라는 말이 있어요. 실제로 평등한 사회일수록 건강지수가 높습니다. 1, 2차 세계대전을 겪으면서 영국 사람들은 스트레스가 극에 달해 국민들의 건강이 크게 악화됐을 거 같겠지만, 전쟁이 일어난 10년 동안 영국 민간인의 기대수명은 급속도로 늘어났어요. 20세기 중 이 10년 동안의 기대수명 증가폭이 나머지 기간 증가폭의 2배가 넘었습니다. 어떻게 이런 일이 가능했을까요?

영국 정부는 전쟁에서 이기려면 국민을 단합시키고 국가에 대한 충성심을 높여야만 했어요. 1차 세계대전 직후에는 소수의 자본가들만 부유하고 절대 다수의 국민들은 비참한 삶을 면치 못했어요. 노동자들의 파업과 사회주의 운동 등 치열한 계급투쟁이 벌어졌습니다. 이런 사회갈등을 그대로 두고 전쟁에서 승리하기란 불가능합니다. 그래서 영국 정부는 부자한테 세금을 걷어 국민들에게 나눠주었어요. 정부는 완전고용 상태를 달성하고 노동자들의 임금을 대폭 올리며 주요 생필품 배급제를 실시하는 등 국민 단합을 위해 평등주의 정책을 펼쳤습니다. 놀랍게도 영국 사회의 빈부 격차는 급속하게 줄어들었고 나치 독일을 무찔러야 한다는 공동의 목표로 사회적 결속력도 높아졌어요. 무엇보다 국민들의 건강이 금세 좋아졌고 범죄율도 크게 떨어졌습니다. 비록 일시적이었지만 영국은 풍요-불화 사회에서 가난-화목 사회로 전환되었던 겁니다.

다층적 위계 사회에서는 낮은 위계에 속한 사람일수록 건강 수준이 낮습니다. 1970년대 영국 남성 공무원의 사망률 연구에 의하면 맨 아래 위계의 공무원들은 최상위 공무원들보다 평균 사망률이 4배나 높았습니다. 소득 수준보다 위계가 건강에 더 많이 영향을 미칩니다. 사람들이 건강해지려면 빈곤을 퇴치하는 것만으로 부족해요. 반드시 다층적 위계, 불평등을 없애야 합니다.

한국 역시 훨씬 더 부유하고 풍요로워졌어요. 하지만 김태형 저자는 한국인의 삶을 가리켜 "학대를 피해 미친 듯이 위계의 사다리를 올라가는 과정."이라고 합니다. 사회가 화목해지지 않으면 물질적 풍요는 오히려 해롭습니다. 풍요에 중독되면 마약 중독자처럼 파멸에 이를 때까지 돈을 향한 질주를 멈추지 못해요. 화목 사회는 개개인에게 사이좋게 지내라고 호소한다고 되지 않습니다. 싸우지 않아도 되는 사회를 만들어야 해요.

2020년 코로나 19 팬데믹 위기를 겪으며 프란치스코 교황은

'모든 형제자매들'이라는 회칙을 발표했어요. 코로나 위기로 무능한 정치와 시장 자본주의의 실패를 확인했다며 이제 인류애를 중심에 둔 새로운 삶의 방식을 찾아야 한다고 호소했어요. 새로운 삶의 방식은 사회제도를 바꿔야 가능해요. 위계를 오르려는 과도한 경쟁이 사라진 불안하지 않은 사회, 화목한 사회가 되려면 우리는 무엇을 해야 할까요?

더 나은 미래를 위한
우리의 노력

　자본주의 경제를 공부할수록 '나는 괜찮으니까 이대로 모른 척 살아가도 되는 걸까?' 하는 생각이 진지하게 듭니다. 미국은 이미 1퍼센트와 99퍼센트의 사회입니다. 소득 분배를 살펴보면 지난 20년간의 소득 대부분은 최상위층이 차지하고 맨 밑바닥부터 99퍼센트까지는 제자리걸음을 걷고 있습니다. 세계적인 현상이에요. 우리나라도 다르지 않아요. 국세청의 '통합소득' 1,000분위 자료(2022년 기준)'를 보면 최상위 0.1퍼센트가 전체 소득(과세 전 기준)에서 차지하는 비중이 4.5퍼센트, 평균 소득이 약 7억 4,000만 원(서울 상위 0.1퍼센트의 평균 소득은 약 65억 원)가량 되는데 4년 전과 비교해 무려 22.1퍼센트가 늘었습니다. 하위 20퍼센트의 평균 소득 429만 원의 170배가 넘습니다. 한 나라의 전체 소득에서 최상위 계층의 몫이 증가하면 중하위 계층의 몫이 줄어든다는 의미이고, 이는 소득 분배가 고르게 이루어지지 않는다는 뜻이에요. 빈부 격차가 심해지고 있는 거죠.

쿠바 여행을 하면서 똑똑히 보았어요. 자본주의의 모순을 타파하고 모두가 부를 공평하게 나눠 갖는다는 공산주의는 이상일 뿐 실제에서는 작동하지 않아요. 당시 저는 세계 자본주의의 수도라고 할 수 있는 뉴욕에서 1주일을 보내고 쿠바의 수도 아바나로 갔는데요. 비행기로 1시간 거리에 있는 두 나라의 경제적 격차가 충격적이었습니다. 쿠바에서 2주를 보내며 비참할 정도로 가난한 사람들을 보며 괴로웠어요. 50여 년 전 인간의 행동이 시장을 극복한 최초의 사례라고 자부하는 쿠바 혁명의 결과는 참혹했어요. 자본주의야말로 인류가 만들어낸 최적의 경제 시스템이라는 것을 반증하는 것 같았거든요. 자본주의를 대체할 수 있는 대안이 없다면 그 맹점을 보완할 수 있는 방법

• 통합 소득은 사업 소득, 금융 소득, 임대 소득 등 종합 소득과 근로 소득을 합쳐 1년간 개인이 번 소득의 총합을 의미한다.

을 찾아야 합니다.

경제학자 이원재 저자가 쓴 『소득의 미래』를 보며 그 해법의 실마리를 발견했어요. 2000년대에 들어서면서 소득에 있어 중대한 변화가 일어났어요. 사람들은 소득의 격차가 심해지면서 위계의 사다리 위로 올라가기 위해 치열하게 진학과 취업 경쟁에 뛰어듭니다. 하지만 좋은 대학을 나와 안정된 직장에 취직해 월급을 모아 내 집을 마련하고 노후를 대비한다는 과거의 논리가 흔들립니다. 열심히 일해서 돈을 버는 소득보다 돈이 돈을 버는 소득이 급격히 늘고 있고, 돈은 점점 더 상위 1퍼센트의 사람들에게 집중되고 있거든요. 달라진 계층의 사다리는 근로 소득이 아니라 자산 소득만으로 올라갈 수 있습니다.

이 변화에는 소위 '4차 산업혁명'이라고 부르는 인공지능, 로봇공학, 빅데이터, 사물인터넷 등의 기술 발전이 큰 영향을 미쳤어요. 스마트폰과 스마트 가전을 써보니 없을 때는 어떻게 살았을까 싶을 정도로 편리하죠. 이런 기술이 상상만 했던 일들을 가능하게 만들어주고요. 이윤을 극대화하는 게 목표인 기업들도 당연히 이러한 기술을 사용하게 됩니다. 흔히 사람들은 로봇과 인공지능이 대체할 일자리가 생산, 제조, 텔레마케팅과 같은 서비스직이나 저임금 노동이라고 오해하는데요. 가장 빨리 대체되는 일자리는 고학력, 고소득 전문직입니다. 공장이나 마트,

가게 등을 자동화하려면 초기 비용이 많이 들어요. 기계보다 사람을 고용하는 게 더 저렴하죠. 하지만 높은 임금을 줘야 하는 변호사, 회계사, 약사, 의사 등 지식 기반 전문가를 대체하는 건 인공지능 프로그램으로 가능합니다. 챗GPT를 업무에 활용하는 사람들은 마치 박사급 인재 10명과 함께 일하는 것 같은 느낌을 받는다고 합니다.

앞으로 고학력, 고소득 일자리는 계속 줄어들 겁니다. 충분한 소득을 얻기 위해서는 더욱 치열한 경쟁을 뚫어야 할 거예요. 유엔 산하 자문기구인 지속가능발전해법 네트워크가 매년 발표하는 '2024 세계 행복 보고서'에 따르면 가장 행복한 나라는 핀란드로 7년 연속 1위를 차지했고요, 한국은 52위로 일본, 필리핀, 베트남, 태국과 어깨를 나란히 합니다. 리서치 기업 입소스^{Ipsos}에서 발표한 세계 30개국의 행복도 조사 결과 한국은 헝가리와 함께 꼴찌를 기록했어요. 2011년에는 '삶이 전반적으로 행복하다.'고 대답한 사람이 71퍼센트였는데 2024년에는 48퍼센트로 대폭 줄어들었어요. 특히 MZ세대라고 하는 청년들의 행복도가 가장 낮았어요. 한국과 핀란드는 어떤 차이가 있을까요?

핀란드에서는 국가가 국민들의 경제적 자유를 보장해줍니다. 공공사회지출 규모(2022년 기준)를 보면 한국은 GDP 대비 14.8퍼센트인 반면 핀란드는 29.4퍼센트에 달해요. 공공복지에 소극적인 한국이나 미국 정부는 개인의 자유를 내세우며 보편적인 지원을 꺼리는데요. 현실은 이들보다 핀란드 국민들이 훨씬 더 자유롭고 독립적으로 삽니다. 핀란드 대학은 무상 교육인데도 진학률이 낮아요. 노동자 간 임금 격차가 적기 때문에 대학을 나오지 않아도 먹고사는 데 지장이 없거든요. 『소득의 미래』에서는 이상적인 국가의 모습을 이렇게 이야기합니다.

> 바이올리니스트가 될 사람이 연금 때문에 공무원이 된다거나, 목수로 빛날 수 있는 사람이 밥벌이 때문에 부동산 중개사가 되겠다고 마음먹는 일은 사실 사회적 낭비다. 꼭 돈이 벌리지 않더라도 좋아하는 일을 하고, 아이디어가 있다면 생계 걱정 없이 위험한 창업에 뛰어들 수 있는 사회. 평범한 보통 사람도 적절한 시간 동안 일하고 적절한 시간 동안 동네에서 어울리며 평생을 살아갈 수 있는 사회.

이런 사회를 만들기 위해서는 무엇이 필요할까요? 지금 우리가 불행하다고 느끼는 건 절대적으로 빈곤해서가 아니에요. 소득 격차로 인한 상대적 빈곤 때문이죠. 소득의 격차를 줄이는 강력한 방법이 있어요. 저자는 모든 사람에게 최저 생계비를 지급하는 기본소득 제도를 제안합니다. 기본소득이란 매월 기본 생계를 유지할 수 있는 일정 소득을 전 국민에게 지급하고 많이 버는 사람은 그에 비례하여 더 많은 세금을 내는 제도인데요. 저는 기본소득 제도가 아니더라도 20대 청년을 위한 기본자산 제도는 필요하다고 생각해요. 토마 피케티가 제안하는 기본자산은 25세가 된 청년들에게 일정한 자산을 공평하게 나눠주자는 건데요. 기본자산은 학교를 떠나 세상으로 나아가는 단계, 자립과 독립으로 가는 중간 단계에 놓인 젊은이들에게 자신의 진로와 적성을 탐색할 수 있는 시간을 만들어줍니다.

그렇다면 재원을 어떻게 마련해야 하는가의 문제가 남죠. 피케티의 제안은 이래요. 부모 세대의 자산이 다음 세대의 경제적 기반이 되는 시대에 부의 격차를 해소하려면 누진 상속세를 강화해야 한다고요. 각 세대에서 막대한 자산을 축적해도 자녀에게 물려줄 때는 상당 부분을 공동체에 반환해 다음 세대 전체가 이전 세대의 부를 발판으로 삼을 수 있게 해야 한다는 겁니다.

소유세와 상속세에서 나오는 국민소득의 약 5퍼센트 세수로, 25세에 달한 청년 각자에게 성인 평균 자산의 약 60퍼센트에 해당하는 자본금의 재원 조달이 가능하다. 예를 들어보자. 부유한 나라들(서유럽, 미국, 일본)에서 평균 민간자산은 2010년대 말에 성인당 약 20만 유로였다. 이 경우 자본지원은 12만 유로가 될 것이다.

한국 국민의 평균 자산은 2억 원, 그중 60퍼센트라면 1억 2,000만 원입니다. 25세가 된 청년이 국가로부터 1억 2,000만 원을 받고 사회인으로 첫걸음을 내딛는다면 어떨까요? 1억 원이란 종잣돈을 마련하는 게 얼마나 어려운지 알잖아요. 적어도 7년에서 10년 동안 정말 아끼고 열심히 벌고 모아야만 겨우 마련할 수 있는 돈인데요. 애초에 기본자산 1억 2,000만 원을 갖고 있다면 집을 구할 수도 있고, 가게를 열 수도 있고, 사업 자금으로 쓸 수도 있어요. 현실은 소득 100분위 50퍼센트 국민들은 자녀에게 아무것도 지원하지 못해요.

국가가 기본 생계를 보장해주거나 기본자산으로 출발할 수 있도록 지원해준다면 다음 세대의 청년들은 불행을 딛고 계층의 사다리를 오르려고 경쟁하는 게 아니라 서로를 돌보고 사랑하며 실패를 두려워하지 않고 행복하게 살아갈 수 있지 않을까요? 너무 이상적이라고요? 실제로 기본소득과 기본자산은 우리나라에서도 현실적으로 검토하고 있는 대안입니다. 월 60만 원의 기본소득을 지급하자는 제안도 있고, 태어날 때 2,000만 원, 성년이 되면 5,000만 원씩 기본자산을 지급하는 아이디어가 국회에서 논의되고 있으며, 사회적 논의도 진전되고 있어요. 특정 세대의 일이 아니라 우리 모두의 일입니다. 관심을 가져야 합니다.

궁극적으로 우리 사회를 구성하는 모두를 위한 일이니까요.

경제 공부 루틴 만들기

- 돈을 모으고, 불리고 싶다면 경제 흐름을 잘 읽을 수 있어야 해요. 매일 조금씩이라도 경제 공부를 하는 습관을 만들어요.

- 스마트폰 알람이나 루틴 설정 기능을 이용해 정기적인 모닝 루틴을 만들어보세요. 예를 들어 아침 7시에 경제 뉴스 유튜브 채널이 자동으로 활성화되도록 설정해서 출근 준비를 하면서 뉴스를 확인하는 등 경제 콘텐츠와 친숙해지는 습관을 가져보세요.

- 매일 아침 30분, 경제 뉴스 읽기 : 경제신문을 읽어도 좋고, 포털 사이트의 경제 섹션을 읽어도 좋습니다.

- 매달 1권씩 경제 관련 도서 읽기 : 경제 및 재테크 관련 도서들을 꾸준히 읽어서 자신만의 관점을 만들어보세요. 지속적으로 공부하다 보면 균형 잡힌 시각을 가질 수 있게 되고, 어떤 선택을 할 때나 도움을 받을 수 있어요.

경제 관련 정책 등에 관심 기울이기

- 내가 속한 사회가 문화, 정치, 경제적으로 건강해지는 데 대한 관심을 꾸준히 가져보세요. 중요한 것은 함께 나눠 먹을 파이를 더 키우는 일이니까요.

- 세대 간 협력을 이룰 수 있는 일들에 관심을 기울이기 : 내가 가진 재능을 나눠줄 수 있는 일을 찾는 것도 하나의 실천입니다.

- 청년 세대의 일이 나와 상관없는 일이 아님을 인지하고, 연대를 위한 다양한 활동을 시작해보세요.

에필로그

몸짱이 된 연금술사

저는 애니메이션을 좋아합니다. 〈귀멸의 칼날〉, 〈주술회전〉, 〈체인소맨〉을 좋아해요. 이 작품들의 주인공들에게는 공통점이 있습니다. 처음 시작할 때는 별 볼 일 없이 약하지만 회를 거듭할수록 능력치를 키워 끝내는 최종 보스를 물리칩니다. 재테크를 실전형 게임이라 생각하고, 나의 능력치를 키우는 과정이라 생각하면 어떨까요? 월세에서 반전세로 갈아타고, 반전세에서 전세로 가고, 전세에서 빌라 자가로 가고, 빌라에서 소형 아파트로 가고, 다시 더 좋은 지역으로 이사를 하면서 꾸준히 자산을 늘리는 것. 이게 실물경제에서 나의 캐릭터를 레벨업하는 방법입니다.

아무리 힘든 상황이 닥쳐도 포기하지 말아요. 만화 주인공처럼 우리도 불멸의 도전 정신을 탑재하는 겁니다. '이번 생은 망했어.', '이미 늦었잖아.' 이런 생각도 하지 말아요. 그런 생각을 하는 순간 진짜 망하는 겁니다. '집값은 오를 대로 올랐지만 난 지금 이 순간 내가 할 수 있는 일을 하겠어.'라고 마음먹는 겁니다. 자본주의 사회에서 변하지 않는 진리는 돈의 가치는 시간이 갈수록 줄어들고 자산의 가치는 오른다는 겁니다. 우리는 어떻게든 자산을 조금씩 획득해야 합니다.

집값이 비싸다고 지레 포기할 필요는 없습니다. 저축을 통해 꾸준히 자산을 모아 불리면 똘똘한 한 채는 마련할 수 있어요. 맞벌이로 열심히 벌어 각자 1,000만 원씩 5년 만에 1억 원을 모았다면, 2억 원짜리 부동산부터 장만합니다. 주택 구매 자금의 50퍼센트는 전세나 대출을 통해 해결합니다. 빚을 지기 싫다고 10년 동안 저축만 하지는 마세요. 그 사이에 집값은 또 오르거든요. 자금과 부채를 절반씩 동원해 먼저 사고 남은 5년 동안 빚을 갚는 겁니다. 5년이 지나면 내가 산 자산의 가격도 올라갑니다. 잘 선택하면 많이 오르고, 그러지 않으면 덜 오르는 차이가 있겠지요. 비싼 자산일수록 더 많이 오를 가능성이 높으니까 꾸준히 자산을 불려야 합니다.

만약 2억 원짜리 집이 5년 사이 2억 5,000만 원이 되었다면 다음 목표는 4억 원짜리 집을 마련하는 겁니다. 그 집에서 5년을 사는 동안 1억 원을 갚았으니 집을 팔았을 때 2억 5,000만원의 종잣돈이 생겨요. 5년 동안 내가 모은 돈이 1억 5,000만 원이 되는 셈이니 그 범위 내에서 대출을 받아 4억 원짜리 집을 살 수 있습니다. 만약 시장 하락기가 와도 실망할 필요는 없어요. 어차피 주택에는 사용 가치도 있으니까요. 집주인에게 월세를 내는 대신 은행에 대출금을 상환해가면서 세입자가 아닌 주택 소유자로 사는 게 나아요.

자산에는 스노우볼 효과가 있어 자산의 크기가 커질수록 불어나는 속도가 점점 빨라집니다. 30대부터 돈을 모으기 시작해서 20년간 꾸준히 모으면 50대에는 빚 없이 자산 가치가 꽤 높은 주택을 마련할 수 있어요. 거기에 3대 연금도 알뜰하게 챙겼다면, 65세가 되었을 때 여러분은 30년이라는 기나긴 노후를 재미나게 보낼 수 있을 거예요. 하고 싶은 일을 하며 경제적 자유를 누릴 수 있어요.

우리가 가장 두려워해야 할 적은 애니메이션 속 흡혈귀도, 악령도, 악마도 아닙니다. 바로 우리 마음속에 숨어 있는 탐욕과 공포입니다. 사람들이 탐욕에 눈이 멀면 자산시장은 폭등하고, 사람들의 마음에 공포가 깃드는 순간 자본시장은 폭락합니다. 끊임없이 상승과 하락을 이어가는 게 시장의 생리입니다.

탐욕과 공포 사이에 불안이 스며듭니다. 사람들의 불안은 소비를 먹고 자랍니다. 돈을 쓸 때마다 느끼는 쾌감은 잠시나마 우울한 기분을 가시게 해주거든요. 더 많이 쓰려면 더 많이 벌어야 해요. 모두가 절대적 빈곤을 벗어나 잘사는 나라가 되었지만 걸음의 속도를 늦추는 법이 없어요. 목적 없이 달리는 삶에 권태가 찾아오고 권태를 잊기 위해 쾌락을 탐닉하고 그 끝에서 탈진하게 됩니다. 행복을 위해 돈을 쓰지만, 쓰면 쓸수록 행복은 점점 멀어집니다.

탐욕과 공포, 불안을 이기는 가장 좋은 방법은 절제입니다. 탐욕과 공포, 불안이 뒤엉킨 자본주의 사회는 너무 복잡하고 변화무쌍합니다. 하지만 절제는 단순하고 명료해요. 절제는 나의 욕망을 통제하고 합리적으로 소비하게 만듭니다. 아낄 줄 알면 돈을 모으고 불리는 게 훨씬 수월해요. 탈출은 지능순이라는 말이 있지요. 소비와 노동을 되풀이하며 쳇바퀴를 돌리는 대신 절약과 저축으로 자산의 사다리를 만들어 경제적 자유를 이룰 수 있어요. 은퇴란 평생 다시는 일을 하지 않는 것이 아니라 최소한 돈 때문에 일하지는 않아도 되는 것을 의미합니다. 일하지 않아도 필요한 만큼의 돈이 들어오는 구조, 자동 소득이 생기면 쳇바퀴에서 탈출할 수 있어요.

자동 소득은 세 가지가 있어요. 월세가 나오는 부동산, 배당금이 나오는 주식, 이자가 나오는 예금. 물론 셋 다 장만하기가 쉽지는 않아요. 저는 부동산이나 주식에 투자하는 대신 열심히 일을 하며 꾸준히 연금을 부었습니다. 국민연금, 퇴직연금, 개인연금 3종 세트. 직장에 들어가 일만 열심히 해도 나라에서 알아서 국민연금을 적립하고, 회사에서 퇴직연금을 넣어줍니다. 여유가 있다면 월 30만 원 정도 개인연금을 부어도 좋겠지요. 재테크로 수익률 10퍼센트 내기는 쉽지 않지만, 연금저축으로 16.5퍼센트의 세액공제를 매년 받을 수는 있으니까요.

살아보니 행복은 내가 가고 싶은 곳에 가는 게 아니라, 지금 내가 있는 곳에서 최선을 다하는 거더라고요. 내가 가고 싶은 회사에서 나를 받아주지 않는다면, 나를 받아주는 곳에서 열심히 일하는 것도 해법입니다. 꾸준히 계속 일을 하면 어느 순간 잘하게 되고요. 일을 잘하면 자기효능감이 올라가고 자존감이 생겨납니다. 사회에서 나의 가치가 올라가고 일에서 보람을 느끼는 순간도 오고요. 그동안 3대 연금의 적립은 꾸준히 늘어날 거고요. 언젠가 정말 하고 싶은 일이 생기면 퇴사하고 새롭게 시작할 수 있는 날도 옵니다.

제가 명예퇴직을 선택할 때 그나마 믿을 건 평생 모아온 연금밖에 없다고 생각했는데요. 이 책을 쓰며 새삼스레 깨달은 바가 있어요. 종신형 연금 상품의 핵심은요, 보험사와 가입자 간의 대결이 아니에요. 보험사는 모든 가입자가 평균수명까지 산다고 생각하고 연금수령액을 결정합니다. 가입자가 평균수명을 넘기느냐 못 넘기느냐가 관건이에요. 평균수명보다 적게 사는 사람이 낸 돈으로 평균수명보다 오래 사는 사람의 연금을 대주는 거죠. 연금을 오래도록 타기 위해서는 건강을 지키고 수명을 늘리는 게 중요합니다. 평생 동안 연금을 붓고 제대로 타지도 못하고 가면 너무 억울하잖아요. 그런 점에서 저의 목표는 이제 건강입니다.

건강도 탐욕을 자제하고 공포와 불안에 사로잡히지 않아야 지킬 수 있습니다. 노후에 얼마를 모아야 한다, 월에 얼마를 벌어야 한다는 등의 불확실한 가정 때문에 스트레스가 많았어요. 정신적인 스트레스로 인해 멈추지 못하고 불확실한 목표를 향해 밤낮없이 달리다 보면 몸이 만신창이가 됩니다. 그렇게 일해서 모은 나의 자산이 얼마나 되는지도 모른 채로 말이죠. 이 질주를 멈추는 것은 더 갖기 위해 노력하는 대신 덜 쓰고도 만족하며 사는 겁니다. 더 벌고, 더 모으고, 더 불리는 것보다 중요한 건 아끼는 것입니다. 돈을 벌려고 애쓰는 사람보다 돈을 아끼는 사람이 장기적으로 보면 더 건강합니다.

평생 저축에 진심이었던 저는 요즘 운동에 진심입니다. 아이들에게 줄 수 있는 최고의 선물은 몸과 마음이 건강한 나의 노후더라고요. 오늘 아침에도 문화센터에서 탁구를 치고 왔어요. 월에 3만 5,000원을 내고 월수금 1시간씩 레슨도 받습니다. 오후에는 체육관에 가서 근력운동을 합니다. PT 수업도 받고, 줌바댄스를 하는 날도 있어요. 유산소와 근력운동을 번갈아 합니다.

65세가 되면 개인연금, 퇴직연금, 국민연금, 3대 연금을 동시에 수령하게 됩니다. 자동 소득이 생기는 진정한 은퇴. 그때부터는 건강하게 오래 사는 게 가장 중요해요. 그래서 저는 '몸짱이 된 연금왕'이 되기 위해 오늘도 운동을 합니다.

저축? 여윳돈 생기면 그때 해야지. 운동? 시간 나면 그때 해야지. 인생에 내일은 없어요. 내일을 살 수 있는 사람은 없습니다. 우리가 행동할 수 있는 시간은 오로지 지금 당장뿐입니다. 내일 해야겠다고 다짐하는 것과 그것을 하는 오늘은 아무 상관이 없어요. 노후 대비 강의를 하면, '아, 이 강의를 좀 더 일찍 들었으면 좋았을 텐데요.'라는 말을 많이 듣습니다. 안 늦었어요. 100세 시대에 당신의 남은 시간은 몇 년입니까? 살아온 시간보다 살아야 할 시간이 더 많잖아요. 지금부터 절약하고 저축하고 스트레스를 멀리하고 운동을 시작해도 10년이면 많은 게 달라집니다. 아니, 1년만 해봐도 알 거예요. 나도 돈 걱정 없이 은퇴한 몸짱이 될 수 있다는 걸요. 생각만 해도 설레지 않나요?

독서로 시작하는 부자 습관

한때 교보문고 '북모닝' 서비스의 북멘토로 활동한 적이 있어요. 교보문고 북모닝 서비스는 독서를 즐기는 이용자들에게 매일 아침, 새로운 책 추천 및 독서 관련 정보를 제공하는 서비스입니다. 이 서비스를 통해 구독자는 맞춤형 추천 도서 목록을 받거나 독후감 작성을 유도하는 등의 책을 중심으로 한 커뮤니티 활동을 즐길 수 있어요. 북모닝의 책 심사위원이 되면 매달 교보문고에서 10권의 신간을 집으로 보내줍니다. 매달 수천 권의 책이 쏟아져 나오는데요. 교보문고 북마스터들이 그중에서 엄선한 10권의 책입니다. 교보 북마스터가 고른 책을 읽고, 그중에서 5권을 골라 짧은 평을 씁니다.

드라마 대본 심사도 오래 했고, 배우 오디션 심사도 많이 해봤는데 책을 고르는 건 또 다르더군요. 제가 교보문고 북모닝 심사를 하는 요령은 가장 읽고 싶은 책부터 시작하는 거예요. 가장 먼저 집는 책은 표지와 저자를 살펴봤을 때 가장 마음이 끌리는 책이에요. 재미있으면 끝까지 다 읽지만, 중간에 흥미가 떨어지거나 아껴두고 다음 책으로 넘어가고 싶을 때도 있어요. 그렇게 책을 읽으면서 하나하나 순위를 매깁니다. 한 권을 읽으면 일단 그 책이 일등이고요. 두 권을 읽고 난 후 새로 읽은 책이 도전자가 됩니다. 순위가 바뀌기도 하고, 챔피언을 그대로 유지하기도 합니다. 이렇게 10권의 책 중에서 1위부터 5위까지 순전히 개인적인 평점으로 순위를 매깁니다. 이렇게 게임하듯이 책을 읽는 게 나름의 공부이자 놀이에요.

그렇게 고른 책 5종에 대해 짧은 리뷰를 쓰고요. 그중에 다시 한두 종을 골라 블로그에 긴 서평을 올리고 유튜브 채널 〈꼬리에 꼬리를 무는 독서〉에서 소개하기도 합니다. 제가 책을 소개하는 과정에는 수많은 사람의 도움이 함께 합니다. 매주 나오는 신문의 신간 소개도 열심히 읽고, 책을 소개하는 책도 읽고, 작가들의 페이스북도 눈여겨봅니다. 좋은 책을 소개하기 위해 최선을 다했어요. 그때 소개한 책들 중 제가 읽고 경제 공부에 도움을 받은 책들에 대한 간단한 소개를 첨부합니다. 이 중에서 여러분의 경제 공부를 더욱 심도 깊게 해줄 책을 찾으시면 좋겠습니다.

『아웃퍼포머』 모튼 한센 저 | 이지연 역 | 김영사

직장에서 성공하는 것과 행복한 삶이 양립할 수 있을까? 오래 일하고, 최대치의 노력을 투하하는 방식은 구시대의 산물이다. 워라밸의 시대, 똑똑하게 일하는 방법을 배워야 한다. 직장에서 개인이 성과를 내는 방법을 일곱 가지로 추려내고 그 실전 노하우를 소개하는 책. 맡은 업무에서 고수가 되는 법 네 가지와 타인과 협업을 잘 하는 법 세 가지. 최고의 성과를 내는 비밀은 재능이나 노력이 아니라 일하는 방법에 있다.

『어른은 어떻게 성장하는가』 존 헤네시 저 | 구세희 역 | 부키

리더십에 대한 가장 탁월한 소개. 겸손하고, 공감할 줄 알며, 용기 있고, 현명해야 한다. 타인의 위에서 군림하는 것이 아니라, 섬기는 마음으로 일하는 이가 진짜 리더다. 업무에 대한 지식이나 기술보다 사람에 대한 태도가 필수 역량이 된 시대에 좋은 어른이 되는 법을 알려주는 책.

『이코노믹 센스』 박정호 저 | 청림출판

경제 위기를 맞아 국가가 할 수 있는 선택이 양적 완화라면, 소비자가 택할수 있는 대안은 긴축 재정이다. 사회적 거리 두기의 시대에 돈을 더 버는 것이 어려워진다면, 우리에게 필요한 것은 소비로부터 거리 두기, 근검절약 아닐까? 소비를 부추기는 메시지로 가득한 시대를 헤쳐가기 위해 필요한 돈의 감각은 무엇일까? 불황을 극복하고 내 돈을 지키는 짠돌이 경제학.

『노동의 시대는 끝났다』 대니얼 서스킨드 저 | 김정아 역 | 와이즈베리
1995년에 제러미 리프킨은 이미 '노동의 종말'을 예견했다. 기술 변화로 다수의 노동자가 실업에 빠지는 건 이제 미래 예측이 아니라 코앞에 다가온 현실이다. 일에서 삶의 의미를 찾고 경제적 풍요를 얻던 시대가 끝나간다면, 이제 우리는 어떻게 자아 실현과 소득 창출을 할 수 있을까? 불평등을 해소하고, 기술기업의 횡포를 막고, 개인의 자아 실현을 이룰 수 있는 길을 모색하는 책.

『승리하는 습관』 앨런 스테인 주니어, 존 스턴펠드 저 | 엄성수 역 | 갤리온
넷플릭스 다큐멘터리 〈마이클 조던 – 더 라스트 댄스〉를 즐겨본 터라, NBA 슈퍼스타들의 성공 원칙을 알려주는 『승리하는 습관』에 푹 빠져들었다. 만화 〈슬램덩크〉에서 인생을 배웠다면, 이 책을 통해 성공 방식을 배운다. 선수로 뛰거나, 코치로 리드하거나, 팀으로 싸우거나, 어떤 경우라도 유효한 충고들로 가득한 책이다. 농구판 '타이탄의 도구들'.

『초예측』 유발 하라리, 재레드 다이아몬드 외 저 | 모노 가즈모토 편 | 정현옥 역 | 웅진지식하우스

방송 다큐에서 세계적인 석학들에게 물었다. 자본주의의 현재는 무엇이고 미래에는 어떤 세상이 올까? 방송 인터뷰를 책으로 옮겼기에 입말이라 술술 읽힌다. 어려운 주제를 쉽고 간단하게 설명하는 것이 역시 방송의 장점이다. 암호화폐를 두고 오가는 설전도 흥미롭지만, 인공지능 시대에 지켜야 할 것은 일이 아니라 인간이라는 유발 하라리의 말이 와 닿았다. 책장을 덮을 즈음, 호기심이 다시 인다. 책에 소개된 저자들과 책을 찾아 나서야겠다.

『이게 경제다』 최배근 저 | 쌤앤파커스

제목으로 클릭 장사를 유도하는 토막 온라인 뉴스만 보다 보면 불안과 공포에 시달리는 게 아닐까? 멀리 내다보는 안목과 깊이 들여다보는 통찰을 원한다면 전문가가 쓴 책을 읽어야 한다. 이것이 책을 읽는 이유다.

『다크호스』 토드 로즈, 오기 오가스 저 | 정미나 역 | 21세기북스

표준화 시대는 가고 개인화 시대가 왔다. 뻔한 성공 방식으로는 채워지지 않는 개인적 충족감을 어떻게 채울 것인가. 전통적 의미의 성공과는 다른 자신만의 성공을 찾아가는 다크호스들의 이야기. 공부를 열심히 하고 일을 잘하는 것보다 더 중요한 것은 충만한 인생을 사는 것이다. 기대수명 100세 시대. 인생 후반전에서 역전을 노리는 이들을 위해 『다크호스』를 권한다. 진짜 승부는 이제부터 시작이다.

『투자자의 인문학 서재』 서준식 저 | 한스미디어

공자님 말씀, "부가 추구해서 얻을 수 있는 것이라면, 마부 노릇이라도 하겠다. 하지만 원한다고 얻을 수 있는 게 아니라면, 내가 좋아하는 일을 하겠다." 투자에 관한 책을 읽는다고 누구나 부자가 될 수는 없다. 하지만 내가 좋아하는 독서를 즐겼더니, 왠지 경제에 대해 새롭게 눈을 뜬 기분이다. 돈에 얽힌 우리의 역사를 돌아보고, 돈을 다룬 경제학 고전을 정리한다. 삶의 가치에 대해 다시 생각해볼 귀한 기회를 주는 책.

『리더는 하루에 백 번 싸운다』 조우성 저 | 인플루엔셜

한비자가 말하는 '법', '술', '세'는 우리 시대 리더에게 필요한 세 가지다. '법'은 군주가 나라를 다스리는 데에 필요한 공정하면서도 엄격한 원칙, '술'은 군주가 신하를 올바로 쓰면서 간신을 견제하기 위해 필요한 지혜인 통치술, 마지막으로 '세'는 군주가 가져야 할 권세 내지 권력으로 결코 다른 누군가와 나눌 수 없는 것이다. 좋은 리더가 되고 싶다면 '한비자'를 읽어야 한다. '한비자'를 시대 상황에 맞춰 새롭게 해석한 경영 전략서.

『앞으로 3년 경제전쟁의 미래』 오건영 저 | 지식노마드

판소리꾼의 재담을 듣는 것처럼 입담과 재치가 뛰어난데, 주인공은 환율과 금리이고, 세계 각국의 경제 전망이 엎치락뒤치락 영웅담처럼 펼쳐진다. 경제의 거대한 흐름 뒤에 환율과 금리가 어떻게 작용하는지 재미나게 설명해준다. 경제 분야 스토리텔링에 놀라운 이야기꾼이 등장했다!

『네이비씰 승리의 기술』 조코 윌링크, 레이프 바빈 저 | 최규민 역 | 메이븐

군대에서는 고참의 명령이 우선이다. 상사가 시키는 대로 해야 살아남는다. 말인즉, 리더가 실수하면 다 죽는 게 전쟁터다. 목숨 걸고 싸우며 터득한 리더십을 경영 일선에 접목해보자. '변명하지 마라, 남 탓하지 마라, 포기하지 마라. 그것은 당신의 적들이 바라는 것이다.' 최고의 리더십은 극한의 오너십이다.

『경제 읽어주는 남자의 디지털 경제지도』 김광석 저 | 지식노마드

디지털 전환이라는 거대한 변화가 온다. 무엇을 준비해야 할까? '하고 싶은 일들'이 무엇인지 찾고, 그중에서 '내가 잘할 수 있는 일'을 골라야 한다. 세상의 흐름을 이해해야만 지금 우리 개개인이 무엇을 준비해야 할지 알 수 있다. '디지털 경제지도'를 펼치고, 그 속에서 내가 있는 위치와 가야 할 방향을 찾아보자.

『단 한 걸음의 차이 자신감』 샤를 페펭 저 | 김보희 역 | 아이템하우스

과거 신분제 사회에는 날 때부터 각자의 위치가 정해져 있기에, 굳이 스스로에 대한 믿음이 필요 없었다. 양반은 날 때부터 양반이고, 노비는 그냥 노비니까. 자유로운 존재로 자신의 운명을 스스로 책임지는 시대, 우리에게 가장

필요한 것이 바로 자신감이다. 자신에 대한 믿음과 무엇이든 해낼 수 있다는 마음. 그 마음을 기를 수 있도록 도와주는 책.

『**부의 지도를 바꾼 회계의 세계사**』 다나카 야스히로 저 | 황선종 역 | 위즈덤하우스
자본주의의 핵심은 돈의 흐름이다. 화폐를 가지고 무역을 하던 시절, 상인을 보호하기 위해 만든 이탈리아의 반코에서 금융업은 태동했다. 장부에서 주식회사까지 자본주의를 발전시키고 문명을 만들어온 금융 비즈니스의 연대기.

『**실리콘밸리의 팀장들**』 킴 스콧 저 | 박세연 역 | 청림출판
팀장의 역량은 직원의 말에 귀를 기울이고, 함께 해결책을 모색하는 능력에 달려 있다. 팀장은 팀원 위에서 군림하는 자리가 아니다. 직원들의 불만이나 제언에 귀를 기울이고 공감하는 자리다. 감정 노동이 리더의 본업이라는 글에 무릎을 치며 감탄했다. 실리콘밸리 협업의 비결이 궁금하다면 읽어보시길.

짠돌이의 돈 공부를 위한
추천 도서

이 책에서 소개한 도서들은 참고문헌인 동시에 경제와 사회 전반에 대한 감각을 키우는 데 도움이 되는 교재 목록이기도 해요. 책에서 인용하거나 소개한 도서의 목록, 그 외에 경제 공부, 돈 공부에 도움이 되는 책들을 함께 소개합니다. 저는 이 도서들을 모두 읽어보시길 권하지만 딱 3종만 추천한다면『자본주의』, 『돈의 심리학』,『유쾌한 이코노미스트의 스마트한 경제 공부』입니다. 이 책은 정말 꼭 읽고, 공부해보면 좋겠어요. 돈과 경제에 대한 감각이 완전히 달라지는 경험을 하실 수 있을 거예요.

『1인 1기』 김경록 저 | 더난출판사

『21세기 자본』 토마 피케티 저 | 장경덕 역 | 글항아리

『60년대생이 온다』 김경록 저 | 비아북

『2022 피할 수 없는 부채 위기』 서영수 저 | 에이지21

『가진 돈을 몽땅 써라』 호리에 다카후미 저 | 윤지나 역 | 쌤앤파커스

『개미는 왜 실패에도 불구하고 계속 투자하는가?』 김수현 저 | 민음사

『김경필의 오늘은 짠테크, 내일은 플렉스』 김경필 저 | 김영사

『나는 노후에 가난하지 않기로 결심했다』 서대리 저 | 세이지

『눈 떠보니 선진국』 박태웅 저 | 한빛비즈

『단 한 걸음의 차이 자신감』 샤를 페팽 저 | 김보희 역 | 아이템하우스

『대한민국 가계부채 보고서』 서영수 저 | 에이지 21

『대한민국 파이어족 시나리오』 이형욱 저 | 한국경제신문사

『더 마인드』 하와이 대저택 저 | 웅진지식하우스

『도파민네이션』 애나 렘키 저 | 김두완 역 | 흐름출판

『돈 버는 선택 돈 버리는 선택』 잭 오터 저 | 이건 역 | 홍춘욱 감수 | 부키

『돈 없이도 돈 모으는 법』 데이브 램지 저 | 배지혜 역 | 시목

『돈의 속성』 김승호 저 | 스노우폭스북스

『돈의 심리학』 모건 하우절 저 | 이지연 역 | 인플루엔셜

『돈의 태도』 조너선 클레먼츠 저 | 박덕근 역 | 동양북스

『마법의 연금 굴리기』 김성일 저 | 에이지21

『부의 진리』 이영주 저 | 원앤원북스

『부자의 언어』 존 소포릭 저 | 이한이 역 | 월북

『비겁한 돈』 황현희, 제갈현열 저 | 한빛비즈

『사랑의 기술』 에리히 프롬 저 | 황문수 역 | 문예출판사

『새로 쓴 원숭이도 이해하는 자본론』 임승수 저 | 시대의 창

『생명 칸타타』 김병종, 최재천 저 | 너와숲

『세상에서 가장 쉬운 하고 싶은 일 찾는 법』 야기 짐페이 저 | 장혜영 역 | 소미

미디어

『세이노의 가르침』 세이노 저 | 데이원

『소득의 미래』 이원재 저 | 어크로스

『소유냐 존재냐』 에리히 프롬 저 | 차경아 역 | 까치

『신경 끄기의 기술』 마크 맨슨 저 | 한재호 역 | 갤리온

『신혼 3년 재테크 평생을 좌우한다』 짠돌이카페 소금부부 저 | 길벗

『연금 부자들』 이영주 저 | 새로운제안

『연금 부자 습관』 강성민 저 | 좋은습관연구소

『위대한 사상가 케빈 켈리의 현실적인 인생 조언』 케빈 켈리 저 | 김미정 역 |

위즈덤하우스

『유쾌한 이코노미스트의 스마트한 경제 공부』 홍춘욱 저 | 원더박스

『이 모든 것은 자산에서 시작되었다』 리사 앳킨스 , 멀린다 쿠퍼 , 마르티즌 코

닝스 저 | 김현정 역 | 사이

『이웃집 백만장자』 토머스 J. 스탠리, 윌리엄 D. 댄코 저 | 홍정희 역 | 리드리드출판

『이 책은 돈 버는 법에 관한 이야기』 고명환 저 | 라곰

『일본이 온다』 김현철 저 | 쌤앤파커스

『일자리의 미래』 엘렌 러펠 셸 저 | 김후 역 | 예문아카이브

『자본과 이데올로기』 토마 피케티 저 | 안준범 역 | 문학동네

『자본주의』 정지은, 고희정 저 | 가나출판사

『주식하는 마음』 홍진채 저 | 다산북스

『취업의 정답』 하정필 저 | 지형

『투자의 비밀』 제이슨 츠바이크 저 | 김성일 역 | 에이지21

『파이낸셜 프리덤』 그랜트 사바티어 저 | 박선령 역 | 지철원 감수 | 반니

『풍요중독사회』 김태형 저 | 한겨레출판

『한국인의 부동산 심리』 박원갑 저 | 알에이치코리아

『행복의 기원』 서은국 저 | 21세기북스

『호모 아딕투스』 김병규 저 | 다산북스

월급 절반을 재테크하라

1판 1쇄 인쇄 2025년 1월 31일
1판 1쇄 발행 2025년 2월 10일

지은이 김민식

발행인 양원석 **편집장** 최두은 **기획** 고래방(최지은)
디자인 신자용, 김미선 **영업마케팅** 윤송, 김지현, 백승원, 이현주, 유민경

펴낸 곳 ㈜알에이치코리아
주소 서울시 금천구 가산디지털2로 53, 20층 (가산동, 한라시그마밸리)
편집문의 02-6443-8844   **도서문의** 02-6443-8800
홈페이지 http://rhk.co.kr
등록 2004년 1월 15일 제2-3726호

ISBN 978-89-255-7400-4 (03320)